谨以此书献给特别的你!

多维度视角下
刑事被害人救助制度研究

张云霄　著

中国人民公安大学出版社
群众出版社
·北京·

图书在版编目（CIP）数据

多维度视角下刑事被害人救助制度研究 / 张云霄著 .—北京：中国人民公安大学出版社，2019.6

ISBN 978-7-5653-3621-8

Ⅰ . ①多… Ⅱ . ①张… Ⅲ . ①被害人—法律援助—研究—中国

Ⅳ . ① D926

中国版本图书馆 CIP 数据核字（2019）第 106743 号

多维度视角下刑事被害人救助制度研究

张云霄　著

出版发行：中国人民公安大学出版社
地　　址：北京市西城区木樨地南里
邮政编码：100038
经　　销：新华书店
印　　刷：北京市科星印刷有限责任公司

版　　次：2019 年 7 月第 1 版
印　　次：2019 年 7 月第 1 次
印　　张：16.75
开　　本：787 毫米 ×1092 毫米　1/16
字　　数：275 千字

书　　号：ISBN 978-7-5653-3621-8
定　　价：55.00 元

网　　址：www.cppsup.com.cn　www.porclub.com.cn
电子邮箱：zbs@cppsup.com　zbs@cppsu.edu.cn

营销中心电话：010 – 83903254
读者服务部电话（门市）：010 – 83903257
警官读者俱乐部电话（网购、邮购）：010 – 83903253
教材分社电话：010 – 83903259

本社图书出现印装质量问题，由本社负责退换

自 序

在我国，刑事被害人救助已不算一个新鲜的话题，无论是法学理论界的专家学者还是司法实务界的法律工作者都开展了很多卓有成效的理论探索和工作实践，形成了众多的学术理论成果和一大批用于指导司法实践的法律制度和规范性文件。遗憾的是，我国刑事被害人救助法律制度尚未完全建立，这种立法层面的缺失将会从根本上阻碍对刑事被害人救助实践的深入开展。为此，笔者力图结合中国的具体司法实践来探讨刑事被害人救助法律制度的构建。

笔者在对刑事被害人救助进行研究的过程中，主要有以下三点深切感悟：

一是深感必须坚持“中国问题”导向来寻找理论支撑和解决方法的重要性。客观而言，我国刑事被害人救助的研究起步相对较晚，而且有关立法工作也相对滞后，在没有较为成熟的理论和法律规定之际，我国刑事被害人救助的司法实践千差万别，这其中有许多比较突出的、亟须予以规范的共性问题。此外，我国当前的现实国情与西方发达国家存在明显的差异，尤其是我国的社会管理结构和社会保障体系有着自身鲜明的特征；与此同时，我国已进入社会主义建设新时代，全面深化改革持续推进，社会公众的民主法治意识、自我维权意识等进一步提高，以上都是摆在我们面前的客观情况。这就决定了在对我国刑事被害人救助法律制度研究过程中，必须以“中国问题”为导向，客观理性地看待西方发达国家的相关经验和教训，坚持从中国实际国情出发，既要运用马克思主义的世界观和方法论对刑事被害人救助进行理论探索，建立中国特色的刑事被害人救助理论之基，又要建立健全我国刑事被害人救助法律制度体系，有效地规范和指导实践工作。

二是深感调查研究法对于刑事被害人救助研究的重要意义之所在。凡事先谋而后动！没有调查研究就没有发言权！客观而言，我国刑事被害人救助工作还处于初级阶段，大量关于刑事被害人救助的规定散见于各种规范性文件之中，并未形成统一的国家层面的法律制度，大家对于刑事被害人救助的实体性和程序性问题还有许多不同的意见……这些就需要深入司法实践一线中去详细地调查研究，获得“第一手资料”。为此，笔者先后走访了北京市、上海市、浙江省、河南省、陕西省、四川省、山西省、内蒙古自治区等地区的一些法院、检察院和公安机关等，与司法同仁们进行交流座谈，并采用问卷调查的方式，就刑事被害人救助的相关理论和实践问题向他们请教。在交流过程中，大家直面刑事被害人救助中的焦点和难点进行深入沟通，都非常期望能从国家层面尽快建立健全我国刑事被害人救助法律制度。笔者既能够深深地感受到司法同仁们强烈的责任感和仁义情，也充分地意识到我国刑事被害人救助工作所面临问题的复杂性、艰巨性和敏感性，同时大家在工作中的一些经验做法对笔者的研究工作大有裨益。例如，2018 年 4 月四川省成都市政法委就联合市级财政部门等共同制定出台了《成都市市级国家司法救助分类量化标准实施细则（试行）》，该规范性文件规定针对那些主要案情和生活困难程度相似的案件，根据案件具体情况，统一合理地确定救助金额。这样的“分类量化标准”能够最大限度地做到救助金额基本均衡，避免“同案不同救”的情况发生，大大增强了救助的透明度和公信力，努力做到让人民群众在每一起刑事被害人救助案件中都能够真正感受到公平正义就在身边。又如，2018 年 2 月杭州市司法局出台了《杭州市司法行政系统司法救助实施细则》，明确提出了“联动救助机制”，即司法救助以县级救助为主。案件影响重大且救助金额较大、县级救助确有困难的，可以申请两级或三级联动救助，这样有助于破解一些重大的刑事被害人救助案件中救助金不足的问题，最大限度地保障被救助人的权益。上述来自基层的实践经验值得点赞，值得深入研究！

三是深感运用多维度视角来审视和研究刑事被害人救助法律制度的极端重要性。中国人民大学王利明教授旗帜鲜明地反对“饭碗法学”，他认为所谓的“饭碗法学”有两个鲜明特点，首先是“自我封闭”，将法学严格划分为若干门类，各个学科之间壁垒森严，在自己的学科领域决不允许任何人染指；其次是“封闭他人”，对于自己所在领域的研究往往表现出高度的警惕，一旦有越雷池者，便表现出强烈不满，甚至认为跨学科研究违反了学术界的“游戏规则”。学术的发展本身就依赖学科之间的互相促进和互相支持，每一个学科都有不可避免的缺陷，都需要其他学科研究成果的弥补促进，法学与其他学科如此，法学内部各个分支学科更是如此。笔者主要从事刑事法律的研究工作，在对刑事被害人救助法律制度构建研究时，就深感仅从刑法学或者刑事诉讼法学的角度去看待这一问题是远远不够的。笔者的导师刘仁文先生也鼓励笔者采取跨学科的大视角，综合、辩证地看待刑事被害人救助法律制度构建这一问题。于是，笔者才真正体悟到王利明教授所提出的“饭碗法学”之弊端，也才尽量将“饭碗法学”变为能够博采众长的“法学饭碗”。首先，刑事被害人救助涉及大量的刑事司法问题，这其中既包括刑事实体问题，也包括刑事程序问题，因此需要运用刑事法的思维和知识去开展专项研究；其次，从本质上讲刑事被害人救助是一个社会性问题，对刑事被害人进行救助涉及社会生活领域的各个方面，因此就需要同时站在社会法学和行政法学的角度去进行深入观察、思考和论证；最后，刑事被害人救助法律制度构建又是一个推进立法的过程，因此需要从立法学的角度去进行思考和讨论刑事被害人救助的立法原则、立法模式、法律规定以及法法衔接（主要为刑事被害人救助法律制度与社会救助法律制度等之间的衔接）等一系列问题。只有在平等交流的学术环境中和跨学科的视角下，综合运用刑事法、社会法、行政法、立法法等部门法，多维度、立体化、全面性地研究刑事被害人救助问题，才能有效构建符合我国国情、具有我国自身特色的刑事被害人救助法律制度，否则的话，若只站在某一部分法学的角度去看待刑事被害人救助问题，往往会陷入“横看成岭侧成峰，远近高低各不同”的境地之中，无法提出切实管用的对策建议。

我国刑事被害人救助法律制度构建既面临着一些深层次的难题，当然也面临着难得的机遇；虽有一定的理论基础，但还需要不断探索研究和创新发展；虽有较为丰富的实践经验，但还需要总结提炼和深化提升，需要法学同仁们一道探究之、发展之、努力之！

由于本人学术能力有限，加之时间比较仓促，还请各位读者批评指正！

目　录

第一章 刑事被害人救助基本理论的多维度阐释

第一节　被害人学视野下的刑事被害人救助

日本学者大谷实认为，被害人学（Victimology）是以科学地探讨在犯罪发生时，被害人起着什么样的作用，被害人的态度与诱发犯罪之间有什么样的关系，加害人和被害人之间处于什么样的关系等为目的的学问。[①] 我国台湾学者卢映洁认为，被害人学主要是研究被害人的种类与特征、被害原因及其种类与程度、被害人与犯罪人的关系以及被害人转化成犯罪人的问题的科学。[②] 世界被害人学会（World Society of Victimology）将被害人学定位为“研究犯罪被害的范围、性质和原因，其对当事人所带来的后果以及社会特别是警察和刑事司法系统及志愿者和专业救助人员对其的反应的一门科学”。[③] 虽然各观点对被害人学概念的认识不完全相同，但是均认可被害人学是以研究“被害”和“被害人”为中心对象的一门科学。

一、被害人学的发展历程

1924 年，美国著名犯罪学家爱德文·苏哲兰在其著作《犯罪学》一书中，专门提及“被害人”，由此被害人作为犯罪学上的概念被正式提及。20 世纪中叶以来，鉴于德国纳粹在战争中对于被占领地区人民的迫害，特别是对于犹太人的种族灭绝造成数以千万计的被害人这一残酷现实，犯罪学开始逐步关注

① ［日］大谷实．犯罪被害人及其补偿．黎宏译．中国刑事法杂志，2000（2）：58.
② 卢映洁．浅议“我国”犯罪被害人保护法．逢甲人文社会学报，2000（1）：357-374.
③ 张鸿巍．刑事被害人保护的理念、议题与趋势——以广西为实证分析．武汉大学出版社，2007：34.

“被害与被害人”这一问题，促使传统犯罪学母体中分离出一门新兴学科——被害人学。1941 年，德国犯罪学家汉斯·冯·亨蒂在《论犯罪人与被害人的相互作用》（*Remarks on the Interaction of Perpetrator and Victim*）一文中首次提出了“被害人在犯罪与预防的过程中，不只是一个被动的客体，而是一个积极的主体。不能只强调罪犯的人权，而且要充分地肯定和坚决保护被害人的人权”。[①]这使得被害人学研究就逐步建立在“加害—被害”“犯罪人—被害人”二元互动的双轨之上。1948 年，亨蒂又出版了《犯罪人与被害人》（*The Criminal and His Victim*）一书，该书详细介绍了“被害人”的相关内容，并且阐释了其对被害人在犯罪中的角色与地位的主张，他认为在主观因素和客观因素等多种因素的共同作用下，犯罪人选择犯罪是由被害人促成的。

本杰米亚·门德尔森在其著作《论被害人之人格》一文中系统论述了被害人学，并首次提出“被害人学”概念。[②]1947 年，在布加勒斯特举行的罗马尼亚精神病学学会上，门德尔森向大会作了题为《被害人学——生理、心理、社会学的一门新科学》的讲座。1956 年，门德尔森在《国际犯罪学及警察技术评论杂志》上发表了题为《生物、心理和社会科学的新领域：被害人学》（*A New Branch of Bio-psychosocial Science:Victimolgy*）的论文。门德尔森认为，被害人学应该成为一门独立的学科，其主要理由为：第一，被害人学和犯罪学的研究对象不同，犯罪学主要是以犯罪人为研究对象，而被害人学则主要是以被害人为研究对象；第二，被害人学如果成为一门独立学科，有助于唤醒社会公众的警觉，揭示社会公众之弱点，致力于被害发生及重复被害之防止。[③]

20 世纪 70 年代，特别是 1973 年召开的国际被害人学研讨会，将“被害人学”正式确定为一门国际性的学科。犯罪学和被害人学中这种以被害人及其被害为主要研究对象和思维出发点，并以被害预防和被害人的保护为归宿的理论范式，被称为“被害人本位”，以区别于传统的“犯罪本位”或者“犯罪人本位”。[④]从此以后，被害人学得到进一步发展。被害人学家法塔尔教授在其所发表的《被害人学的过去、现在与未来》一文中就明确指出，被害人学发展

① ［德］汉斯·约阿希德·施耐德．国际范围内的被害人．许章润译．中国人民公安大学出版社，1992：419.

② 王建民．被害人概念及其分类．政法论坛，1989（1）：36.

③ 田思源．犯罪被害人的权利与救济．法律出版社，2008：19.

④ 许章润．犯罪学（第四版）．法律出版社，2016：100.

呈现出两个趋势：第一，从“微观被害人学”到“宏观被害人学”的发展，即一些国家开展大规模的被害人调查研究，以帮助该国政府较为全面和客观地了解被害人群体的总体规模、主要特征以及发展趋势等，也为制定刑事被害人的有关政策而服务；第二，从“理论被害人学”到“应用被害人学”的发展，即被害人学越来越多地将精力集中到对被害人的直接救助和权利实现上来，维护刑事被害人的合法权益，为具体的司法实践而服务。①

被害人学的主要理论包括：被害原因论和被害防卫论。其一，被害原因论主要有以下几种学说：有的从被害人个人特征的角度出发，提出个人被害特征理论；有的从被害人暴露在危险情境的角度思考，形成日常活动理论与生活方式暴露理论；有的从互动角度出发，提出被害人与犯罪人互动理论、犯罪与机会理论和被害人促发理论；有的则从外在环境进行考察，提出防卫空间理论、偏差邻坊理论。其二，被害防卫论主要包括：被害人保护论、被害预防论。②

二、被害人学视野下的被害人概念

1985 年《联合国被害人宣言》对“被害人”作了以下定义，“‘被害人’一词系指个体或者集体受到伤害，包括肢体损伤、感情痛苦、经济损失或者基本权利重大损失损害的人，而这种伤害是由于违反会员国现行刑法，包括那些禁止非法滥用权利的作为或者不作为所造成的”。被害人学通常认为，被害人是指犯罪行为所造成的损失或者损害，即危害后果的担受者。③被害人学视野下的被害人概念主要包括以下核心要素：

① 法塔尔教授在肯定宏观研究在分析被害的趋势与特征方面以及某些犯罪的社会分布上具有重大意义基础上，还指出单纯依赖此类研究很难分析出犯罪行为的心理和社会因素，同时对犯罪人如何选择被害人、被害人与犯罪人之间的互动关系以及被害人在不同犯罪中的动态角色也知之不多。张鸿巍．刑事被害人保护的理念、议题与趋势——以广西为实证分析．武汉大学出版社，2007：46.

② 张鸿巍．刑事被害人保护的理念、议题与趋势——以广西为实证分析．武汉大学出版社，2007：103，110.

③ 1991 年第七届国家被害人学研讨会将许多非属犯罪被害的被害情形列入会议讨论主题，进一步宣示被害人学之研究不应限于犯罪被害。在广义的被害人概念中，除了包含狭义概念之下犯罪所致之被害，还包括其他民事不法、行政不法及其他社会行为之下被害。因此，在被害人学视野中的被害人包括但不限于犯罪被害人，其他的诸如自然灾害的被害人、各种事故的被害人均属于被害人学意义上的被害人，如非洲卢旺达种族大屠杀以及前南斯拉夫种族大屠杀等。但是，我国学者还是倾向于狭义概念上的被害人。董文蕙．犯罪被害人国家补偿制度基本问题研究．中国检察出版社，2012：33；张鸿巍．刑事被害人保护的理念、议题与趋势——以广西为实证分析．武汉大学出版社，2007：35.

（一）被害人是遭受了一定程度的损失或者损害者

被害人之所以被称为“被害人”，正在于其作为加害人的对立面，遭受了犯罪行为的侵害而受害，即承受了合法权益损害的后果；而某一行为之所以构成犯罪，也正因为其侵犯了某种合法权益，使合法权益本身或者合法权益的所有者、享受者蒙受了损失或者损害，即精神或者物质、有形或者无形、抽象或者具体的危害。确已被害，事实上承担了犯罪行为所造成的损失或者损害，是构成“被害人”身份的第一要件。

（二）被害人是危害结果的直接或者间接担受者

有的被害人可能直接遭受犯罪行为的侵害；而有的被害人则由于与直接受害人具有某种利害关系而成为犯罪行为侵害的间接担受者，从而构成“共同被害人”。肯定危害结果的间接担受者的存在，并不意味着肯定犯罪行为与危害结果的间接担受者所担受的损失或者损害之间具有刑法学上的因果关系。但不论是否具有因果关系，都不影响“共同被害人”的成立。这是被害人学在认定被害人及其权益，从而对于合法权益实施法律保护时进行法律—社会考量的必然结果。[①]

（三）被害人是犯罪行为的侵害对象或者犯罪行为所侵害的社会关系主体

犯罪对象与被害人常呈离析状态，并非一种合体结构。换言之，有的时候，刑事犯罪的侵害对象与被害人是同一的，如故意伤害罪；有的时候，刑事犯罪的侵害对象与被害人则是分离的，如盗窃罪，犯罪行为侵害对象是某种财产，而被害人则是该财产的所有者或者使用者。但是，无论犯罪行为所侵害的对象与被害人是否同一，其所造成的危害结果最终均由被害人来承担，其“危害结果”最终都表现为被害人个别性的、具体的痛苦、损失或者损害。

（四）一切遭受犯罪侵害而承担危害后果的“人”均为被害人

被害人的外延应包括自然人、法人以及一定条件下的国家与社会整体本身、抽象的制度，乃至信念、信仰，等等。德国犯罪学家施耐德认为，被害

---

① 许章润．犯罪学（第四版）．法律出版社，2016：101．

人不限于自然人，被害人不但可以是个人、团体，还可以是道德规范以及法律制度。不但如此，他甚至认为被害人还可以是非物质的、无形的或者抽象的（如作为整体的社会、信仰和国家）。[①] 但是，就实际生活场景来看，典型而普遍的被害人都是自然人。

从被害人学的角度进行审视，“被害人”具有以下三个主要特性：被害性、互动性和可责性。

（一）被害性

被害人的被害性是指在一定社会历史和自然条件下，由被害人的生理因素和心理因素，如性格、气质、素质、能力、品德、人格倾向等诸主观条件所构成的，恰恰足以使其受害的总体内在倾向性。被害性被认为是被害人首要的基本特性。瑞士被害人学家琼·格雷文就曾论述道，“被害人是指一种由内在、外在两方面因素所决定的，因而使人成为被害人的那种特性”。这一特性除首先意味着被害人确实是危害结果的担受者以外，还包括被害人的被害倾向性、受容性、敏感性及其被害意识。[②]

（二）互动性

被害人的互动性主要是指在特定的被害情境之中，被害的发生过程（或者称之为受害的发生过程）总会伴随着被害人与加害人之间外显的社会性交互作用，被害不外是这种交互作用的有关产物或者最终结局，从而互动性成为被害发生的内在机制。根据互动性特征，被害人作为外在因素之一，通过与犯罪人的互动过程，恰恰有可能扮演成为犯罪“诱饵”的角色，进而引发犯罪行为的实施。被害人学对于被害人的互动性的揭示，澄清了被害人在犯罪过程中的真实面目，充分说明了犯罪的发生和实施过程中更为深层的机制，进而道出了一切罪恶和苦难均需人类集体担当，才有望舒缓与解脱之真相。

（三）可责性

被害人的可责性主要是指被害人因自身的某些原因，如轻佻、疏忽甚至引诱、挑衅、刺激和推动等态度与行为，从而促使了被害结果的发生，对自

---

① ［德］汉斯·约阿希德·施耐德．国际范围内的被害人．许章润译．中国人民公安大学出版社，1992：5.

② 许章润．犯罪学（第四版）．法律出版社，2016：103.

己的被害负有一定的伦理责任或者法律责任，并应受到一定的谴责。例如，在涉及家庭暴力的犯罪案件中，被害人可能是家暴行为的实施者，正是由于其家暴行为，引起了家暴对象的反抗而实施报复行为，这时候家暴对象反而成为加害人。

三、被害人的分类

被害人的分类，一般是指按照一定标准，对具有相同或者相似被害特征和被害人特征的被害人进行划分，而将其进行的群属分类。[①] 对于被害人进行科学的分类，有助于进一步认清被害人的实质。

（一）直接被害人与间接被害人

按照遭受被害的经历与过程，可将被害人分为直接被害人与间接被害人。其中，直接被害人是指直接遭受犯罪行为侵害并承担犯罪后果的被害人。间接被害人是指未直接遭受犯罪行为侵害但依然承担犯罪后果的人员，其主要为直接受害人的近亲属等。无论是直接被害人还是间接被害人，其都与犯罪结果有着较强的关联性。

（二）有过错被害人与无过错被害人

按照被害人在遭受侵害过程中是否存在过错以及过错大小，可将被害人分为有过错被害人与无过错被害人。其中，有过错被害人，即自己在遭受侵害过程中存在某种过错行为（如违法犯罪行为或者违反社会公德行为等），并且这种过错与加害人（或称为犯罪人）行为发生具有一定直接关系的人，因此也被称为“有责性被害人”。这类被害人又可以细分为四类：（1）实施违法或者犯罪行为的被害人；（2）实施违背道德行为的被害人；（3）追求不正当利益的被害人；（4）实施过失行为的被害人。[②] 在犯罪学看来，除了完全无辜的被害人外的绝大多数犯罪行为中，被害人与犯罪人均承担着不同程度的责任，即分担责任，换言之，犯罪的发生通常需要犯罪人（offender）、被害人（victim）和一定时空与情境（situation）三者结合才可能实现。[③]

---

① 张鸿巍．刑事被害人保护的理念、议题与趋势——以广西为实证分析．武汉大学出版社，2007：90-92.

② 许章润．犯罪学（第四版）．法律出版社，2016：107.

③ 张鸿巍．刑事被害人保护的理念、议题与趋势——以广西为实证分析．武汉大学出版社，2007：85.

无过错被害人，即自己在遭受侵害过程中没有任何过错的人，因此也被称为“无责性被害人”“无辜受害人”。这种划分方法在具体的司法实践中具有重要的意义，被害人有无过错以及过错大小将成为法官在对犯罪人科以刑罚时的重要考量因素之一。

（三）已然被害人与潜在被害人

按照是否被害以及被害状态，可将被害人分为已然被害人与潜在被害人。其中，已然被害人，也被称为既然被害人，是指已经遭受侵害行为，并且被害状态已成既定事实的被害人。

潜在被害人，又被称为状态性被害人，主要是指已经步入或者正在步入被害情境，因而具有受害的现实可能，但尚未真正被侵害；或者并非纯粹由于一时的偶尔原因，而主要是因其本身的性格、素质或者行为的某些倾向性而具有的持续性的、现实可能的潜在被害倾向者，包括因自身某一特殊素质或者整体人格倾向而容易被害的人。在司法实践中，进入司法系统和救助系统的基本为已然被害人。[1]

（四）自愿性被害人与被迫性被害人

按照被害人对于被害的意愿，可将被害人分为自愿性被害人与被迫性被害人。其中，自愿性被害人是指认为被害并非违背自己的意愿，甚至属于正中下怀、求之不得的被害人。

被迫性被害人是指被害并非出于自己的主观意愿，而是由加害人强加于自己的被害人。一般来说，绝大多数被害人为被迫性被害人。

（五）偶然性被害人与条件性被害人

按照被害人和加害人在被害发生过程中的人际关系，可将被害人分为偶然性被害人与条件性被害人。其中，偶然性被害人又被称为机会性被害人，主要是指被害人遭受侵害是因某一偶然因素而出现的，被害人无法预见，也无法抗拒。

条件性被害人也可称为必然性被害人，其主要是指因自身原因引发侵害的被害人。这类被害人多是出现在与加害人关系密切的人之中。在双方的密切往来过程中，一方的行为有损另一方，另一方在忍无可忍的情况下，或因

① 许章润．犯罪学（第四版）．法律出版社，2016：107.

一时冲动，用犯罪的行为进行报复，从而造成犯罪侵害。还有一种情况发生在亲缘关系中，其中一方处于明显的弱势，则会遭受强者的侵害。[①]

（六）真实被害人与虚假被害人

按照被害人被害的真假，可将被害人分为真实被害人与虚假被害人。其中，真实被害人是指确实遭受犯罪侵害并因此承受一定的损害后果的被害人。[②]其又可以细分为显性被害人与隐性被害人，前者是指被害事实已为自己和他人所知的被害人；后者是指被害事实尚未被人所知，被害人本身也未报案或者并不觉得自己被害的被害人。[③]

虚假被害人是指并未遭受侵害而故意声称自己受害或者虚拟自己受害的被害人。其可细分为善意型被害人与恶意型被害人，前者是指由于自己的臆想或者记忆问题而误认为自己受害的人；后者是指怀有不正当企图而谎报自己受害的人。在进行被害人救助时要注意甄别此类情况，对于善意型被害人应当给予耐心的说服教育和心理疏导，而对于恶意型被害人则应当予以严肃的批评教育甚至追究其相应的法律责任。

（七）特别被害人与一般被害人

按照被害人的生理和心理的不同，可将被害人分为特别被害人与一般被害人。其中，特别被害人又进一步分为三类：一是未成年被害人，其是指遭受犯罪侵害时还未成年的人，此种被害人往往具有年龄较小、体质偏弱、自我控制力和辨别是非能力较弱等特点，往往不会采取有效的方式方法保护自身的合法权益或者由于自身条件的限制而不能保护自己的权益，容易成为犯罪行为的侵害对象，主要集中在抢劫、盗窃、伤害、强奸这四类犯罪，[④]如在我国农村地区出现的大量女性“留守儿童”成为遭受性犯罪侵害的高发群体。二是老年被害人，其主要是指在被害时已经达到老年的人，此种被害人往往具有由于年龄较大导致智力和体力均有所减弱而容易遭受侵害的特点，如专门针对老年人实施的诈骗犯罪活动。三是女性被害人，其是指性别为女

---

① 任克勤．被害人学基本理论研究．群众出版社，中国人民公安大学出版社，2018：72.

② 有学者根据报案与否，将真实被害人分为已知刑事被害人与未知刑事被害人两种。张鸿巍．刑事被害人保护的理念、议题与趋势——以广西为实证分析．武汉大学出版社，2007：93.

③ 美国学者舒尔于1965年提出“无被害人犯罪”的概念，其主要是指某些类型的犯罪由于其危害具有隐蔽性而无法明显发现被害人，或者被害人从主观上并不认为自己遭受侵害，甚至认为自己是受益者。舒尔关于“无被害人犯罪”的概念其实和“真实被害人中的隐性被害人”的概念相似。

④ 任克勤．被害人学基本理论研究．群众出版社，中国人民公安大学出版社，2018：188-190.

性的被害人，被害人学认为，女性的生理特点和社会地位等决定了其更容易遭受侵害，如女性在性行为上具有承受性的特征，历来是性侵犯罪行为的主要对象，往往呈现出隐蔽性、多次性、熟识性、转换性等特点。①

一般被害人则是指除未成年被害人、老年被害人和女性被害人之外的被害人，主要为成年被害人。对此进行区分，在司法实践中也有重要意义，有助于国家依据不同的被害人特点来制定出针对不同被害人的救助政策和措施等。

（八）独立被害人与共同被害人

按照被害人之间彼此连接程度，可将被害人分为独立被害人与共同被害人。其中，独立被害人也被称为个体被害人，主要是指遭受某一违法或者犯罪行为等侵害的单独的被害人。

共同被害人是指因遭受某一违法或者犯罪行为等侵害而产生的群体被害人，其多表现为对于公共安全和经济、社会、环境等方面的公益的危害，被害人群体比较广泛，如因环境污染而导致整个地区的人群健康受到损害。

（九）复合性被害人与单一性被害人

按照被害人所承受的被害现象的个数，可将被害人分为复合性被害人与单一性被害人。复合性被害人是指多次遭受同一种侵害行为而发生多重被害结果或者两种以上不同类型侵害而承担被害结果的被害人。具体可分为两类，第一类为纵向上的复合性被害人，即被害人的一种侵害行为导致多方面的连锁被害结果，如遭受强奸犯罪的被害人，虽然遭受了一种强奸行为，但是可能同时遭受身体损害和精神损害两种后果。第二类为横向上的复合性被害人，即被害人因遭到两种以上不同性质或者类型的侵害行为而承担不同的被害后果。②

单一性被害人是指仅仅遭受一次侵害而且承担一种被害后果的被害人。对此进行分类，有助于在研究刑事被害人救助的时候科学分类实施救助行为。

---

① 我国对女性被害人的研究起步相对较早，20 世纪 80 年代就有关于强奸犯罪被害人心理方面的专门研究，但是，对女性被害人全面系统的研究出现得比较晚，20 世纪 90 年代中后期才有这方面的成果出现。我国学者对女性被害人的研究主要集中在女性被害的特征、原因以及被害救济等方面。对于女性被害的特征，学者们作了很多归纳，如主要发生在强奸、拐卖妇女案件中以及被害隐数比较大等。在被害原因方面，有学者从心理因素、行为因素、生理因素等方面作了全面的归纳和分析。周颜 . 浅析女性被犯罪侵害的成因与个人防卫 . 广东青年干部学院学报，2002（2）：68.

② 许章润 . 犯罪学（第四版）. 法律出版社，2016：111.

国外还有的学者对被害人进行了分类，如本杰米亚·门德尔森在对被害人、证人等进行深入细致的调查基础上，依据被害人与犯罪人之间的关系，将被害人分为六种：（1）完全无辜的被害人，又被称为理想被害人，即可能为儿童或者完全无意识的人；（2）须承担部分责任的被害人，这种被害人通常包括因自身存在一定过错而成为被害人的人；（3）自作自受的被害人，这类被害人通常包括那些协助其他犯罪人行凶的被害人；（4）罪过甚于犯罪人的被害人，其包括那些触发犯罪的被害人；（5）咎由自取的被害人，其通常包括那些挑起事端而被正当防卫行为伤害的被害人；（6）幻觉被害人，这类被害人通常包括那些存在精神问题而坚信其受到伤害的被害人。①

四、被害人学视野下刑事被害人救助的基本理论

被害人学视野下的刑事被害人救助理论比较繁多，但是主要观点包括以下内容：

（一）国家责任说

“国家责任说”以卢梭的社会契约理论为基础。该观点认为，国家垄断了使用暴力镇压和惩罚犯罪的权力，即国家独占防卫力量，负有保护公民人身、财产安全的责任，而社会公民依法享有国家给予其保护的权利，犯罪行为发生的原因之一就在于国家未尽到其保护公民的责任，因此国家应当通过赔偿等方式，对公民权利予以相应的补偿和救济，促使其公民受损的权利得以尽可能地恢复。如果对受到犯罪伤害而陷入困境的被害人不予以救助，就不是一个负责任的国家，② 即“保护失败理论”。③

英国学者曾论述道，“政府有必要对刑事被害人补偿作出政治化回应，政府应在刑事被害人从福利国家已经有权获得普遍利益之外，为刑事被害人做一些事情，将国家资助刑事被害人视为国家、政府责任的象征”。④ 我国

① 张鸿巍．刑事被害人保护的理念、议题与趋势——以广西为实证分析．武汉大学出版社，2007：91.
② 赵国玲．犯罪被害人补偿：国际最新动态与国内制度构建．人民检察，2006（17）：11.
③ “保护失败理论”认为，国民一旦遭受犯罪侵害，就应归因于国家未履行保护义务和未尽预防犯罪的责任。董文蕙．犯罪被害人国家补偿制度基本问题研究．中国检察出版社，2012：48.
④ ［英］詹姆斯·迪南．解决被害人与恢复性司法．刘仁文，林俊辉等译．中国人民公安大学出版社，2009：43.

有些专家也赞同“国家责任说”，其认为文明社会、现代社会对每一位公民都要负责任，要保护每一位公民，这是国家的责任和义务。国家要成为一个负责任的国家，政府要成为一个负责任的政府，司法机关要成为负责任的司法机关。在这样的理念下，建立刑事被害人国家补偿制度是非常重要的，它可以减轻、减弱被害人的痛苦，特别是对社会的不安全感和对社会的不满等方面，体现国家、政府对被害人的保护责任。[①]世界上首部关于被害人的立法——新西兰的《刑事被害人补偿法》就以此学说作为主要依据。此外，日本于2004年制定的《犯罪被害人等基本法》也集中体现了“国家责任说”。[②]

（二）社会福利说

持“社会福利说”观点的学者认为，现代国家应建立完善的社会保障体系，用于提高与改善社会全体公民的生活水平，尤其是需要救助社会弱势群体和贫困群体的基本生活。[③]因为社会其实是由无数个人成员所集合而成的一个共同体，而社会成员之间彼此具有紧密相连的社会连带关系，共同体有责任改善其成员的生存条件。对被害人实施救助应被视为一种社会福利制度，是社会整体保障体系在司法领域的制度延伸，是司法救助体系的重要组成部分，[④]当社会公民个人因受到犯罪侵害而权益受损时，社会应当予以必要的救济。英国的《刑事伤害补偿法》、荷兰的《暴力犯罪补偿基金会临时设置法》即以此学说为主要依据。

社会福利说得到众多学者的推崇主要有三个方面原因：第一，社会福利说更具政治关怀意味，较好体现了国家对刑事被害人的人文关怀；第二，将国家补偿限制在社会福利资源的范围内，有利于减轻国家的财政负担；第三，有助于调动整个社会对刑事被害人救助的热情和积极性，提升整个社会

---

① 孙谦.建立刑事被害人国家补偿制度的实践意义及其理论基础.人民检察，2006（17）：36.

② 该法前言指出：“实现一个能安全、安心生活的社会，是每个国民所有的愿望，也是国家重要的责任，我国自亦倾全国之力，致力于犯罪等的防治。唯近年来各类的犯罪推陈出新，不绝于途，被卷入其中的许多犯罪被害者，迄今为止，其权利未受到尊重，也没有获得充分的支援，在社会上陷入孤立处境，甚至还有不少的被害者，在受到犯罪等直接侵害后，还继续苦于事后再次的被害。加害者对犯罪等的被害本应负有第一次的责任，但对于负有防止犯罪等，实现一个能让市民安全、安心生活的社会责任的我们，更应倾听犯罪被害者的心声。在每个国民皆有可能成为犯罪被害者的今天，必须要提出以犯罪被害者观点的措施，为实现能确保我们权利利益的社会，踏出新的一步。”黄华生.刑事被害人国家补偿法立法研究.中国政法大学出版社，2014：31.

③ 黄华生.刑事被害人国家补偿法立法研究.中国政法大学出版社，2014：30.

④ 柳建华，李炳烁.权利视野下的基层司法实践——刑事被害人救助制度研究.江苏大学出版社，2010：66.

福利的质量水平。

（三）社会保险说

古典学派代表边沁创立了“公费补偿思想”，即“公费补偿建立在一条公理上——一笔钱分担在众人之中，与在一个人或者少数人身上相比，对每个捐献者而言，实在微不足道。犯罪所造成的灾难与自然灾害别无两样，如果由于房屋火灾被保险，房屋主人可以安心的话，如另外又能对抢劫损害保险，他会更为高枕无忧”。① 日本学者大谷实就曾论述道，“因为自由社会中犯罪的发生不可避免，因此，刑事被害人补偿制度是让全体社会成员平等负担犯罪被害的保险制度”。②

社会保险说认为，国家公民缴纳各种社会保险的重要目的就在于公民能够应对威胁其生活稳定或者安全的意外事故。“对于社会而言，犯罪是一种必然性与正常现象，犯罪是在社会之复杂化与个人自由下无法避免之结果。”③ 被害人遭受犯罪侵害，实为因犯罪之概率而选中的不幸之人，对于此种不幸，不应由被害人独自承受，而应由社会全体成员共同分担。因此，需要运用保险分散风险之原理，将税金作为保险费，将犯罪侵害的风险转嫁至全体社会成员，由国家对承受犯罪侵害不幸的被害人予以补偿。④ 日本的《犯罪被害人等给付金支付法》就是以此学说为立法依据的。

（四）预防犯罪说

预防犯罪说主要是从犯罪预防学的角度出发，认为国家对犯罪被害人予以补偿是一种有效预防犯罪的手段和方法。如果被害人的权利受到侵害而又无法得到来自国家和社会的关怀和帮助，即公正待遇的话，由于被害人的正义理念的破灭，对国家和社会彻底绝望，于是极易产生对犯罪人及其家属甚至整个社会的报复情绪，从而走上犯罪的道路，由原来的“被害人”进而变为现实的“犯罪人”。因此，从有效预防犯罪的角度看，为了防止“犯罪被害”成为新的犯罪原因，国家应当对犯罪被害人予以及时和必要的补偿。⑤

① ［英］吉米·边沁．立法理论——刑法典原理．李方贵等译．中国人民公安大学出版社，1993：61-62.

② ［日］大谷实．刑事政策学．黎宏译．中国人民大学出版社，2009：340.

③ 谢瑞智．刑事政策原论．台北文笙书局，1978：57.

④ 黄华生．刑事被害人国家补偿法立法研究．中国政法大学出版社，2014：35.

⑤ 田思源．犯罪被害人的权利与救济．法律出版社，2008：85.

（五）政府利益说

政府利益说也被称为政治利益说，其主要结合政治学理论，认为政府保护和救助刑事被害人是争取民众支持、凝聚民众与政府同心协力的重要手段之一。政府应当从国家政治利益的全局角度考虑，使民众感觉到其司法制度是服务于全体民众的，而非仅为少数人利益服务的，通过对刑事被害人进行有效救助，可以赢得众多的刑事被害人对政府以及政权的支持和认可。[①]

① 任克勤．被害人学基本理论研究．群众出版社，中国人民公安大学出版社，2018：405.

第二节 刑法学视野下的刑事被害人救助

刑事被害人救助主要是由遭受犯罪侵害所引发的，因为其与作为实体法的刑法之间有着紧密关系。刑法学主要是研究犯罪论和刑罚论的法律科学。犯罪论主要探究犯罪的成立（犯罪构成要件）、犯罪的时间发展（犯罪形态）、犯罪的角色参与（共同犯罪）以及犯罪的数量竞合（罪数）等问题。刑罚论则主要包含刑罚、裁量、执行等问题，对于刑事被害人的救助是对其给予精神以及物质的帮助，这主要通过刑罚的裁决与执行得以实现。

一、刑法学视野下的刑事被害人概念

刑法学视野下的刑事被害人概念要比犯罪学视野下的窄，刑法学认为，不能笼统地包括所有由于犯罪行为的侵害影响而间接地遭受物质或者精神损害的人，也不能包括由于犯罪行为而抽象地遭受侵害的国家或者社会，而只能包括由于犯罪行为直接侵害具体权利并由此而直接承担物质损失或者精神损害的自然人及其近亲属以及单位。

应当指出的是，刑法的任务在于确证一种保护个人的重要法益和共同体社会（国家为执行者）赖以存在的法益的规范存在，个人的重要法益是个人自由在刑法上的现实化，共同体社会赖以存在的法益是个人法益的派生利益。共同体社会赖以存在的法益被刑法加以保护的理由在于，作为个人成员组成的共同体社会，其存在是国民生活和发展的根本保障。[①] 但是，刑法所保护的法益不能直接等同于刑事被害人，刑法学科中的刑事被害人不包括国家和社会。因为犯罪作为孤立的个人反抗现行统治秩序最明显、最极端的表现，都必然侵害到国家对个人的统治权或者管理权或者社会的公共利益。如果这种抽象国家权力或者社会公共利益可以使国家和社会成为被害人，那么，就会造成在所有犯罪中国家和社会都将不可避免地成为被害人的局面，这显然不利于刑法学对被害人的相关问题展开系列研究。[②]

二、刑法学视野下刑事被害人救助的基础理论

刑法学视野下刑事被害人救助的基础理论研究焦点集中在刑罚对被害人的功能以及被害人过错这两个方面。

（一）刑罚对被害人的功能：被害人救助的理论依据

一般认为，刑罚的功能是国家依法运用各种刑罚手段惩罚犯罪所可能产生的消极的社会作用。刑罚的功能可以分为三类：对犯罪人的功能、对社会的功能和对被害人的功能。

1. 刑罚对犯罪人的功能。刑罚对犯罪人的功能主要是指刑罚对犯罪人所产生的作用和影响，其主要包括两类：惩罚功能和教育改造功能。第一，惩罚功能主要是指对犯罪人的行为进行否定性评价并科以刑罚，使其承受相应的痛苦。日本学者吉川经夫曾论述道，“作为报应的刑罚，以对受刑者剥夺其财产、或剥夺其身体的自由，有时剥夺其生命为内容。那对被科处刑罚者是明显的非常痛苦。刑罚是一种害恶，必须发生痛苦这一现实，必须率直地承认”。第二，教育改造功能是指对犯罪人进行教育和改造，以至改造成为普通人而复归社会。对犯罪人进行教育改造是近代西方启蒙思想家和近代学派的刑法学者所大力倡导的，荷兰学者格劳秀斯明确提出刑罚的第一目的就是“改造”，就是将一个犯罪人变成一个好人。对犯罪人进行教育改造主要是通过思想教育以及相关职业技能培养等予以实现的。

2. 刑罚对社会的功能。刑罚对社会的功能主要是指刑罚对社会所产生的积极作用和影响，其可以细分为威慑功能和教育功能。具体而言：第一，威

① 刘仁文等．立体刑法学．中国社会科学出版社，2018：497.
② 高铭暄，张杰．刑法学视野中被害人问题探讨．中国刑事法杂志，2006（1）：12.

慑功能主要是指通过刑罚向社会公众展示出刑罚的严苛性，警示社会公众不要违反刑法规定，刑事古典学派著名代表费尔巴哈就对威慑功能予以高度肯定，他主张应当使人们预先知道犯罪受到刑罚的痛苦大于因犯罪得到的快乐，就会产生抑制其心理上萌生犯罪的意念，从而防止犯罪。第二，教育功能主要指通过刑罚来教育社会公众应当遵纪守法，并同任何犯罪行为作斗争。在我国，刑罚的教育功能显得更为突出和重要。

3. 刑罚对被害人的功能。刑罚对被害人的功能在以前很长一段时间内的刑法学研究中并未引起足够的重视，近些年来才开始予以高度重视。刑罚对被害人的功能，我国学者马克昌先生提出，刑罚应当具有对被害人的安抚功能或者使报复感情平息的功能。[①] 邱兴隆教授认为，刑罚对犯罪人应当具有安抚与补偿的功能。刑罚对被害人的功能主要包括以下两个方面：

（1）刑罚的安抚功能。刑罚的安抚功能是指刑罚之适用与执行于犯罪人，能在一定程度上满足被害人要求惩罚犯罪的强烈愿望，可以平息犯罪给其造成的激愤情绪，使其精神创伤得到抚慰，从犯罪所造成的深切痛感中得以解脱。[②]

（2）刑罚的补偿功能。对于何为刑罚的补偿功能，学界还是存在一些争议。第一种观点认为，刑罚的补偿功能是指，“首先，人民法院对犯罪人依法判处刑罚，在一定程度上是对被害人精神损害的补偿；其次，人民法院可以在判处犯罪人刑罚的同时判令赔偿被害人的经济损失”。[③] 第二种观点认为，“刑罚的补偿功能，并不是指国家在对犯罪人施加刑罚时，附带进行民事诉讼，由犯罪人对被害人所进行的赔偿，而是指被害人在遭受犯罪行为侵害后，因国家司法机关没有抓获犯罪人或者犯罪人无力赔偿被害人时，由国家给予被害人一定金钱或者物质。刑罚的这种补偿功能是与国家公权力相对应，并与附带民事诉讼判决中犯罪人对被害人的民事赔偿截然不同。另外，由于实践中往往存在大量的犯罪人完全无力或者不能全部赔偿被害人损失的情况，因而，刑罚这种对于被害人的补偿功能就显得非常重要”。[④]

从原始社会向奴隶制社会的转型发展过程中，刑罚权的私人化不断被削弱，而刑罚权的公有化不断增强。在奴隶制社会向封建制社会和资本主义社

① 马克昌．刑罚通论．武汉大学出版社，2011：52.
② 邱兴隆．揭开刑罚的面纱——刑罚功能论．中国刑事法杂志，2006（1）：168.
③ 高铭暄．新编中国刑法学．中国人民大学出版社，1999：308.
④ 高铭暄，张杰．刑法学视野中被害人问题探讨．中国刑事法杂志，2006（1）：14-15.

会的演进中，私人刑罚权逐渐“去私有化”（de-privatization）并最终实现彻底“公有化”，国家成为对犯罪行为进行控诉和审判的主体，[①]而作为犯罪人对立面的被害人则被中立化。[②]这种被害人的中立化（the neutralization of the victim）使得被害人处于被动和边缘地位，甚至被国家和社会所忽略、遗忘了。惩罚犯罪成为一项与被害人无关的国家运动，刑法重点自此也完成了以被害人为中心向“去被害人化”转变，刑法的这种发展趋势可以说更多的是在服务国家而非被害人，从而导致被害人受损的权利难以得到完全恢复。这种国家垄断性行使刑罚权的刑罚治理模式使得被害人仅仅成为孤独的、纯粹的受害者，因为国家虽“夺取”了被害人的刑罚权，但其却没有一并将被害人因犯罪行为而承受的种种负担带走。最终刑事被害人成为双重的失败者，首先是对犯罪人，随之是国家。[③]“被害人是冲突（犯罪）的一方当事人，是直接遭受犯罪侵害的具体对象。在被害人利益与国家利益之间并不重合的情况下，国家基于自身利益而硬生生地将被害人吸附在自己身上，只能被视为是一场悲剧。”[④]日本学者大谷实有过这样的论述，“如果犯罪被害人在遭受由于犯罪而造成重大损害的不幸，但不能采取恢复被害感情及对被害人进行法律保护的措施的话，便会招致犯罪被害人及市民对包括刑事司法在内的法秩序的不信任感，进而削弱刑法的规制机能”。[⑤]这种缺少对于个体的人的关注的公共刑法，随着“二战”结束尤其是在20世纪60年代后得到一定改观。国家通过给予刑事被害人必要的救助，在很大程度上使得刑事被害人的权利得以有效维护。

（二）被害人过错：刑事被害人救助的必要限度

对于“被害人过错”这一概念，主要存在两种观点：一种是“主观过错说”，认为被害人过错主要是指被害人主观上存在的故意或者过失，是一种主观心理；另一种是“行为过错说”，其主张被害人过错主要是指一种因为故意或者过失而激化犯罪人实施犯罪的行为，是一种外在行为。笔者认为，被害人过错既是一种主观心理状态，又是一种外在具体行为，内心的过错外

① 王焕婷．以被害人为视角的美国刑法理论．江西警察学院学报，2016（4）：64.
② Cornelius Prittwitz. The Resurrection of the Victim in Penal Theoty. Buffalo Criminal Law Review，1999（3）：115.
③ 房保国．被害人的刑事程序保护．法律出版社，2007：18.
④ 房保国．被害人的刑事程序保护．法律出版社，2007：35.
⑤ ［日］大谷实．犯罪被害人及其补偿．黎宏译．中国刑事法杂志，2000（4）：121.

化为行为。在相当一部分刑事案件中，犯罪人所实施的犯罪行为存在被害人的过错，那么这时候就应当认定犯罪人的人身危险性相对较小，根据罪责刑相适应的原则要求，应当依法减轻对犯罪人的刑罚。与之相对的是，被害人过错则应成为对其限制救助的主要理由，这是因为，一方面，限制救助的本身可以看作对被害人过错的惩戒；另一方面，限制救助也告诫人们不能从自己的不当行为获利。

第三节 刑事诉讼法学视野下的被害人救助

一般认为，刑事诉讼法学是以刑事诉讼法律规范、刑事诉讼实践和刑事诉讼理论为主要研究对象的一门法学分支科学。[①] 我国的刑事诉讼有着自身独特的定义和鲜明的特征，从刑事立案开始就标志着刑事诉讼的正式开启，侦查、审查起诉、审判和执行均被视为重要的诉讼阶段，因此也被形象地称为“流水作业式”的诉讼模式。根据我国刑事诉讼法律的相关规定，刑事被害人为刑事诉讼的当事人之一，其享有较为广泛的诉讼权利，同时也承担相应的诉讼义务。因此，作为被害人权益保障一环的被害人救助与刑事诉讼法律存在密切关联性。

一、刑事诉讼法学视野下的被害人概念

刑事诉讼法学认为，被害人是指其人身、财产或者其他权益受到犯罪行为侵害的人。在刑事附带民事案件中，原告人其实就是被害人及其法定代理人、近亲属。因此，刑事诉讼法学视野下的被害人主要包含以下三类：

（一）自诉案件的被害人

根据我国《刑事诉讼法》之规定，告诉才处理的案件，被害人有证据证明的轻微刑事案件，以及被害人有证据证明对被告人侵犯自己人身、财产权

① 陈光中．刑事诉讼法学（第五版）．北京大学出版社，高等教育出版社，2014：8.

利的行为应当依法追究刑事责任，而公安机关或者人民检察院不予追究被告人刑事责任的案件，被害人可以向人民法院提起自诉，从而具有自诉人的身份和地位。

（二）公诉案件的被害人

在古代弹劾式诉讼（accusatorial procedure）的模式之下，刑事诉讼的被害人拥有独立的起诉权。换言之，没有被害人自己起诉，法院就不会主动启动和实施审判活动。此时，被害人居于原告人的地位，其在某种程度上就扮演了犯罪追诉者的角色。

随着国家追诉主义的产生，对犯罪的追诉成为国家专门机关的法定职责，也被视为一项重要的国家职能活动，于是就产生了“纠问式诉讼”（inquisitorial procedure）。在纠问式诉讼制度中，控诉职能与审判职能均集于法官一人。刑事诉讼程序的开启和推进并非取决于被害人的告诉，而是由国家专门机关主动发起，这就使得被害人不再担当原告人的角色，而主要处于具有从属性的证人的地位，主要配合国家专门机关完成对被追诉者予以定罪处罚的任务。在这一时期，被害人在刑事诉讼中的地位大大下降，其参与刑事诉讼的主动性也受到极大的抑制。

近代以来，刑事诉讼制度大致被分为职权主义诉讼模式（litigation system）、对抗制诉讼模式（adversary system）和混合制诉讼模式。但是在很长一段时间内，刑事被害人的角色并未改变，依然处于协助国家机关开展追诉的地位。

“二战”以后，强化刑事诉讼中的人权保障成为刑事诉讼制度改革的主要趋势。这里的人权保障也包括被害人的人权保障。加强被害人在刑事司法中的权利保障成为各国司法改革的重要目标，被害人在刑事司法中的地位和诉讼角色问题引起社会的广泛关注。目前，被害人的诉讼地位在大陆法系国家得到了较大提升，这些国家逐步确立了被害人的当事人或者准当事人地位，使其拥有独立的发动起诉、申请回避、获知指控罪名及理由以及有效参与法庭审判等诉讼权利。在英美法系国家，被害人也开始逐步摆脱长期以来只作为证人的局面，逐步拥有获知指控罪名、理由的权利，并在审判过程中拥有与一般证人不同的参与权。总之，加强刑事被害人的权利保障，并对被害人与被告人的权利加以合理和适当的平衡，成为各国刑事诉讼法的普遍发展趋势。[①]

我国于1996年刑事诉讼法修改的时候，确立刑事被害人拥有独立的诉讼当事人地位。[②]被害人作为遭受犯罪行为侵害的人，与案件结果有着直接的利害关系，其不仅具有获得物质赔偿或者补偿的欲望，而且更有着对其实施侵害的犯罪人受到法律制裁的愿望。此外，被害人作为诉讼当事人，与被告人居于大致相同的诉讼地位，也拥有许多与被告人相对应的诉讼权利。

1. 刑事被害人与其他当事人共同享有的诉讼权利。根据我国《刑事诉讼法》相关规定，被害人与其他当事人所共同享有的诉讼权利主要有：（1）对于司法工作人员侵犯其诉讼权利等行为，有权提出控告。（2）对于司法工作人员以及鉴定人员、翻译人员等，可以依法申请他们回避；对于驳回申请回避的决定，有权申请复议一次。（3）有权参加法庭调查，在法庭上就起诉书指控的犯罪进行陈述，可以向被告人发问，有权向证人发问和质证，有权辨认、鉴别物证以及听取书面证言及其他证据文书，并就上述证据向法庭陈述意见，有权申请通知新的证人到庭，调取新的物证，申请重新鉴定和勘验。（4）有权参加法庭辩论，对证据和案件情况发表意见，并与公诉人、其他当事人、辩护人等相互辩论。（5）有权对已发生法律效力的判决或者裁定，向人民法院或者人民检察院提出申诉，人民法院认为其申诉符合《刑事诉讼法》第253条所规定的五种情形之一的，应当重新审判。（6）有权使用本民族语言文字进行诉讼等。

2. 我国刑事被害人特有的诉讼权利。根据我国《刑事诉讼法》相关规定，被害人享有的特有诉讼权利主要有：（1）有权自案件移送审查起诉之日起，委托诉讼代理人。（2）对于侵犯其人身、财产权利的犯罪事实或者犯罪嫌疑人，有权向公安机关、人民法院或者人民检察院报案或者控告，要求有关机关立案；对于人民法院、人民检察院、公安机关不予立案的决定，有权获知原因，并可申请复议；对于公安机关应当立案侦查的案件而不立案侦查的，有权向人民检察院提出，由后者要求公安机关说明理由，并予以纠正。（3）对于人民检察院所作的不起诉决定，有权获得不起诉决定

---

① 陈光中. 刑事诉讼法学（第五版）. 北京大学出版社，高等教育出版社，2014：77.

② 对此，有观点认为，将被害人作为公诉案件的诉讼当事人，虽然具有一定的积极意义，但在法理上难以自圆其说，在实践中则弊大于利，其主要理由为：第一，被害人作为当事人名不副实，因为虽然被害人为当事人，但却不享有当事人的基本权利尤其是上诉权；第二，被害人作为当事人的角色与其作为诉讼中证据来源的角色相互冲突。陈光中. 刑事诉讼法学（第五版）. 北京大学出版社，高等教育出版社，2014.

书，并向上一级人民检察院申诉，要求提起公诉；对于人民检察院维持不起诉决定的，有权向人民法院起诉；也可以不经申诉，直接向人民法院起诉。（4）被害人有证据证明被告人侵犯自己人身、财产权利的行为应当依法追究刑事责任，而公安机关或者人民检察院不予追究被告人刑事责任的案件，被害人有权向人民法院提起自诉。（5）对地方各级人民法院第一审的判决不服的，有权请求人民检察院抗诉；人民检察院在收到这一请求后5日内，应作出是否抗诉的决定并答复请求人等。

根据我国《刑事诉讼法》相关规定，被害人在诉讼过程中承担一定的法定诉讼义务：（1）如实向司法机关陈述案件事实的义务；（2）接受司法机关传唤的义务；（3）在法庭上接受询问和回答问题的义务；（4）遵守法庭秩序的义务等。

（三）附带民事诉讼的原告人

附带民事诉讼的原告人可以是遭受犯罪行为直接侵害的刑事被害人，也可以是已经死亡或者丧失行为能力的被害人的法定代理人、近亲属。

根据我国《刑事诉讼法》的相关规定，附带民事诉讼的原告人依法享有下列诉讼权利：（1）提起附带民事诉讼，要求赔偿物质损失；（2）申请回避；（3）委托诉讼代理人；（4）参加法庭调查和辩论，并对附带民事诉讼部分提供证据、发表意见；（5）如不服一审判决或者裁定，可以提出上诉；（6）请求人民法院主持调解或者与附带民事诉讼被告人自行和解；（7）申请人民法院采取查封、扣押或者冻结被告人的财产等保全措施。附带民事诉讼的原告人的诉讼义务则包括：（1）对附带民事诉讼请求提供证据；（2）如实陈述案情；（3）按时出庭，遵守法庭秩序。

二、刑事诉讼法学视野下的被害人救助

长期以来，刑事被害人救助往往被视为刑事诉讼过程推进中的“衍生品”，其并非刑事诉讼法学界关注的主要问题。因此，对刑事被害人救助相关问题的论述相对较少，这也导致了理论对实践的推动作用甚微。

（一）刑事诉讼法学视野下被害人救助的基本理论

刑事诉讼法研究者主要是从“刑事诉讼构造”这一刑事诉讼法学的基础

理论问题出发，对“刑事被害人救助”展开相关研究。陈瑞华教授提出，刑事诉讼构造是真正从纯粹“诉讼”的角度，将控诉、辩护、裁判三方主体的地位作为分析的重点，将三方的法律关系作为诉讼程序的整体框架。[①]这其实是一种“三方诉讼构造”，其忽略了被害人的地位和作用，使其在控、辩、审三方法律关系中丧失了主体地位，被害人成了国家控诉机关的附庸品。于是，有学者就提出了应当吸收被害人的参与，将“三方诉讼构造”重塑为“四方诉讼构造”。[②]从“四方诉讼构造”的视野来观察，从某种意义上讲，刑事被害人遭遇犯罪侵害与民事侵权在本质上并无异，只是严重程度不一致。正如有论者指出，“民事侵权与刑事犯罪更多的是程度上的区别。与其刻意说人身侵权的民事不法和故意伤害罪之间具有本质上的不同，倒不如承认故意伤害罪本质上也是一种人身侵权行为，只不过程度上更加严重而已”。[③]因此，刑事被害人作为个体的权利应当在刑事诉讼推进过程中得到相应的重视和保障。

（二）刑事诉讼法学视野下被害人救助的相关问题

在刑事诉讼法学视野下，刑事被害人救助主要涉及具体程序操作问题，因而相对复杂。

1.刑事附带民事诉讼阶段的刑事被害人救助。刑事诉讼可被称为一种“公权诉讼”，其目的在于惩罚犯罪与保障人权，往往与国家和社会的安定秩序联系在一起。而附带民事诉讼则被视为维护民事主体私人利益的“私权诉讼”，其主要目的在于解决民事权益纠纷，以维护公民、法人、其他组织的民事权益，其往往与国家和社会的秩序稳定没有直接联系。[④]刑事附带民事诉讼是一项较为特殊的诉讼制度安排，既涉及刑事案件内容，又具有民事诉讼的属性，其存在的主要价值在于节约诉讼成本和提高诉讼效率。从我国的具体实践来看，早期的刑事被害人救助主要集中在刑事附带民事诉讼阶段，这主要是由于刑事附带民事赔偿无法有效落实且刑事被害人及其近亲属面临生存和生活困难，因而需要救助，救助的责任主体则为人民法院。但是，刑事附带民事诉讼在具体运行中也遇到很多挑战，因为本是为了追求

① 陈瑞华．刑事诉讼的前沿问题．中国人民大学出版社，2000：222.
② 房保国．被害人的刑事程序保护．法律出版社，2007：100.
③ 刘仁文等．立体刑法学．中国社会科学出版社，2018：171.
④ 江伟，范跃如．刑民交叉案件处理机制研究．法商研究，2005（4）：35.

效率价值的合并审理，在实际操作中却严重损害了民事诉讼所独立追求的价值，[①] 不利于刑事被害人权益的保障，也会在一定程度上延误刑事被害人救助的开展。

2. 审查起诉阶段的刑事被害人救助。审查起诉上承侦查下启审判，在刑事诉讼中居于中间位置，扮演着重要的角色，起着重要作用，其主要任务在于对侦查终结的案件事实和证据材料进行把关，并依法向人民法院正式提起审判请求。从近些年来的探索和实践来观察，刑事被害人救助的时间已经提前到审查起诉阶段，而且人民检察院成为刑事被害人救助的责任主体之一，这就使得刑事被害人救助的时间点大幅度往前提升，有助于进一步提升刑事被害人救助的质效，进而最大限度地保障刑事被害人救助的合法权益。但是，客观而言，法律尚未对审查起诉阶段的刑事被害人救助进行明确规定，检察机关对于刑事被害人救助的主要依据还是中央政策文件、检察机关内部的规范性文件以及检察官的职业道德情怀。笔者对北京市、河南省、福建省和陕西省部分地区三级检察机关的共计 120 名检察官（包括检察官助理）进行问卷调查，结果显示大部分检察官（包括检察官助理）对于刑事被害人救助均持积极态度，并且认为对于刑事被害人救助虽不是检察官法定职责，但却是其积极履行职业道德的重要表现，可以更好地展现检察官良好的职业形象。

3. 侦查阶段的刑事被害人救助。侦查阶段是刑事诉讼的开始阶段，尤其是在我国，侦查在包括审前程序在内的整个刑事诉讼中占有极其重要的地位，是发现犯罪线索、收集犯罪证据、打击刑事犯罪以及保障人权的重要场域，因而被学术界称为“以侦查为中心”的诉讼模式。从笔者调研的情况来看，对于侦查阶段刑事被害人救助问题的探索整体上仍相对滞后。虽然中央和地方的规定都将公安机关作为刑事被害人救助的责任主体，但是在实践中，公安机关对于刑事被害人救助的情况并不乐观，只有少数地区的公安机关在刑事被害人救助方面建立内部工作性文件，并且采取了相关的救助。之

① 有论者指出，合并审理导致民事审判程序被压榨，使本来独立民事诉讼程序中被害人拥有的权利得不到完全的保障。具体体现为，在民事诉讼中，证据以及损害的认定都由于审判程序被压缩而流于形式，进而难以进行充分有效的调查和法庭辩论。并且刑事与民事的庭审程序、法庭调查的重点、认证的规则都不相同，如果等同刑事案件来对民事案件进行处理，那无异于变相剥夺了双方当事人的诉讼权利。不仅如此，如果仔细考量现实中的情况，不难发现最初追求的司法效率价值也并没有得到很好的实现，因为在一个制度内需要兼顾刑事与民事两种案件，因此两种案件之间会相互影响。若是庭审过程中还需要技术鉴定等程序，案件往往会耗时更久，很难及时审理完结。刘仁文等．立体刑法学．中国社会科学出版社，2018：165-166.

所以出现这种情况，主要是基于以下原因：其一，从主观方面来讲，公安机关侦查工作的主要任务是在尽可能短的时间内侦破案件、抓获犯罪嫌疑人，这就决定了其不可能将大量精力放在刑事被害人救助工作上；否则的话，这将在很大程度上影响到公安机关的主责主业以及业绩考评结果。其二，从客观方面来讲，由于在侦查阶段整个案件事实并不明确，尤其是犯罪嫌疑人和被害人的关系不明确，公安机关对刑事被害人救助工作存在一些隐忧，如果存在救助不当的情形，刑事被害人往往会采取上访等方式来追求自己的诉愿。因此，在具体的实践中，除非特殊情况，公安机关在侦查阶段很少对刑事被害人采取相应的救助措施。

但是，从刑事诉讼程序推进规律来看，侦查阶段是离刑事被害人受到犯罪行为侵害最近的诉讼阶段，此时也往往是刑事被害人最需要也是最希望获得救助的时间，尤其是对于一些遭受暴力犯罪而受到人身生命侵害并且家庭确实困难的被害人，侦查阶段被视为救助的“黄金时间”。这一诉讼阶段对刑事被害人予以救助能够最大限度地保障刑事被害人的生命权和健康权，有助于赢得刑事被害人对于国家司法制度的尊崇和信任，因而侦查阶段的刑事被害人救助无疑具有重大意义。虽然在侦查阶段刑事被害人救助实施确实存在诸多困难，但是决不能因此否认刑事被害人救助的必要性和重要性。

第四节　社会法学视野下的被害人救助

社会法学开创者之一的庞德认为，“在文明社会的社会生活中，它（个人生活的利益）就是这样一种主张、要求或愿望：每个人都能根据社会标准在那里过一种社会化的生活；假如不是所有个人的要求都能被满足的话，那么至少尽可能合理满足。在现代文明社会中，所有个体在政治、物质、文化、社会、经济等领域都应当拥有公平或者合理的机会；而且每个个体都应当被确保在他所处的时空环境下，至少有维持人类生活的最低保障”。[①]

一、关于社会法的基础理论

（一）社会法的基本定义

到底何为社会法？目前，学术界对此的看法还未完全达成一致，概括起来，主要包括以下三种理论学说：

1.“保护弱者论”。“保护弱者论”主要从保护劳动者阶级或者从保护社会弱者意义上去理解社会法。例如，日本学者星野英一认为，“以维持这种社会经济弱者阶层的生存及其福利的增进为目的的诸法律在学术上按体系分类，称为‘社会法’”。我国学者郑少华教授认为，“社会法的规制对象是社会弱者在进行社会活动中发生的涉及社会利益的社会关系”。[②]又如，我国学者唐政秋教授等认为，“社会法是以保护社会困难群体、弱势群体和特殊群体等的基本生活权益和生存权益，促进社会和谐发展为宗旨，调整社

① ［美］罗斯科·庞德．法理学（第 3 卷）．廖德宇译．法律华出版社，2007：238-242.
② 汤黎虹．协同论——社会法的理论基础初探．当代法学，2008（6）：80.

会保障关系、社会公益关系以及慈善事业关系等社会关系的法律规范的总和”。[①]再如，我国学者王广彬副教授认为，“社会法的核心就是建立、规定和运用这样一种机制，让社会强者去帮助社会弱者……由于社会弱者的生存和发展是社会问题的核心和关键所在，当社会弱者无法有人格尊严地生存和发展时，为了使自己较好地生存和发展，社会强者会理智地选择适当地帮助社会弱者”。[②]

2.“社会安全论”。“社会安全论”主要从保障社会整体的安全角度来理解社会法，如我国台湾地区王泽鉴教授主张，“社会法即以社会安全法为主轴展开的，但凡社会保险法、社会救助法、社会福利法、职业培训法、就业服务法、职业训练法等均属社会法研究之范畴”。

3.“第三法域论”。“第三法域论”认为社会法本质上是公法和私法彼此融合之后的产物，是公法与私法之外的第三法域，主张凡是不属于传统公法或者私法所界定的研究范围的，都可以称为社会法。[③]例如，我国学者余少祥认为，社会法是国家为解决各种社会问题形成的具有公法与私法融合特征的第三法域，是以维护弱者的权利和社会整体福祉为宗旨的一种新的法律体系，是劳动法、社会保障法、经济法、环境与自然资源法、教育法、公用卫生事业法、慈善与捐赠法等法律的总称。社会法突破了传统私法对人抽象化、平等化的形象设计，也突破了过去公权力不介入私人领域的理念。[④]我国学者郑尚元认为，社会法是公私融合性法律，公私法的融合或者传统私法的公法化是社会法产生的法律基础，[⑤]社会法既不是法律现象，也不是法律社会学，它与法律的社会化，与现代法律对社会本位、社会公益、社会责任的强调是密切相关的。在此基础上，它也同社会问题、社会风险、社会保障、社会安全等直接相关。[⑥]

虽然各位学者从不同角度来透视社会法，有着不尽相同的观点，但是，总的来讲，社会法是调节帮扶主体与被帮扶主体关系的新型部门法，其具有自己独特且明确的立法价值，具体而言：其一，从人权保障角度而言，切实

① 唐政秋，李健．社会法范畴和体系探究——以社会法立法为视角．当代法学，2008（2）：18.
② 王广彬．论社会法的几个关键词．中国政法大学学报，2013（3）：91.
③ 汤黎虹．社会法基本理论．法律出版社，2017：180-182.
④ 余少祥．社会法：维系民生之法．今日中国论坛，2009（1）：67.
⑤ 郑尚元．社会法的存在与社会法理论探索．法律科学（西北政法学院学报），2003（3）：68；郑尚元．社会法的定位和未来．中国法学，2003（5）130-131.
⑥ 张守文．社会法的调整范围及其理论扩展．中国高校社会科学，2013（1）：137.

保障社会公众尤其是弱势群体的合法利益，使其能够有尊严地生存和生活；其二，从秩序稳定角度而言，保障社会秩序的稳定，避免出现社会动荡；其三，从社会发展角度而言，促进社会的长远发展。

（二）社会法的主要内容

社会法涉及社会生活的各个领域，整个社会法体系比较庞杂。我国学者对于社会法的主要内容有着不同的见解。例如，我国学者郑尚元教授认为社会法包括：弱势群体保护法、社会保障法、公益事业法、教育权利保障法四个领域。因此，社会法调整的关系主要为：弱势群体保护关系、社会保障关系、公益事业举办关系和教育权利保障社会关系。[①]

又如，唐政秋教授主张社会法应当由社会保险法、社会救助法、社会福利法、社会优待抚恤法、社会公益及慈善事业法五个方面组成，因而社会法调整的关系分别对应为：社会保险关系、社会救助关系、社会福利关系、社会优待抚恤关系、社会公益及慈善关系。而汤黎虹教授将社会法概括为社会护救、社会促进、社会优待和社会维权四个领域内容。因此，社会法所调整的关系为社会护救关系、社会促进关系、社会优待关系以及社会维权关系。[②]在此，笔者主要采纳汤黎虹教授的观点，对社会法的基本内容进行展开论述。

1. 社会护救法。社会护救法主要是指社会为使相关人群从困难或者危险的境地中脱离出来而实施的帮助或者拯救的法律制度。其主要包括：社会预护（为可能面临痛苦或者危险的人群提供预先的保护）、社会扶助（为面临痛苦的贫困人群进行的扶持帮助）、社会解救（对正在面临危险或困难的人群展开人财物力应对、进行施救）。

2. 社会促进法。社会促进法主要是指社会对劳动就业、教育事业、卫生事业、社会捐赠事业发展等推动的法律制度。其主要包括：就业促进（为社会公共就业创造条件）、社会事业促进（为人力资源的充分保障而促进社会事业的发展）、社会捐赠（个人或者组织自愿无偿地向社会捐赠财物）。

3. 社会优待法。社会优待法主要是指对因老、少、残等原因需要照顾和在自愿履行道德义务中遭受损失的人们给予特定待遇的法律制度。其主要包

① 郑尚元．社会法的存在与社会法理论探索．法律科学（西北政法学院学报），2003（3）：43.
② 汤黎虹．社会法基本理论．法律出版社，2017：129-130.

括：社会照顾（因老、少、残等原因而由社会特别关照和优待）、社会补偿（为在自愿履行道德义务中遭受人身和财产损失的人们提供优待和抚恤）。

4. 社会维权法。社会维权法是指由国家和社会组织以社会名义维护被帮扶主体的合法权益。其主要包括：群团维权（群体性社团组织为维护社会成员的合法权益进行的活动行为）、仲裁和司法维权（有关部门对劳动者或者未成年人权益的维护活动）、信访维权（信访机构对社会公众反映信访诉求的处理）。

（三）社会法的基本特征

社会法作为一项重要的部门法，呈现出较为鲜明的特征，其主要包括：

1. 社会性。社会性是社会法的首要标志。社会法讲究以社会为本位，以保障、服务和促进社会发展为价值目标，以社会整体利益和全局意识为重，排斥狭隘的个人利益和局部意识，其所调整的是关系社会全局的社会关系，因此，其事关着社会生活中的每个人的利益。正如有学者所言，“解决社会问题、化解社会矛盾、防范社会风险、维护社会安全，正是社会法的直接任务和重要使命”。[①] 这显然和追求经济利益的民商法以及追求社会有效管理目标的行政法等均有显著区别。此外，社会法还强调最大限度地体现社会政策，如就业政策、社会保障政策、分配政策、环境政策等，这显然也是社会法的独特之所在。

2. 扶弱性。扶弱性是社会法的核心特征。社会法特别关注社会弱势群体利益保障的实现，因为在充满竞争的现代社会尤其是市场经济之中，会产生大量的社会弱势群体，其产生是客观因素和主观因素相互交织的结果，这些群体成为社会发展进步的“短板”，需要国家和社会予以及时和必要的介入、关心以及救助，否则的话，会严重影响社会稳定以及长远发展。尤其是对于我国这样的社会主义国家而言，社会法的扶弱性与我国社会主义制度性质存在高度的契合性。

3. 共同性。共同性是社会法的重要特征。社会法所讲究的共同性主要是指社会中的每个人遇到社会问题都有责任有义务去承担，社会问题的解决和社会的发展进步需要社会中每个人的参与，既需要国家和社会承担责任，也需要企业和非营利性组织的主动参与，更需要社会成员彼此的互助互济。

---

① 张守文．社会法的调整范围及其理论扩展．中国高校社会科学，2013（1）：141．

当然，社会发展的成果也理应由每个人共享，真正体现“人人为我、我为人人”的社会价值追求。

（四）我国社会法的体系内容

1993 年 8 月，中国社会科学院法学所课题组提出，我国社会主义市场经济法律体系框架主要由民商法、经济法和社会法三个板块构成。王家福先生在全国人大所做的“法制讲座”中进一步提出，社会法作为法律部门，主要包括劳动法、社会保险法和社会救济法等。[①]2011 年 3 月 10 日，时任全国人大常委会委员长吴邦国同志向十一届全国人大四次会议作报告时郑重宣布中国特色社会主义法律体系正式形成。中国特色社会主义法律体系是由宪法统领下的宪法及宪法相关法、民商法、行政法、经济法、社会法、刑法、诉讼与非诉讼程序法七个法律部门构成的。社会法之所以为中国特色社会主义法律体系的重要组成部分，除了社会法在调整方法上有特殊的规制手段外，更重要的原因在于：第一，社会法有着自己特定的调整对象，而这些既不能由民法调整，也不能由经济法和行政法调整；第二，社会法的保护对象具有特定性，主要是弱势群体（老年人、未成年人、残疾人、妇女等）、困难群体（城乡低保户、流浪乞讨人员等）以及其他特殊群体（军人、烈士、志愿者等）；第三，社会法调整上述社会关系是为了保障社会弱势群体、困难群体等基本生活权益和生存权益，其在社会建设中的基础性作用具有无可替代性。[②] 我国社会法的主要内容体系包括：

1. 法律层面。即由全国人大或者全国人大常委会制定的法律，其主要包括：《中华人民共和国残疾人保障法》（1990 年，2018 年最新修正）、《中华人民共和国未成年人保护法》（1991 年，2012 年最新修订）、《中华人民共和国工会法》（1992 年，2009 年最新修正）、《中华人民共和国妇女权益保障法》（1992 年，2018 年最新修正）、《中华人民共和国矿山安全法》（1992 年，2009 年最新修正）、《中华人民共和国红十字会法》（1993 年，2017 年最新修订）、《中华人民共和国劳动法》（1994 年，2009 年最新修正）、《中华人民共和国老年人权益保障法》（1996 年，2015 年最新修正年）、《中华人民共和国预防未成年人犯罪法》（1999 年，2012 年最新修

① 中国社会科学院法学所课题组．建立社会主义市场经济法律体系的理论思考和对策建议．法学研究，1993(6)；肖扬．社会主义市场经济法制建设讲座．中国方正出版社，1995.
② 唐政秋，李健．社会法范畴和体系探究——以社会法立法为视角．当代法学，2008(2)：19.

正）、《中华人民共和国公益事业捐赠法》（1999 年）、《中华人民共和国职业病防治法》（2001 年，2007 年最新修正）、《中华人民共和国安全生产法》（2002 年，2014 年最新修正）、《中华人民共和国劳动合同法》（2007 年，2012 年最新修正）、《中华人民共和国就业促进法》（2007 年，2015 年最新修正）、《中华人民共和国突发事件应对法》（2007 年）等法律。

2. 行政法规层面。即由国务院制定的规范性文件，其主要包括：《中华人民共和国法律援助条例》（2003 年）、《中华人民共和国信访条例》（2005 年）以及《中华人民共和国社会救助暂行办法》（2014 年）等行政法规。

3. 地方性法规层面。即由具有立法权的地方人大制定的在本行政区域范围内有效的具有法律约束力的规范性文件。例如，广东省第十二届人民代表大会常务委员会第三十四次会议通过的《广东省社会救助条例》；又如，北京市第十二届人民代表大会常务委员会第三十次会议修订的《北京市信访条例》等。

二、社会法学视野下刑事被害人救助的基础理论

（一）刑事被害人所遭受的犯罪问题是一种社会问题

社会主要有广义和狭义两种理解，其中，广义社会亦称为人类社会，是指在一种特定物质资料的生产活动基础上形成的由人群组成的、以人与人之间的交往为纽带的、有文化有组织的系统，它包含人类在政治、经济、文化和狭义社会等诸多领域的交往系统。狭义社会则是由各种社会问题涵盖，不包含人类在政治、经济、文化领域的交往系统，只包含狭义社会领域的交往系统。社会法中的社会也是狭义社会，换言之，是与社会法相对应的社会问题的“社会”。[①]

社会法被视为弥补私法解决社会问题不足的新的法律体系。[②]“从某种意义上讲，社会发展的过程既不断产生社会问题，也解决这些问题。作为促进社会发展的重要社会机制，社会法致力于解决社会发展过程中所产生的社

① 汤黎虹．社会法通论．吉林人民出版社，2004：145.

② 私法不能消除贫困、失业、贫富差距、收入分配不公等现象，也无法化解弱势群体贫困化所引起的不断激化的社会矛盾。正是基于对私法功能不足的反思，形成了所谓的社会立法运动，促进了社会法的产生和发展。余少祥．社会法的界定与法律性质论析．法学论坛，2018（5）：59.

会问题，而其自身也在社会发展的不同阶段中呈现出不同的特色。”① 社会法所研究的社会问题不是泛泛而谈，而是具有特定性，其主要是指破坏安定有序的社会秩序、影响社会成员共同生活、妨害社会协调长远发展的一系列社会现象，其不仅是一种客观状况存在，也蕴含着人们的主观意识。正如有学者所言，“社会问题的核心和关键是社会成员的生存和发展问题，社会强者，他们仅凭自己的能力和努力就能较好地生存和发展；而社会弱者，他们凭借自己的能力和努力不能有人格尊严地生存和发展”。②

在社会法的视野下，刑事被害人所遭受的犯罪问题实质上是一种性质严重的社会问题，若对其治理不力，则会像“瘟疫”一般在社会蔓延开来，产生严重的社会问题。社会问题主要具有以下四个基本特征：

1. 客观性。客观性主要是指社会问题的存在不以人们的主观意志为转移，是社会内部矛盾的必然反映，尤其是随着社会发展，一些问题引起了广泛和深刻的社会矛盾，从而引起了广泛的社会关注，如人口问题、环境问题、资源问题、就业问题等，当然包括刑事犯罪问题，自人类社会进入奴隶制社会以后，随着阶级的产生，犯罪问题作为一项社会问题就伴随出现直到现在，无法消除。

2. 普遍性。普遍性是指社会问题普遍地存在于整个民族、国家以及社会的现实生活中，如贫困问题等，当前社会无论是最不发达国家还是发展中国家抑或是发达国家都或多或少存在，犯罪问题同样如此，无论哪个国家当前这一阶段都无法消除犯罪。有的犯罪是局部的，但是有的犯罪则是影响全局的，比如暴力恐怖主义犯罪问题在一国范围内可能是局部性的，而在另一国则是全局性的。

3. 复杂性。复杂性主要是指社会问题的成因是相当复杂的，既有客观因素的作用，又有主观因素的影响，客观因素和主观因素不断交织的产物是犯罪行为和被害结果的产生。例如，环境问题的产生，就是人为不断侵害自然生态系统加之自然生态系统自身修复能力问题的综合结果。犯罪问题亦如此，以强奸罪的发生为例，其不仅要有犯罪行为人的主观意思和客观行为，也可能有被害人的被害意愿和外在行为等因素促成，还可能受到天气、周围环境的影响等。

---

① 马金芳．社会法的未来发展特征．政治与法律，2013（10）：64.

② 王广彬．论社会法的几个关键词．中国政法大学学报，2013（3）：91.

4. 危害性。危害性是指社会问题不仅对社会成员个体的利益造成危害，同样也会对社会整体利益造成损害，有的危害是局部的，有的危害是全局性的。以犯罪问题为例，其不仅对公民个人人身、财产、隐私等造成侵犯，致使其遭受痛苦，也会对整体的社会秩序造成严重破坏，致使社会整体利益受损。

（二）刑事被害人救助权属于社会权的范畴

德国法学家卡尔·施密特将公民基本权利划分为三大领域，即“自由权”、“政治权利”以及“社会主义的权利”。[①]英国学者 T.H. 马歇尔认为，公民权的演化经过了基本民权、政治权和社会权三个阶段。我国学者对于“社会权”之概念理解不尽相同，概括起来主要有以下三种观点：

1. 广义说。我国学者上官丕亮认为，社会权是指那些区别于传统的自由权，侧重保护弱者、维护社会公平的经济、社会及文化权利的总称，其主要是指《经济、社会及文化权利国际公约》所规定的经济、社会及文化权利，具体而言：一是工作权，主要有选择和接受工作的自由、公平报酬权、安全卫生的工作环境权、休息和带薪休假权、组织和参加工会权、罢工权等；二是基本生活水准权，又称为相当生活水准权或者适当生活水准权，亦即生存权，主要是指人们获得足够的食物、衣着、住房以维持有尊严的基本生活水准的权利；三是社会保障权，主要是指公民因年老、疾病、残疾、失业等非正常情况而无力维持相当生活水准时要求国家或者社会给予保障的权利，其包括社会保险和社会救助等；四是健康权，是指公民为可能达到最高标准的身体和心理健康而享有治疗以及预防性健康保健服务的权利，包括个人在患病时均能享受医药服务和医药护理等；五是受教育权，即包括义务教育免费、平等获得和平等享有教育设施、选择教育的自由、设立和管理教育机构的自由等；六是文化权，其主要包括有权参加文化生活，人人有权享受科学进步及其应用所产生的福利，作者的科学、文学或者艺术作品所产生的精神和物质利益受保护，科学研究和创作活动的自由等。我国《宪法》规定的社会权主要包括：劳动权、社会保障权、受教育权及文化权。[②]

2. 狭义说。“狭义说”则认为，社会权作为一项基本人权，主要基于对

① ［日］阿部照哉．宪法·基本人权篇（下册）．周宗宪译．中国政法大学出版社，2006：37.

② 上官丕亮．论宪法上的社会权．江苏社会科学，2010（2）：135-141.

尊严与平等以及社会经济领域公民适当生活水准的价值追求。在外延上，社会权并非意指《经济、社会及文化权利国际公约》所规定的各项经济、社会和文化权利，如经济权和文化权并非社会权的范畴，受国情因素制约，各国宪法对于社会权的规定并非整齐划一，我国《宪法》层面上的社会权主要包括：适当生活水准权、劳动权、获得物质帮助权以及受教育权。①

3. 最狭义说。此说认为，社会法所称的社会权是指被帮扶主体在提升职业岗位能力时遇到自身难以解脱的困难或者困境时，需要帮扶主体帮扶解脱来实现脱困的权利。② 此观点将社会权仅仅定义为提升职业岗位能力的“脱困权”。

笔者认为，虽然各位学者对于社会权的理解有所差别，但是社会权的基本概念应当包括两层主要含义：第一，为公民从社会中获得基本生存和生活的权利；第二，公民在无法获得该项权利之时，有向国家要求提供这些生活条件的权利。因此，公民社会权的实现更多地需要国家的积极作为。在社会法的视野下，刑事被害人作为公民的一类特殊群体，在其遭受犯罪行为侵害后且面临着生存和生活困境，应当有权要求国家保障其基本生存和生活权利。

（三）刑事被害人救助属于社会政策

经济政策和社会政策是治国必需的两类至关重要的公共政策。通说认为，社会政策是指国家运用立法和行政等手段制定的旨在加强社会保障、改善社会福利、稳定社会制度、促进社会发展的基本方针或者行动准则。在各国的社会立法中，都大量融入或者体现了社会政策。③ 良好的社会政策能够有效保障全体社会公众的基本权益，满足社会发展的需要，成为社会稳定的“压舱石”。刑事被害人救助既是社会政策的有机组成部分，体现社会对刑事被害人的关心和关爱；同时也与其他社会政策，如社会保障政策、公共医疗政策、劳动就业政策以及针对专门人群的政策有着千丝万缕的联系，共同编织着社会发展的“保障网”。

（四）刑事被害人救助工作是一项重要的社会工作

社会法认为，社会是由人组成的有机整体，社会群体都有义务协同起来

① 邓炜辉 . 社会权概念界定之批判与重塑 . 北方法学，2013（4）：45-54.
② 汤黎虹 . 社会法基本理论 . 法律出版社，2017：143.
③ 张守文 . 社会法的调整范围及其理论扩展 . 中国高校社会科学，2013（1）：141.

应对社会问题。换言之，在社会问题的解决方面，社会中的每个人都负有相应的责任，没有人能够独善其身，体现“风险共担”和“和衷共济”的理念，以便共同应对各种风险和挑战，保障社会有序稳定和长远发展。

“社会法的核心任务就是建立、规定和运用这样一种机制，让社会强者去帮助社会弱者。”[①] 而社会工作是解决社会问题的重要方式之一，其主要宗旨正是“扶危济困”。尤其是随着现代社会的快速发展，社会问题的解决更多需要专业化的社会工作予以实现。社会工作是以利他主义价值观为指导，运用科学方法帮助被帮扶主体的服务活动，其旨在帮助社会上的困难群体，预防和解决部分经济困难或者不良生活方式而造成的社会问题。刑事被害人遭受的犯罪侵害问题作为一项社会问题，其解决之道不可能仅仅由国家来独自实现，因为国家的行政力量并非无所不能，因此还是有赖于社会力量的有序参与和积极支持，有赖于专业化的社会工作进行运作。例如，一些民间组织自发地对有严重心理疾病的刑事被害人予以专门的心理疏导或者心理治疗，以解决国家在刑事被害人救助方面难以触及的空白地带；又如，一些民间组织对边远地区的遭受性侵的女童进行义务的救助和帮扶；再如，我国民间慈善组织针对刑事被害人这一群体进行的募捐活动等。

① 王广彬．论社会法的几个关键词．中国政法大学学报，2013（3）：91．

第五节　我国刑事被害人救助的研究现状

我国关于刑事被害人救助的理论研究底子相对较薄、起步较晚，但是发展比较迅速，形成了具有我国特色的研究模式和成果。

一、我国刑事被害人救助研究的计量分析

特定领域或主题的研究文献达到一定量的时候能够表现出一定的规律和变化，通过对文献变化的统计分析来作出正确的决策和判断，是文献统计的出发点，相关文献的年度分布在一定程度上能反映该领域或主题的研究现状和水平。

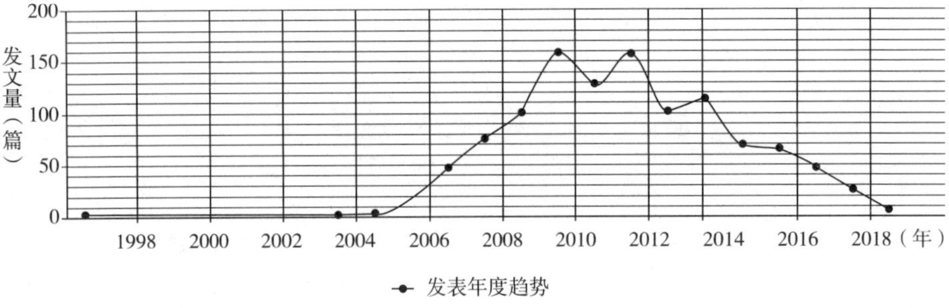

图 1-1

检索的策略为主题检索，输入“SU= 刑事被害人救助”的检索表达式，发表时间不限，检索日期为 2019 年 1 月 13 日，共得到期刊文献 1092 篇，通过对检索结果题名和摘要等的简要分析，发现其中掺杂着与主题相去甚远的信息文献，如“新闻报道”“期刊目录”等文献，需要说明的是，所选取

的研究对象是符合学术论文规范的期刊文献，即有题目、摘要、关键词、参考文献等，如相关报纸报道由于并非学术论文，故未将其收入文献数据范围，去除这些文献后最终得到 1002 篇有效期刊文献，保存其题录信息。

由图 1-1 可知，我国关于刑事被害人救助的研究起步于 2004 年，其中 2010 年至 2012 年对于刑事被害人救助的研究达到了顶峰。

经统计有效题录中期刊信息得到 25 个发文期刊，发文量均为 5 篇及以上，这一数据表明刑事被害人救助问题并未引起社会各界的广泛关注。其中《法制与社会》杂志发文量最多，共 87 篇，《法制与经济》则发文 40 篇。各政法类院校的学报为主要阵地，虽然这种情况属于专业对口，但研究者背景同质严重会导致刑事被害人救助的研究面过窄，如何能充分将社会各学科、跨学科知识与人才吸引到应对刑事被害人救助法律制度研究中来是决定其广度与深度开展的重要因素。

从期刊的影响来看，核心及以上的期刊包括《山东大学学报》《西南政法大学学报》《中国政法大学学报》《华东政法大学学报》，可见在刑事被害人救助制度研究中发文在核心期刊的较多，也从侧面反映出这一领域理论研究也有一定深度。在发文数量排名前两位的《法制与社会》和《法制与经济》影响因子分别为 0.16 和 0.12（中国知网数据库），虽然发文量大，但是整体研究质量不高，还需深入研究发展。

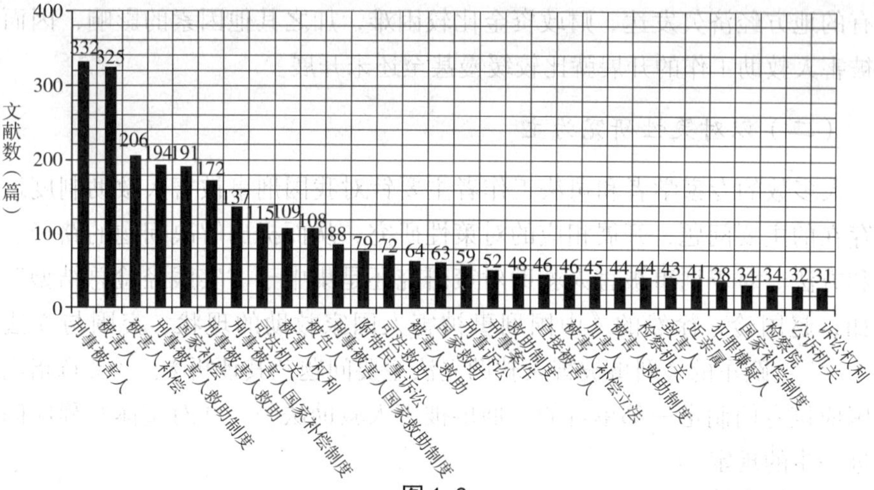

图 1-2

图 1-2 是对刑事被害人救助研究主题进行的计量分析，通过主题的研究

可以了解刑事被害人救助研究的热点以及关键问题。从图 1-2 可以看出，其研究主要集中于刑事被害人救助中的刑事被害人的界定研究、刑事被害人救助制度研究以及被害人补偿问题研究这几个方面。

二、我国刑事被害人救助研究的主要特点

（一）以实证性研究为主

当前，我国关于刑事被害人救助的研究多以实证性研究为主。法学专家和司法工作者通过运用走访调查、问卷调查等方法对一定时期和特定地域范围内的刑事被害人救助工作开展情况进行较为客观、系统的考察、分析和研究，从而提出一些有针对性的对策或者建议，这对于推进我国刑事被害人救助工作有所裨益。例如，北京师范大学宋英辉教授等主要通过问卷调查方式对部分检察机关开展特困刑事被害人救助的实际运作情况以及社会公众对特困刑事被害人救助的态度进行实证研究，以力求寻找解决我国刑事被害人救助困境的途径和方法。但是，客观而言，我国幅员辽阔，各地经济社会发展状况相对不均衡，这反映在刑事被害人救助领域同样如此，有的地方经济发达、财政资金比较充足、司法理念相对先进、社会公众法治意识和维权意识比较强，加之领导比较重视，因而刑事被害人救助工作的开展就比较顺利；而有的地方经济欠发达、财政资金比较困难，加之其他因素的影响，因而刑事被害人救助工作的开展就比较缓慢甚至还未开展。

（二）以对策性研究为主

大多数的专家学者和司法工作者主要针对我国刑事被害人救助制度运行中存在的主要问题，开展相应的对策性研究，从而提出解决问题的路径、措施和方法。对于刑事被害人救助对策研究还是集中于“实践经验总结型”。例如，赵国玲、徐然的《中国刑事被害人国家救助的现状、突围与立法建构》、[①] 兰跃军的《刑事被害人救助立法主要问题及其评析》。[②] 文章指出，我国应该专门制定一部单行的“刑事被害人救助法”，并对实体及程序问题做进一步的规定。

---

① 赵国玲，徐然．中国刑事被害人国家救助的现状、突围与立法建构．福建师范大学学报（哲学社会科学版），2015（1）：1.

② 兰跃军．刑事被害人救助立法主要问题及其评析．东方法学，2017（2）：17.

（三）以单一性研究为主

从目前我国刑事被害人救助的研究整体情况分析，刑事法学家尤其是刑法学家对于刑事被害人救助的研究成果较多，其主要是从刑事法这一角度来予以分析。例如，董文蕙副教授所著的《犯罪被害人国家补偿制度基本问题研究》一书中，主要是从刑法学的角度来对被害人补偿和救助问题进行研究。

三、我国刑事被害人救助研究中存在的主要问题

虽然我国刑事被害人救助研究取得了较大的发展，但是，客观而言，仍然存在一些比较突出的问题，概括起来主要表现在以下几个方面：

（一）基础理论研究相对薄弱

目前，从整体层面上观察，关于中国刑事被害人救助的基础理论研究主要是以借鉴西方国家的相关理论而展开的。正如黄华生教授所论，大多数的研究成果只是停留在介绍性谈谈各种理论基础学说，而没有更深一步地予以分析、论证和突破。[①] 基础理论研究的相对薄弱，尤其是植根于我国司法实际情况的基础理论研究的不足，在很大程度上阻碍了我国刑事被害人救助理念的进步、工作的开展和立法的完善。

（二）比较分析研究相对滞后

德国比较法学家茨威格特有言："比较法作为一所'真理的学校'，扩大并充实了'解决办法的仓库'，并且向那些有批评力的观察家提供机会，使他们能够认识在其时其地'更好的解决办法'。"[②] 但是，比较研究需要建立在对于现有情况的充分了解和掌握的前提之下，否则的话，这样比较研究就是无源之水，无法达到应有效果。从我国刑事被害人救助的现有情况来看，对于刑事被害人救助的比较分析研究还是比较缺乏的，尤其是对于一些域外国家的经验介绍相对较少。

（三）程序性研究相对不足

程序不只是法律的生命形式，而且是法律内部生命的表现，是法律活化

① 黄华生．刑事被害人国家补偿法立法研究．中国政法大学出版社，2014：19.
② ［德］K. 茨威格特，H. 克茨．比较法总论．潘汉典译．法律出版社，2003：22.

的轨迹。[1]法律的公正不仅要求实体公正，而且要求程序公正。正如上文所述，目前对于我国刑事被害人救助的研究主要体现在实体层面，主要研究的焦点为刑事被害人救助对象、救助标准和救助条件等，而对涉及程序层面的内容尤其是正当程序在刑事被害人救助过程中的作用则相对不足。

程序性研究理应在我国刑事被害人救助研究中占据极其重要的地位，其不仅涉及刑事被害人救助的具体落实，而且直接关乎刑事被害人救助能否得以公正高效落实、刑事被害人对于救助结果的认可度和满意度，等等。而正当程序是诉讼法学研究中一个极其重要的概念，其基本要义就在于“防范公权力、保护私权利”，其基本功能主要体现在两个方面：一是防止公权力滥用，遏制腐败；二是保障人权，保护公民、法人和其他组织的合法权益不受公权力主体滥用。因此，对于刑事被害人救助的正当程序研究理应得到高度重视。

（四）多重角度透视研究相对缺乏

刑事被害人救助工作具有“点多面广”的特点，即刑事被害人救助工作往往涉及多个部门、多个领域、多个层面的具体内容，其不仅需要刑事法来予以规制，也涉及民法、社会法等相关规定。我国对于刑事被害人救助的研究主要集中在刑事法领域内，对于包括宪法学、社会法学等部门法学的研究比较薄弱。这样就导致了现有的研究成果缺乏一定的宏观性和系统性，所提出的研究对策相对局限。

① 黄华生．刑事被害人国家补偿法立法研究．中国政法大学出版社，2014：19.

第二章　刑事被害人救助基本概念的多维度透视

第一节　对于刑事被害人救助概念的认知和讨论

从以往的研究成果来看，我国学术界和实务界对于刑事被害人救助的概念认知尚未达成一致，既有着一些共性认识，也存在一些分歧。

一、学术界关于刑事被害人救助概念的探讨

到底何为“刑事被害人救助”？目前，我国学术界对此的看法尚未达成一致。各位学者从自己的研究角度出发，给出了相关见解。笔者通过梳理，关于“刑事被害人救助”基本概念的代表性观点如下：

宋英辉教授等认为，刑事被害人救助是指在我国由政府向遭受犯罪行为侵害而无法及时获得赔偿、生活特别困难的被害人及其家属提供一定经济帮助，或者在提供一定经济帮助的同时辅之以其他帮助的做法。①

赵国玲教授等认为，刑事被害人救助既包括国家对刑事被害人进行的经济救助，也包括其他社会力量对刑事被害人进行的包含经济在内的各种援助。从我国经验层面上讲，刑事被害人救助是指对受到犯罪侵害而陷入生活、医疗困境的刑事被害人或其近亲属，在未能获得加害人的赔偿及其他方面的补偿时，一次性给予适度金钱救助，帮助其解决暂时生活、医疗救助困难的一项制度。②

任孔全等认为，刑事被害人救助是指国家对遭受犯罪行为侵害的刑事被

① 宋英辉等．特困刑事被害人救助实证研究．现代法学，2011（5）：95.

② 赵国玲，于小川．社会管理创新视野下的被害人救助问题研究——兼论经验维度和规范维度的良性互动．山东警察学院学报，2012（6）：27.

害人及其近亲属，在其无法及时有效地通过诉讼程序从侵害方获得赔偿，致使经济和生活处于严重困难时，给予其适当的经济补偿的一种制度。①

陈彬教授等认为，刑事被害人救助是指为了体恤未获得或者难以获得赔偿而处于困难窘境的刑事被害人或者其他利益相关主体，或者为了与犯罪行为作斗争而招致刑事侵害且未能获得或者难以获得赔偿的非执法人员或者其他利益主体，以酌情给付刑事被害人或者其他利益相关主体一定额度补助费用的形式，向其治下社会成员提供的一种关怀性保护。②

王向君教授认为，刑事被害人救助制度是指在遭受犯罪行为侵害的被害人及其近亲属未能从被告人处获得及时有效的赔偿的情况下，由司法机关代表国家给予适当的经济资助，以帮助其解决生活、医疗等困难的一项法律制度。③

还有些专家学者的观点在此不一一列举。虽然各位学者对于“刑事被害人救助”概念的理解和表述不完全相同，但概括分析之，有以下相同之处：

1. 从救助的责任主体来看。上述学者均主张国家（以政府机关或者司法机关为代表）是履行刑事被害人救助的责任主体，国家在救助刑事被害人方面具有不可推卸的责任和义务。因为这是国家责任的重要体现，是国家对国民权益保障的郑重承诺。

2. 从救助的具体对象来看。大家均认为救助具体对象具有特定性，即主要为遭受犯罪侵害但无法得到赔偿而且处于生活困难情境的被害人及其近亲属，并非对所有的刑事被害人进行救助。

3. 从救助的相关客体来看。大家均认为刑事被害人救助的客体主要为刑事被害人的生存权，即刑事被害人能够在社会上继续生活下去的权利。

4. 从救助的方式方法来看。大家均主张由国家（以政府机关或者司法机关为代表）通过一定的规范程序，给予需要且符合救助条件的刑事被害人相应的金钱或者物质，以解决其所面临的生活困境。

通过仔细研究可以发现，学者对于“刑事被害人救助”这一概念还存在一些分歧，概括如下：

1. 在救助的责任主体方面。赵国玲教授认为刑事被害人救助的责任主体

---

① 任孔全，曲海舰，黄启军．检察机关刑事被害人救助工作实践分析．人民检察，2014（3）：56.
② 陈彬等．刑事被害人救济制度研究．法律出版社，2009：10.
③ 王向君．论构建我国的刑事被害人司法救助制度．安庆师范学院学报（社会科学版），2014（5）：85.

不仅仅是国家，社会也是重要的救助责任主体。因为国家固然对刑事被害人救助负有一定的责任，但是也不能因此将救助的重任全部负担给国家。无论是域外救助经验还是我国救助实践，都表明仅靠国家力量来实施刑事被害人救助往往无法达到预期的效果，而是需要社会力量有序地参与进来，既能有效分解国家的负担，也能达到国家力量所不便或者无法达到的救助领域，从而形成“二元结构的救助模式”。此外，到底由谁来代表国家履行救助职能？宋英辉教授等认为，应当由政府代表国家来履行刑事被害人救助职能；而王向君教授则认为应该由司法机关代表国家来履行救助职责。笔者认为，在我国，当前由司法机关来具体负责刑事被害人救助具有一定的合理性和可行性，但是从长远来看，还是由政府（主要为司法行政部门）来履行刑事被害人救助职责为理想之选，具体论证理由见后文，此处不再展开。

2. 在救助的具体对象方面。陈彬教授认为救助的具体对象包括两类：一是未获得或者难以获得赔偿而处于困难窘境的刑事被害人或者其他利益相关主体；二是为了与犯罪行为作斗争而招致刑事侵害且未能获得或者难以获得赔偿的非执法人员或者其他利益主体。显然陈彬教授认为的救助对象范围比其他学者认为的范围要广。笔者认为，刑事被害人救助对象的范围不能随意扩大，应当具有严格的限制，即以刑事被害人及其近亲属为主，如果将救助对象范围扩大，一是不符合刑事法律制度中对“刑事被害人”的界定；二是也会造成具体实践中适用的混乱。

3. 在救助的方式方法方面。陈彬教授和王向君教授等认为，刑事被害人救助的方式为发放救助金。而宋英辉教授和赵国玲教授均认为对于刑事被害人的救助不单单采用经济方式，即给予被害人一定的救助资金；此外，刑事被害人救助还应当包括其他救助方式，以便更好地保障刑事被害人的权益，笔者对此表示赞同。因为“救助”不能和“发放救助资金”画等号，随着经济社会的发展，救助方式方法应当实现多元化，救助不仅仅是去关注被害人对于物质层面的需求，而且还要去关注被害人在心理层面的救助需求，这样有助于刑事被害人救助工作更接地气。

二、实务界对刑事被害人救助概念的认知和理解

我国实务界对于刑事被害人救助概念的认知和理解是伴随着刑事被害人

救助实践的发展而不断深化的，对于刑事被害人概念的相关表述主要散见于政策文件和部分地方性法规之中。

《宁夏回族自治区刑事被害人困难救助条例》中将“刑事被害人困难救助”定义为，“因严重暴力犯罪造成被害人严重伤残或者死亡，刑事被告人无力支付赔偿，刑事被害人或者由其赡养、抚养、扶养的近亲属（以下简称近亲属）无能力维持最低生活水平所必需的支出，确有特殊生活困难，给予的一次性临时救助”。《包头市刑事被害人困难救助条例》第三条规定，“本条例所称刑事被害人救助，是指因受犯罪行为侵害造成被害人严重伤残或者死亡，被害人或者其近亲属无法及时获得赔偿，确有生活困难，给予的一次性经济救助”。对上述规范性文件表述进行分析，刑事被害人救助概念有四个核心因素：

第一，救助的直接原因为受到犯罪行为侵害并且人身造成严重伤害，而不是非案件因素所引起的，这也是刑事被害人救助与一般性社会救助的主要区别所在。此外，由于犯罪行为所造成的财产损害或者其他损害等排除在救助之外。

第二，救助的主要对象具有特定性，即主要是刑事被害人或者其近亲属，而“近亲属”也具有特定概念，主要是由刑事被害人赡养、抚养、扶养的近亲属。

第三，救助的具体标准是被害人或者其近亲属无法获得及时赔偿且确有生活困难。

第四，救助的主要方式是一次性经济救助，并不涉及其他方式的救助，其主要目标还是在于解决刑事被害人面临的生活困难。

但是，刑事被害人救助制度纳入司法救助制度之后，实务界对于刑事被害人救助概念的论述发生了变化。《四川省国家司法救助实施办法（试行）》中规定，“国家司法救助是指对遭受犯罪侵害或者民事侵权等情形，通过诉讼无法得到有效赔偿且生活困难的被害人、被害人近亲属或其当事人，采取的以适度发放救助金为主要措施的国家救助制度”。此外，河南省《关于建立完善国家司法救助制度的实施意见（试行）》中规定，“国家司法救助是对遭受犯罪侵害或民事权益受到侵害，无法通过诉讼获得有效赔偿的当事人，采取的辅助性救助措施。重点解决符合条件的特定案件当事人面临的急迫和突出困难，既不对各类案件当事人进行普遍救济，也不包揽解决当事人的全部困难”。对上述规范性文件表述进行分析，可以发现涉及刑事被害人救助的核心概念要素发生了变化，主要表现为：

第一，救助的直接原因是遭受犯罪行为侵害，不再要求必须同时造成人身方面的严重伤害，若遭遇犯罪侵害且财产受到重大损害也有可能获得相应的救助，这就意味着刑事被害人的救助范围更广。[1]

第二，救助的主要方式更趋向多元化，即“以发放救助金为主、以其他救助方式为辅”，救助方式的多元化更好地体现了救助的温情和人性化色彩，救助不再局限于单纯的物质弥补，而是关注到了精神和情绪的安抚以及后续生活安排。例如，《四川省国家司法救助实施办法（试行）》第十三条规定，“积极推进国家司法救助与国家帮扶、社会救助等机制的有效衔接。对刑事案件伤员，探索建立急救绿色通道；对遭受严重心理创伤的被害人，探索实施心理治疗；对行动不便的被害人，探索提供社工帮助”。河南省《关于建立完善国家司法救助制度的实施意见（试行）》也作出类似的规定。[2]

上面实务界对于刑事被害人救助概念的逐步深化和理解，反映出实务界对于刑事被害人救助理念的更新进步以及对刑事被害人救助权益保障的进一步强化。

如果名称相同或相近，制度边界交叉或模糊，这样一个或几个同时有效并对社会关系产生具体影响的制度，其概念如何表达，就不仅仅是个规定性的问题，而是会造成受众认识困扰、制度实施主体权力冲突、制度运行资源浪费、制度发展走向不清等诸多现实问题和困境。所以，概念模糊尽管某种程度上是一种客观现象，概念也可以视需要做内涵和外延上或宽或窄的人为限定，但作为一种制度形态而存在的概念，就必须要做概念边界的明确界定。否则，概念不明、边界不清，难免制度定位不准，甚至导致制度交叉、重叠、冲突等，由此带来的利益调整混乱、权力行使冲突等问题，不仅会贻误预期目标的实现，而且会衍生新的矛盾和问题。[3]

---

① 《四川省司法救助办法》和《河南省司法救助意见》均将“刑事案件被害人受到犯罪侵害，致使财产遭受重大损失，因案件无法侦破造成生活困难的”列为应当救助的情形之一。

② 河南省《关于建立完善国家司法救助制度的实施意见（试行）》规定：“国家司法救助以支付救助金为主要方式。同时，与思想疏导、宣传教育相结合，与法律援助相配套，与其他社会救助相衔接。有条件的地方，积极探索建立刑事案件伤员急救‘绿色通道’，对遭受严重心理创伤的被害人实施心理治疗、对行动不便的受害人提供社工帮助等多种救助方式，进一步增强救助效果。”

③ 曲广娣．司法救助制度的内涵、价值定位和模式．中共天津市委党校学报，2017（4）：86.

第二节 刑事被害人救助与刑事被害人补偿

刑事被害人救助与刑事被害人补偿是一组极其相似、容易混淆但是又有重大区别的概念，对于两者进行科学分析和认知，有助于进一步阐释清楚刑事被害人救助的基本概念。

一、国外关于刑事被害人补偿的认知和实践

“刑事被害人补偿”这一概念在国外的研究和实践较早，并且取得了重要进展。以美国的刑事被害人补偿为例，1965 年，美国加利福尼亚州首开对刑事被害人立法的先例，制定了专门针对暴力犯罪被害人给予补偿的法律——《暴力犯罪被害人补偿法》（State Compensation for Innocent Victims of Violent Crime Statute），随后美国其他各州也相继建立此项法律制度。1984 年，美国国会通过了《犯罪被害人法》（Victim of Crime Act），从而在全国层面上确立了被害人国家补偿制度，[①] 根据该法设立了犯罪被害人基金（Crime Victims Fund），该基金是全美最重要的被害人支援基金。该基金由美国司法部长负责领导，由司法部犯罪被害人对策室负责运营。该基金的来源主要包括联邦犯罪案件中所判处的罚金、没收的保释保证金、刑罚赋课金，以及加害人把自己的犯罪在电影、书籍中公开等而得到的利益的没收金等。该基金主要用于州的犯罪被害人补偿的补助金，联邦和州的被害人支

① 王丽华．美国被害人保护制度及其借鉴．社会科学家，2012（7）：97.

援机构和组织被害人支援活动的补助金，以及司法部犯罪被害人对策室自己用于被害人支援活动的费用。[①]1990年，美国国会通过了《被害人的权利及被害补偿法》（Victims Rights and Restitution Act），该法规定被害人享有的基本权利以及对被害人的支援措施：（1）维护公正和尊严，尊重隐私权的措施；（2）得到来自被告人方面的适宜的保护；（3）裁判手续的告知；（4）接受被害赔偿；（5）提供有关犯罪人的有罪、量刑、拘禁、释放的信息。

二、刑事被害人补偿概念之探析

当前，我国学术界对“刑事被害人补偿”这一概念还存在不同的认识和理解，笔者梳理出以下比较具有代表性的观点：

陈彬教授认为，刑事被害人补偿是指由国家替代刑事犯罪人为弥补刑事被害人损失所为的“赔偿”，它具有“替偿性”，国家在承担了补偿责任之后既有权向刑事犯罪人追偿，也有权责令“双重受偿”的刑事被害人返还补偿金。[②]

董文蕙副教授认为，犯罪被害人补偿指的是对于遭受犯罪侵害而身受重伤或者死亡却不能从犯罪人或者其他途径获得刑事损害赔偿的被害人，由国家通过一定程序对之进行物质给付以不完全填补其损害的制度。犯罪被害人国家补偿制度是社会事故国家补偿的一种类型，属于司法领域里的国家补偿。该观点认为犯罪被害人补偿有以下五个方面关键因素：第一，补偿对象限于生命和身体健康法益遭受重大损害的被害人，而一般的财产法益受到损害的被害人不能纳入补偿范围，并且补偿的前提条件是无法从犯罪人或其他途径获得刑事损害赔偿。第二，被害人补偿制度蕴含着关键词“补偿”所具有的“损害或者损失之填补”之本质意涵，但被害人补偿并不是对加害人赔偿责任的简单替代而给予完全的损害填补，而是“不完全填补其损害”。第三，被害人补偿的性质是社会事故国家补偿的一种类型，因而其与一般的自然灾害事故补偿区分开来；同时被害人补偿属于司法领域里的国家补偿，因而与一般的行政给付或者社会保障之给付相区分开来。第四，被害人补偿制度是集实体与程序于一体的制度，在实体方面体现为国家对被害人的物质给付，而这种物质给付要经过一定程序的推进才得以作出。第五，被害人补偿的物质给付应给予最需要帮扶的被害人，因此其并非阳光普照式的社会福

① 田思源．犯罪被害人的权利与救济．法律出版社，2008：88.
② 陈彬．由救助走向补偿——论刑事被害人救济路径的选择．中国法学，2009（2）：39.

利，不能被不符合条件和目的地滥用。①

黄华生教授认为，刑事被害人国家补偿是指国家对遭受犯罪侵害但是无法从犯罪人处获得赔偿的被害人给予的一定数额的经济补偿，是国家对刑事被害人进行救济的一种方式，其并不以被害人存在紧急生活困难为前提条件。其不同于刑事损害赔偿，即刑事被害人就其所遭受的犯罪损害从犯罪人处获得赔偿，也不同于国家刑事赔偿，即国家对事实上无罪但是遭受司法机关错误刑事羁押或者处罚的人给予的经济赔偿，其是国家的直接侵权行为，表明国家具有绝对的过错。②

通过对上述学者的观点进行梳理，可以发现其有以下共同点：第一，大家都认为刑事被害人补偿的主体为国家，国家在对刑事被害人补偿方面负有相应的义务和责任；第二，大家都认可补偿的对象是对遭受犯罪侵害但无法从犯罪人处获得应有的赔偿；第三，大家都主张补偿的方式就是经济补偿，即主要以发放现金的方式作为补偿的基本方式。

但是，董文蕙副教授与黄华生教授却有一点明显的分歧，董文蕙副教授认为刑事被害人补偿要给最需要帮扶的被害人，即补偿并非具有普惠性，而以必要性为原则。而黄华生教授则明确主张刑事被害人补偿不以被害人存在紧急生活困难为前提条件，即补偿应当具有普惠性。笔者赞同黄华生教授的观点，主要基于以下理由：第一，单从“补偿”的字面意思来理解，其主要是指通过一定的手段来弥补损失或者损害结果，而并没有“应急”或者“救急”的意思。第二，从具体的司法实践看，若同一犯罪侵害了多个被害人利益，而这些被害人又无法获得赔偿，那么仅对经济条件困难的被害人给予补偿，而不给经济条件相对较好的被害人补偿，则显然有违公平理念。以严重暴力恐怖犯罪为例，犯罪行为人实施了严重暴力恐怖活动，造成不特定群体的人身伤害，犯罪行为人不仅应对原本经济条件不好的被害人予以民事赔偿，当然也应对原本经济条件较好的被害人予以民事赔偿。如果犯罪行为人没有能力进行赔偿，国家的补偿则应当做到一视同仁。

笔者认为，若将研究的视野进一步拉大，“补偿”和“补偿责任”一词主要是我国《侵权责任法》中的概念。所谓“补偿责任”通常是指在侵权人没有过错的情况下，基于公平考虑依法由其向受害人承担的适当的补偿责任，其主要特点在于：第一，主要是一种公平责任，即补偿责任是在没有过

① 董文蕙．犯罪被害人国家补偿制度基本问题研究．中国检察出版社，2012：45-46.

② 黄华生．刑事被害人国家补偿法立法研究．中国政法大学出版社，2014：91-93.

错的情况下，依据法律的特别规定，根据公平原则由受益人或者加害人对受害者进行适当补偿；第二，责任范围是有限制的，即补偿责任不是一种完全的赔偿，而是部分的赔偿，而且赔偿还要根据受益情况和经济状况来考虑，而非根据过错来考虑；第三，主要由法官根据具体情况来确定，即法官行使自由裁量权，并综合多重因素来确定具体赔偿数额。[①] 从《侵权责任法》的角度来看，犯罪其实可以被视为一种侵权行为并且是性质严重的侵权行为，但国家既不是直接侵权者，也非间接侵权者，国家对于刑事被害人的补偿，也应当符合上述补偿责任的相关标准。

三、刑事被害人救助与刑事被害人补偿

目前，关于“刑事被害人救助”与“刑事被害人补偿”的关系问题，存在较大的争议，概括起来主要有以下三种观点：

1. 递进关系说。陈彬教授等持“递进关系说”，其认为以刑事被害人救济的根据和性质为标准，可将其分为“刑事被害人救助”和“刑事被害人补偿”两种。两者的根本区别在于，刑事被害人救助是救助者的主动赋予，其可概括地表述为对社会成员的关爱或者国家给予社会成员的福利，是国家向社会成员提供的一种“关怀性”保护，其所体现的是国家或者地区政府基于法律或者法律文件规定的“恩恤义务”。[②] 而刑事被害人补偿却是一种仅次于“赔偿”的法律责任，补偿的责任根据源于责任主体对法定义务的不履行或者不完全履行，当国家保护社会成员不受刑事侵害的义务由抽象的政治义务转变为具体的法律义务时，因受刑事犯罪遭遇经济困难的被害人就应当获得请求国家补偿的权利。因此，刑事被害人救助在某种程度上是被害人国家补偿的前一阶段，我国尚不具备建立统一的被害人国家补偿制度的主客观条件，但是建立统一的刑事被害人救助制度则势在必行。先实行国家救助而后实行国家补偿，应当成为逐步构建刑事被害人救济制度的理智选择。[③] 黄华生教授也认为，“被害人救助”和“被害人补偿”两者均为“被害人救济”（或者“被害人保护”）的下位概念。而“被害人救助”以狭隘的救急解困为宗旨，反映的立法理念过于保守；而“被害人补偿”的含义明确，范围适

① 王利明．侵权责任法研究（上卷）．中国人民大学出版社，2016：53.
② 陈彬．刑事被害人救济制度研究．法律出版社，2009：10.
③ 陈彬，李昌林．论建立刑事被害人救助制度．政法论坛，2008（4）：54.

当，所体现出的立法理念和立法模式符合当下中国的实际需要，同时也符合国际社会的主流。①

2. 包含关系说。“包含关系说”认为，从广义层面上讲，刑事被害人救助的概念具有多重意义，其可以指代所有旨在减轻刑事被害人痛苦以及增强被害人康复能力的互动，包括刑事被害人补偿、被害人支持和服务等。因此，从这个角度而言，刑事被害人救助的外延包括了刑事被害人补偿，刑事被害人补偿成为刑事被害人救助的下位概念。

3. 同一概念说。“同一概念说”认为，从具体的实践角度出发，我国目前的“刑事被害人救助”实际上与各国“刑事被害人补偿”具有同一的内涵指向，两者在事实上已经相当，均指的是国家或者地区政府在犯罪人无能力赔偿或全部赔偿的情况下，通过给予补偿金的方式对被害人及其近亲属的损害进行弥补的救助活动。②

笔者认为，刑事被害人救助和刑事被害人补偿是两个不同的概念，不能随意混同。两者的主要区别如下：

1. 从基本的价值目的上看。刑事被害人救助的价值目的在于协助刑事被害人及时脱离困境，着力保障其生存权，因而主要以“救急”为特质；而刑事被害人补偿的价值目的则聚焦对刑事被害人受损的利益主要是经济利益进行弥补，其不一定具有“救急”的性质，即刑事被害人及其近亲属无法从犯罪嫌疑人、被告人那里获得赔偿，国家就应当予以补偿。

2. 从主要的表现形式上看。刑事被害人救助的形式具有多元化的特点，即对于刑事被害人的救助不仅包括发放救助金，而且包括心理辅导、社工帮扶等，体现出救助方式的灵活性和综合性；而刑事被害人补偿的形式则主要为经济上的弥补，主要以发放补偿金的方式予以实施，其方式比较单一。

3. 从具体的救助对象来看。刑事被害人救助和刑事被害人补偿共同指向“刑事被害人”，但是前者的范围主要是陷入生活困境的刑事被害人，其并非具有“普惠性”或者“泛公益性”；而后者的范围则要更为广泛，正如上文所述的其具有“普惠性”或者“泛公益性”。

① 黄华生．刑事被害人国家补偿法立法研究．中国政法大学出版社，2014：92.

② 实务部门中对“刑事被害人救助”和“刑事被害人补偿”往往不加区分，比如山东省淄博市中级人民法院制定《关于建立刑事被害人经济困难救助制度的实施意见》，而其调研报告则以建立和实施被害人补偿制度为基本内容。赵国玲，徐然．司法救助及其中国模式——以《关于建立完善国家司法救助制度的意见（试行）》展开．政法论丛，2014（5）：16；赵国玲，徐然．刑事被害人救助立法根基的比较与重构——从救助和补偿的概念之争谈起．东南学术，2015（1）：151.

第三节　刑事被害人救助与司法救助

在我国，“司法救助”其实并非一个真正意义上的学理概念，而是司法机关在长期探索实践中所总结出来的概念。到目前为止，我国关于司法救助的概念尚未有统一的认识。笔者尝试在对司法救助概念进行分析解读基础上，对刑事被害人救助与司法救助的概念加以研究。

一、我国司法救助的概念分析

从司法实践发展的角度来看，“司法救助”的概念也在不断变化和丰富完善。笔者认为，“司法救助”的概念主要经历了三个发展阶段，具体论述如下：

（一）第一阶段（1984—2006 年）

我国司法救助制度起源于 1984 年最高人民法院制定的《民事诉讼收费办法（试行）》，其第十二条规定：“自然人交纳诉讼费用确有困难，申请缓交、减交或免交的，由人民法院审查决定。”1999 年最高人民法院制定了《〈人民法院诉讼收费办法〉补充规定》，对司法救助的适用范围和程序予以细化和明确。[①]2000 年 7 月 12 日，最高人民法院审判委员会第 1124 次会议通过了《最高人民法院关于对经济确有困难的当事人提供司法救助的规定》，其第二条对“司法救助”的概念作了界定，即“本规定所称司法救助，是指人民

① 该规范性文件对司法救助的情况进行了明确规定，“有下列情形之一者，人民法院应当进行司法救助，根据案件具体情况决定当事人缓交、减交或者免交诉讼费用：1. 当事人为社会公共福利事业单位的，如福利院、孤儿院、敬老院、荣军休养单位、精神病院、SOS 儿童村等；2. 当事人是没有固定生活来源的残疾人的；3. 当事人因自然灾害或其他不可抗力造成生活困难，正在接受国家救济或生产经营难以为继的；4. 当事人根据有关规定正在接受法律援助的；5. 人民法院认为其他应当进行司法救助的”。

法院对于民事、行政案件中有充分理由证明自己合法权益受到侵害但经济确有困难的当事人，实行诉讼费用缓交、减交、免交”。换言之，当事人申请司法救助应同时具备三个条件：一是当事人确实存在经济困难；二是当事人因维护自身的合法权益需要向人民法院提起民事或者行政诉讼；三是当事人有理由证明自己的合法权益受到了侵犯。而2005年4月最高人民法院对《最高人民法院关于对经济确有困难的当事人提供司法救助的规定》进行修改，[①]将司法救助的概念重新定义为，“本规定所称司法救助，是指人民法院对于当事人为维护自己的合法权益，向人民法院提起民事、行政诉讼，但经济确有困难的，实行诉讼费用的缓交、减交、免交”。新规定删除了“要求当事人必须有充分理由证明自己的合法权益受到了侵害”这一内容，取消了对司法救助申请人过于严苛的限制性条件，体现了司法为民的理念。[②]

国务院于2006年12月公布的《诉讼费用交纳办法》专章对“司法救助”予以规定，在继续细化司法救助适用情形以及完善适用程序的同时，明确司法救助仅适用于自然人。[③]根据该办法的规定，第一，免交诉讼费用的情形主要为：（1）残疾人无固定生活来源的；（2）追诉赡养费、扶养费、抚养费、抚恤金的；（3）最低生活保障对象、农村特困定期救济对象、农村五保供养对象或者领取失业保险金人员，无其他收入的；（4）因见义勇为或者为保护社会公共利益致使自身合法权益受到损害，本人或者其近亲属请求赔偿或者补偿的；（5）确实需要免交的其他情形。第二，减交诉讼费用的情形：（1）因自然灾害等不可抗力造成生活困难，正在接受社会救济，或者家庭生产经营难以为继的；（2）属于国家规定的优抚、安置对象的；（3）社会福利机构和救助管理站；（4）确实需要减交的其他情形。第三，缓交诉讼费用的情形：（1）追索社会保险金、经济补偿金的；（2）海上事

① 该规定第三条以列举的方式明确了可以申请司法救助的情形：（一）追索赡养费、扶养费、抚育费、抚恤金的；（二）孤寡老人、孤儿和农村“五保户”；（三）没有固定生活来源的残疾人、患有严重疾病的人；（四）国家规定的优抚、安置对象；（五）追索社会保险金、劳动报酬和经济补偿金的；（六）交通事故、医疗事故、工伤事故、产品质量事故或者其他人身伤害事故的受害人，请求赔偿的；（七）因见义勇为或为保护社会公共利益致使自己合法权益受到损害，本人或者近亲属请求赔偿或经济补偿的；（八）进城务工人员追索劳动报酬或其他合法权益受到侵害而请求赔偿的；（九）正在享受城市居民最低生活保障、农村特困户救济或者领取失业保险金，无其他收入的；（十）因自然灾害等不可抗力造成生活困难，正在接受社会救济，或者家庭生产经营难以为继的；（十一）起诉行政机关违法要求农民履行义务的；（十二）正在接受有关部门法律援助的；（十三）当事人为社会福利机构、敬老院、优抚医院、精神病院、SOS儿童村、社会救助站、特殊教育机构等社会公共福利单位的；（十四）其他情形确实需要司法救助的。

② 龚稼立．司法救助制度的发展和完善．人民司法，2005（7）：22.

③ 张玲．司法救助立法的价值取向．人民司法，2016（4）：102.

故、交通事故、医疗事故、工伤事故、产品质量事故或者其他人身伤害事故的受害人请求赔偿的；（3）正在接受有关部门法律援助的；（4）确实需要缓交的其他情形。

这一期间，大部分学者对于司法救助的定义和上述规范性文件所讲的比较一致。例如，肖艳认为，“司法救助，又称为诉讼救助，是指人民法院对于当事人为维护自己的合法权益，向人民法院提起民事、行政诉讼，但经济确有困难，实行诉讼费用的缓交、减交、免交”。① 龚稼立认为，“司法救助是指人民法院为保证经济上确有困难的当事人在民事、行政诉讼中维护自己的合法权益，而对其实行诉讼费缓交、减交和免交的相关制度”。② 又如，刘卫东认为，“司法救助制度，是各国为实现社会公平而普遍建立的一项重要司法制度，它的主要内容是审判机关在民事诉讼或者行政诉讼中通过对当事人缓交、减交或免交诉讼费用，以减轻或者免除经济上确有困难的当事人的负担，保证其能够正常参加诉讼，依法维护其合法权益”。③

综上分析，此时的“司法救助”是诉讼费用制度中的特定概念。第一，司法救助的实施主体为人民法院，而不涉及其他公权力机关；第二，司法救助的主要方式仅仅是对民事诉讼和行政诉讼中当事人交纳诉讼费用予以优惠，并不涉及实体损害的补偿；第三，司法救助的主要目的在于帮助经济困难的当事人能够顺利参与到诉讼中来，“打得起官司”，确保当事人诉权得以有效实现。

（二）第二阶段（2007—2013 年）

最高人民法院于 2007 年印发了《关于为构建社会主义和谐社会提供司法保障的若干意见》，该规范性文件首次在司法救助制度中提及了“刑事被害人国家救助制度”。④ 最高人民法院印发的《人民法院第三个五年改革纲要（2009—2013 年）》提出，“改革完善司法救助制度”，其核心的制度

① 肖艳．论和谐社会下司法救助制度的完善．求实，2008（2）：119.

② 龚稼立．司法救助制度的发展和完善．人民司法，2005（7）：22.

③ 刘卫东．浅谈目前我国司法救助工作中存在的问题与对策．理论导刊，2007（11）：97.

④ 《关于为构建社会主义和谐社会提供司法保障的若干意见》对司法救助制度进行了如下表述：“完善司法救助制度，彰显司法人文关怀。充分关注贫困群众的司法需求，完善对经济困难的当事人缓、减、免交诉讼费的具体条件与标准，对追索抚养费、赡养费、人身伤害赔偿金、劳动报酬且经济上确有困难的当事人，以及农民工、下岗职工、孤寡老人、残疾人等特殊困难群体，积极采取缓、减、免交诉讼费用的措施，确保符合救助条件的当事人打得起官司；研究建立刑事被害人国家救助制度；对于被告人是盲、聋、哑人或者限制行为能力的人，开庭审理时不满 18 周岁的未成年人，可能被判处死刑的人，没有委托辩护人的，人民法院应为其指定辩护人。”

构建主要是“建立刑事被害人国家救助制度、制定人民法院救助细则”以及“完善执行救济程序、建立执行救助基金”。此外，中央政法委等八部委联合出台的《关于开展刑事被害人救助工作的若干意见》，对全国刑事被害人救助工作提出具体的指导意见和标准要求，该政策性文件中关于刑事被害人救助的主要内涵可概括为：第一，救助机构是办理刑事案件的公安司法机关；第二，救助对象是刑事案件的被害一方；第三，救助条件包括：受犯罪行为侵害且造成严重伤残或者死亡，被告人无力支付赔偿，被害人生活陷入困难；第四，救助方式为给予一次性的救助金。刑事被害人救助被视为一项有利于维护刑事被害人权益的合理之举，也是一项有助于推动社会救助体系完善的慈善之举。[①]

从上述规范性文件的表述看，这一阶段的“司法救助”不仅着眼于诉讼程序领域的救助，而且将刑事被害人救助也纳入其内涵之中。这一阶段的司法救助概念内涵随着实践探索的深化得以进一步丰富和发展。正如有学者所言，“随着司法实践发展需要，对刑事被害人权利保护的需求增加，使得司法救助的范围也逐渐扩大到刑事案件，司法救助的阶段涵盖了诉前、诉中和诉讼终结后”。[②]

（三）成熟时期（2014 年至今）

2015 年 12 月 7 日，中央政法委、财政部、最高人民法院、最高人民检察院、公安部、司法部联合发布了《关于建立完善国家司法救助制度的意见（试行）》，其对国家司法救助定义为，“国家司法救助是对遭受犯罪侵害或者民事侵权，无法通过诉讼获得有效赔偿的当事人，采取的辅助性救济措施。重点解决符合条件的特定案件当事人生活面临的急迫困难。对同一案件的同一当事人只进行一次性救助。对于能够通过诉讼获得赔偿、补偿的，一般应当通过诉讼渠道解决”。此外，最高人民法院于 2016 年制定了《最高人民法院关于加强和规范人民法院国家司法救助工作的意见》（法发〔2016〕16 号），其第一条将司法救助定义为，“人民法院在审判、执行工作中，对权利受到侵害无法获得有效赔偿的当事人，符合本意见规定情形的，可以采取一次性辅助救济措施，以解决其生活面临的急迫困难”。与

① 熊秋红．从刑事被害人司法救助走向国家补偿．人民检察，2013（21）：12.
② 邓陕峡．完善我国司法救助制度的构想．河北法学，2009（2）：156.

此同时，最高人民检察院制定了《人民检察院国家司法救助工作细则（试行）》，其将司法救助定义为，“人民检察院在办理案件过程中，对遭受犯罪侵害或者民事侵权，无法通过诉讼获得有效赔偿，生活面临急迫困难的当事人采取的临时性救济措施”。

从上述政策性文件来看，这一阶段的司法救助主要是指对受到犯罪侵害或者民事侵权等但又无法通过诉讼方式和程序而获得有效赔偿的生活困难的当事人，由国家给予临时性的救助措施，其在保护弱者、追求实质公平的同时，体现了司法的人文关怀，为保障人权、促进社会和谐稳定发挥了积极的作用。[①] 具体而言，第一，司法救助的主体为国家，具体则由公安机关、检察机关、法院等来实施；第二，司法救助的对象为刑事被害人，受侵害的举报人、证人、鉴定人，民事侵权人以及涉法涉诉人员等；[②] 第三，司法救助的方式则是由国家给予临时性的救助措施；第四，司法救助的目的在于维护当事人的合法权益，力促公平正义。其实，在这一阶段，司法救助的概念已经发生了实质性的变化，人民法院诉讼费用救助意义上的当事人司法救助（上述第一阶段“司法救助”的含义）其实已经被排除在司法救助的基本概念之外。[③]

---

① 张玲．司法救助立法的价值取向．人民司法，2016（4）：102.

② 第一，刑事被害人，其具体类型为：①刑事案件被害人受到犯罪侵犯，造成重伤或严重残疾，因案件无法侦破造成生活困难的；或者因加害人死亡或没有赔偿能力，无法经过诉讼获得赔偿，造成生活困难的。②刑事案件被害人受到犯罪侵害危及生命，急需救治，无力承担医疗救治费用的。③刑事案件被害人受到犯罪侵害而死亡，因案件无法侦破造成依靠其收入为主要生活来源的近亲属生活困难的；或者因加害人死亡或没有赔偿能力，依靠被害人收入为主要生活来源的近亲属无法经过诉讼获得赔偿，造成生活困难的。④刑事案件被害人受到犯罪侵害，致使财产遭受严重损失，因案件无法侦破造成生活困难的；或者因加害人死亡或没有赔偿能力，无法经过诉讼获得赔偿，造成生活困难的。第二，受侵害的举报人、证人、鉴定人，即指举报人、证人、鉴定人因举报、作证、鉴定受到打击报复，致使人身受到伤害或财产受到重大损失，无法经过诉讼获得赔偿，造成生活困难的。第三，民事侵权人，其主要包括：1.追索赡养费、扶养费、抚育费等，因被执行人没有履行能力，造成申请执行人生活困难的。2.对于道路交通事故等民事侵权行为造成人身伤害，无法经过诉讼获得赔偿，造成生活困难的。第四，涉法涉诉人，即涉法涉诉信访人的诉求具有一定合理性，但通过法律途径难以解决，且生活困难，愿意接受国家司法救助后息诉息访的，可参照执行。第五，其他需要救助人，即党委政法委和政法各单位根据实际情况，认为需要救助的其他人员。

③ 曲广娣副研究员认为，我国名为司法救助或者与司法救助本着同一宗旨的救助制度主要有：人民法院诉讼费用救助意义上的当事人司法救助（上述第一阶段“司法救助”的含义）、刑事被害人救助和国家司法救助。但是，人民法院诉讼费用意义上的当事人司法救助虽然也是对当事人提供的诉讼方面的经济帮扶，但是这种帮助其实是一种诉权救助，是为了维护当事人的诉权，使其能够正常参与诉讼，并不具有损害赔偿的性质，也不包含维护司法公正、恢复民众对司法的信任及维护社会秩序的制度意图，它属于“法律帮助”的范畴，因而和这里的“刑事被害人救助”及“国家司法救助”不是同一意义上的制度，而刑事被害人救助可涵盖在司法救助的概念之中。曲广娣．司法救助制度的内涵、价值定位和模式．中共天津市委党校学报，2017（4）：89.

二、刑事被害人救助与司法救助关系之探析

从我国司法实践来看，刑事被害人救助制度已被纳入司法救助制度的范畴，刑事被害人救助被视为一项特殊的司法救助，司法救助与刑事被害人救助是包含与被包含的关系。

但是，刑事被害人救助和其他形式的司法救助之间存在一些显著差异，其主要表现为：第一，刑事被害人救助主要和刑事案件有着密切关系，带有强烈的刑事司法色彩，而其他形式的司法救助则和刑事案件没有直接的关联。第二，刑事被害人救助的责任主体涉及公安司法机关等多个国家机关，而其他形式的司法救助涉及的国家机关则相对比较单一，救助的责任主体主要为法院。第三，刑事被害人救助的程序相较于其他形式的司法救助程序而言也更为复杂且周期较长，在侦查、审查起诉、一审、二审、执行等阶段都会涉及刑事被害人救助的问题，反观其他司法救助主要是集中在审判阶段和执行阶段。

第四节　刑事被害人救助与社会救助

刑事被害人救助与社会救助是相互联系紧密的一组概念，对其关系进行辨析，有助于进一步理解刑事被害人救助的内涵和外延。

一、社会救助概念之探析

社会救助往往被视为现代公民社会保障的最后一道“安全网”和“防护线”，其对保障和改善民生具有重大意义。亚洲开发银行对社会救助区分为“广义的社会救助”和“狭义的社会救助”，其中，“广义的社会救助”是指针对因为各种原因导致难以维持最低生活水平的公民，由国家和社会依据法定的资格定义的标准给予现金或者实物的帮助，以使其最低生活得到保障。“狭义的社会救助”则是指针对因为各种原因导致难以维持最低生活水平的公民，由中央或者地方政府依据预定的资格定位的标准和家庭调查结果，给予最低的现金或者实物帮助，以使其最低生活得到保障。①

郑功成教授认为，社会救助是指国家与社会面向贫困人口和不幸者组成的社会弱势群体提供款物接济和服务帮助的一种社会保障政策，它通常被视为政府的当然责任和义务，采取的是非供款和无偿援助的方式，目标是帮助社会弱势群体摆脱生存危机，以维护社会秩序的稳定。社会救助的外延，包括灾害救济、贫困救济和其他针对弱势群体的一系列辅助措施。②

林闽钢教授认为，社会救助主要是指国家和其他社会主体对于社会的弱势群体和个人，为保障其基本生活需求所采取的各种形式的援助，社会救助

① 杨思斌．中国社会救助立法研究．中国工人出版社，2009：7.
② 郑功成．社会保障学——理念、制度、实践与思辨．商务印书馆，2003：14.

是社会保障体系的重要组成部分，其发挥着保障国民基本生活、维护社会稳定的托底性功能。[①]

朱勋克博士认为，社会救助是指国家和社会对依靠自身努力难以维持最低生活水平的公民给予的物质帮助和服务，其以基本生活救助为主要内容，并包括教育救助、医疗救助、住房救助、自然灾害救助、急难救助、法律救助以及国家确定的其他救助。[②]

虽然学者对于社会救助的概念表述有所不同，但是在社会救助的基本内涵上持有相似的观点。综上所述，笔者认为，社会救助是指综合运用国家力量和社会力量，对因各种原因导致陷入生存和生活困境的公民，给予包括财力、物力等在内的各种扶助措施的总称。可从以下四个方面来具体理解“社会救助”的概念，具体而言：

（一）社会救助的责任主体为“二元主体”

国家和社会，国家力量为社会救助的主要力量，社会力量则为社会救助的有效补充。正如有学者所论，社会救助实质是“国家二次分配”和“实现社会公平”的一种重要方式，在社会救助法治实践中，除了受助对象，国家往往是最积极和最根本的救助主体，是社会救助责任的最基本承担者。[③]

（二）社会救助的主要对象为“特殊群体”

社会救助的主要对象为社会的低收入群体和困难群体，其往往由于遭受社会因素、自然因素以及个人因素的损害或者损失而面临着生存和生活危机，而自身又无法及时摆脱这种危机。因而社会救助对象并非覆盖所有社会成员。

（三）社会救助的价值目标为“扶危济困”

国家提供的社会救助是公共产品，具有非排他性和非竞争性，[④]其以保障公民的最低生活需要为直接目的，旨在帮助救助者有效地摆脱生存和生活困难，使得救助者享有合乎尊严的基本生活保障。[⑤]其间接目标则包括：政治目标、经济目标、道德目标和社会目标。其政治目标在于实现社会秩序稳

① 林闽钢．新时期我国社会救助立法的主要问题研究．中国行政管理，2018（6）：44.

② 朱勋克．社会救助法的立法框架及法律规则研究．云南大学学报（法学版），2010（6）：136.

③ 蒋悟真．我国社会救助立法理念及其维度——兼论《社会救助法（征求意见稿）》的完善．法学家，2013（6）：34.

④ 蒋悟真．论竞争法的基本精神．上海三联书店，2008：43-44.

⑤ 喻文光．德国社会救助法律制度及其启示．行政法学研究，2013（1）：119.

定和巩固执政基础，其经济目标在于促进国家经济的稳步和健康发展以及公民生活水平的提升，其道德目标在于实现社会道德和社会责任意识的提高，其社会目标在于实现社会公平与正义。[①]

（四）社会救助的主要内容为“多元救助”

社会救助的内容主要包括：生活救助、专项救助、临时救助三大类。其中，生活救助被视为社会救助体系的基础，其主要着眼于对被救助对象的基本生活予以保障；专项救助则主要是指对被救助对象的医疗、教育、住房、就业等社会各专项领域的帮扶；临时救助则指的是在遇到突发情况而需要对被救助对象开展暂时性的救助。

二、我国社会救助的发展演进之路

改革开放后，我国社会救助随着经济社会的发展而向前推进，经历了从道义性救助到制度化救助、从临时性救助到规范化救助的升级转型。[②] 笔者将我国的社会救助大致划分为三个时期：

（一）社会救助的传统时期

所谓“社会救助的传统时期”主要是指从中华人民共和国成立到20世纪80年代，在城市地区，政府重点救助和保障的对象主要是社会无依无靠、无劳动能力的人员；在农村地区，政府主要承担灾害赈济，其他救助和困难帮扶则依托村集体组织，包括“五保”对象的生活也由集体和农民互助保障。客观而言，这一时期的社会救助还处于低水平的初级阶段，很多都属于“特事特办”，并未形成体制性、机制性规范。

（二）社会救助的过渡时期

“社会救助的过渡时期”主要是指从20世纪90年代开始，随着社会主义市场经济的快速发展，尤其是国企改革的大力推进，出现了许多国有企业下岗职工安置等社会问题，政府开始承担更多的社会救助责任。1993年，上海市率先探索建立城市最低生活保障制度；1997年，国务院发文要求在全国建立城市最低生活保障制度；1999年，国务院颁布了《城市居民

① 丁建定，张巍．关于我国社会救助法的几个问题的思考．苏州大学学报，2011（5）：10.
② 江树革．论中国社会救助管理法治化．辽宁大学学报（哲学社会科学版），2013（2）：82.

最低生活保障条例》，这标志着我国城市最低生活保障制度有了较为明确的法律依据。根据该条例的规定，城镇居民最低生活保障行政程序主要分为六个步骤："个人申请—社区（居民、村民委员会）核实—街道（乡镇）初审—区县审批—领证享受—动态管理。"[①]2003 年 6 月 20 日，国务院发布了《城市生活无着落的流浪乞讨人员救助管理办法》，对在城市生活无着落的流浪、乞讨人员实行的救助作出统一规定，有效地保障该类社会人群的合法权益。

此后，国家也加快了对农村居民的社会救助工作。2006 年 1 月 21 日，国务院颁布了《农村五保供养工作条例》，进一步完善我国农村社会保障制度。紧接着，2007 年 7 月，国务院发出《关于在全国建立农村最低生活保障制度的通知》，最低生活保障制度逐步在我国农村地区建立健全，至此，覆盖全民的"低保"制度建立，我国社会救助进入了一个以城乡统筹为目标的制度化、体系化发展的新阶段。2008 年 8 月 15 日，国务院原法制办公室将《中华人民共和国社会救助法（草案）》公之于众，征求社会各界意见，[②]这也标志着关于社会救助的国家立法工作已经开始提上日程。

（三）社会救助的现代时期

"社会救助的现代时期"则主要是指党的十八大以后，我国社会救助项目不断完善和发展，医疗救助、教育救助、住房救助等专项救助和临时救助制度已经开始建立。全国人大常委会于 2013 年将社会救助法纳入全国人大立法工作计划，但是关于社会救助的法律草案历经国务院常务会议多次审议均未通过，[③]这也体现了社会救助立法工作的艰巨性和复杂性。2014 年 2 月 27 日，国务院制定了《社会救助暂行办法》（国务院令第 649 号），这是我国第一部专门关于社会救助制度的行政法规。根据该行政法规的相关规定，我国社会救助项目主要包括：最低生活保障、特困人员供养、受灾人员救助、医疗救助、教育救助、住房救助、就业救助、临时救助八项主要救助项目。（1）最低生活保障，即国家对共同生活的家庭成员人均收入低于当地最低生活保障标准，且符合当地最低生活保障家庭财产状况规定的家庭，给予最低生活保障。（2）特困人员供养，即国家对无劳动能力、无生活来源

① 喻少如．论社会救助制度中的行政给付程序．法学评论，2011（4）：25.
② 杨思斌．协调视角下的中国社会救助立法．中国劳动关系学院学报，2010（6）：1.
③ 林闽钢．新时期我国社会救助立法的主要问题研究．中国行政管理，2018（6）：44.

且无法定赡养、抚养、扶养义务人，或者其法定赡养、抚养、扶养义务人无赡养、抚养、扶养能力的老年人、残疾人以及未满16周岁的未成年人，给予特困人员供养。（3）受灾人员救助，即国家建立健全自然灾害救助制度，对基本生活受到自然灾害严重影响的人员，提供生活救助。（4）医疗救助，即国家建立健全医疗救助制度，对最低生活保障家庭成员、特困人员供养、县级以上人民政府规定的其他特殊困难人员保障基本医疗卫生服务。（5）教育救助，即国家对在义务教育阶段就学的最低生活保障家庭成员、特困供养人员，给予教育救助；对在高中教育（含中等职业教育）、普通教育阶段就学的最低生活保障家庭成员、特困供养人员，以及不能入学接受义务教育的残疾儿童，根据实际情况给予适当教育救助。（6）住房救助，即国家对符合推定标准的住房困难的最低生活保障家庭、分散供养的特困人员，给予住房救助。（7）就业救助，即国家对最低生活保障家庭中有劳动能力并处于失业状态的成员，通过贷款贴息、社会保险补贴、岗位补贴、培训补贴、费用减免、公益性岗位安置等办法，给予就业救助。（8）临时救助，即国家对火灾、交通事故等意外事件，家庭成员突发重大疾病等原因，导致基本生活暂时出现严重困难的家庭，或者因生活必需支出突然增加超出家庭承受能力，导致基本生活暂时出现严重困难的最低生活保障家庭，以及遭遇其他特殊困难的家庭，给予临时救助。

此后，广东省于2017年9月1日开始正式实施的《广东省社会救助条例》（广东省第十二届人民代表大会常务委员会公告第85号），将社会救助项目规定为：最低生活保障、特困人员供养、受灾人员救助、医疗救助、教育救助、住房救助、就业救助、临时救助以及生活无着的流浪、乞讨及其走失人员救助。[①] 北京市于2018年7月1日开始正式实施《北京市社会救助实施办法》（北京市人民政府令第282号），其将社会救助项目概括为五大类：最低生活保障、特困人员供养、专项救助（医疗救助、教育救助、住房救助、就业救助、采暖救助）、受灾人员救助和临时救助。

① 《广东省社会救助条例》第五十九条规定："县级以上人民政府应当根据需要设立流浪、乞讨及其走失人员救助管理机构，采取积极措施，及时对生活无着的流浪、乞讨及其走失人员予以救助。对流浪、乞讨及其走失人员的救助实行属地管理，由地级以上市内符合条件的机构提供救助服务。具体办法由省级人民政府制定。县级以上人民政府应当为流浪、乞讨及其走失人员救助提供经费保障，明确受助人员的日常救助费用标准。受助人员的救助经费应当与行政管理等其他经费分列，单独核算，专款专用。地级以上市人民政府应当在其设立的救助管理机构内设立警务室（点）、医务室（点），为安全防范和治疗防疫工作提供保障。有条件的县可以结合社区警务布点，在救助管理机构设立警务室或警务联络员。"

三、刑事被害人救助与社会救助关系之探析

社会救助与刑事被害人救助同为“救助”，两者之间到底是一种什么样的关系呢？杨思斌教授认为，法律救助是现代社会救助的重要范畴，其在《协调视角下的中国社会救助立法》一文中论述道，“现代社会救助权利体系应该是一个包含生活救助、灾害救助、医疗救助、住房救助、教育救助、法律救助、临时救助等内容丰富复杂的体系并随着社会经济的发展而日益丰富。社会救助要想获得良好的效果，必须注重各项目的整合与协调”。①

朱勋克博士认为，法律救助是困难群众“最后的武器”，目的在于帮助他们定分止争，主张和维护其合法权益，法律救助应当被写入《社会救助法》。②韩克庆教授认为，社会救助是不可否认的社会保障体系的最后一道防线，它主要起到兜底作用，主要是对贫困人群，不管是相对贫困还是临时贫困，或者是社会风险出现以后导致的一些暂时的社会困难进行解决的一种制度设计，这其中就包括对刑事被害人的救助。③

此外，一些规范性文件中也间接地涉及社会救助和刑事被害人救助之间的关系问题，其普遍认为刑事被害人救助（包含在司法救助内）属于社会救助的范畴，两者之间是特殊与一般的关系。例如，2006 年《社会救助法（部门讨论稿）》、2007 年《社会救助法（送审稿）》以及 2008 年《社会救助法（公开征求意见稿）》，都将法律救助列为专项救助的重要项目之一。又如，2014 年 7 月 31 日，浙江省第十二届人民代表大会常务委员会第十一次会议通过的《浙江省社会救助条例》第二条规定，“法律援助、司法救助依照国家和省的有关规定执行”。此外，2015 年 9 月 13 日，陕西省人民政府公布了《陕西省社会救助办法》（陕西省人民政府令第 186 号），其第二条也规定，“法律援助、司法救助依照国家和本省有关规定执行”。

笔者赞同上述学者和规范性文件中对于刑事被害人救助与社会救助之间的关系的界定，即刑事被害人救助实质上是一种非常特殊的社会救助，它的特殊之处就在于其带有强烈的刑事司法色彩。

第一，刑事被害人救助实施的主要原因是救助对象受到了犯罪侵害且具备救助的条件，换言之，犯罪行为的侵害是引发救助的直接原因；而一般社

① 杨思斌．协调视角下的中国社会救助立法．中国劳动关系学院学报，2010（6）：4.
② 朱勋克．社会救助法的立法框架及法律规则研究．云南大学学报（法学版），2010（6）：133.
③ 赵丽，靳雪林．两项救助制度可否顺畅衔接．法制日报，2018-01-27（5）.

会救助实施的主要原因是由一般社会因素造成的，如本身生活困难、天生患有严重疾病等。

第二，刑事被害人救助本身与刑事案件的进展情况息息相关，刑事被害人救助的启动和具体实施还与犯罪嫌疑人、被告人赔偿以及被害人的过错等因素相关，这都需要司法专业认定。因此，其程序和内容相较于一般社会救助更加烦琐，一般社会救助往往无法及时、准确地满足刑事被害人的特殊需求。

第三，刑事被害人救助主要围绕刑事案件展开，其具有临时性、短暂性、救急性等特点，而一般社会救助则具有长远性、体系性和兜底性的特点。刑事被害人救助往往不可能解决被害人的所有问题，这就需要社会救助予以后续跟进，使得刑事被害人权益保障更加充分。《最高人民法院关于加强和规范人民法院国家司法救助工作的意见》（法发〔2016〕16号）第五条就明确规定，“国家司法救助以支付救助金为主要方式，并与思想疏导相结合，与法律援助、诉讼救济相配套，与其他社会救助相衔接”。《人民检察院国家司法救助工作细则（试行）》第九条也作出了相同规定。

第五节　刑事被害人救助与法律援助

刑事被害人救助与法律援助也是一组比较容易混淆的概念，主要是由于在具体的司法实践中，刑事被害人救助与法律援助之间在适用方面往往存在一定交集。下面，笔者将进一步深入分析法律援助的概念以及其与刑事被害人救助的关系。

一、法律援助概念之探析

客观而言，法律援助在我国发展的历程比较短暂。目前，我国法学理论界对于法律援助概念的认识尚未达成一致。笔者对具有代表性的观点进行了梳理，可主要概括为：

（一）国家主体说

“国家主体说”认为国家应是法律援助的主体，国家应当承担法律援助的主体责任。胡铭教授等认为，“法律援助是国家保障经济困难的公民和特殊案件的当事人获得必要的无偿法律服务，以维护当事人合法权益、维护法律正确实施和社会公平正义的一项重要法律制度。我国法律援助的模式定位为‘政府责任、律师义务、社会参与’。其具体运作方式体现为：（1）经费来源上，主要依靠国家财政拨款。（2）机构设置上，由政府成立专门的法律援助机构，受理、审查、批准法律援助申请；指派法律援助工作人员或者社会律师、基层法律服务工作者承办法律援助案件；核发案件补贴，并对法律援助的组织实施进行监督和管理。（3）提供模式上，由法律援助机构的工作人员与社会律师、基层法律工作者相结合承办法律援助案件，以社会团体、民间组织为补充”。[1]王俊民教授等在考察法律援助发展的基础上，认为法律援助应当被确认为一项国家责任，法律援助“成为政府为保障社会平等、实现社会正义而专门设立的司法保障制度，体现的是政府对社会大众生存权利的保障责任。将法律援助从传统的律师个人慈善和社会道义行为发展为国家对公民的一项司法救济和保障措施，是现代法律援助制度确立的基本标志”。[2]

（二）双重主体说

“双重主体说”认为法律援助的主体包括国家（由政府来代表）和社会（由民间组织来代表）。林莉红教授等认为，“在给法律援助下定义时，不应当仅关注政府主持进行的法律援助。否则，不仅与实际不相符，也未看到当代社会民间组织作为第三部门发挥重要作用的历史发展趋势。基于这一点认识，我们认为，法律援助一词就是指在法律上提供帮助。为经济困难等处于社会弱势地位者和其他需要法律上帮助的当事人提供法律服务活动的法律援助，既包括政府行为，也包括民间组织的自愿行动。而在现代社会，应当以政府行为为主导，以民间组织之自愿行动为补充”。[3]沈丽飞学者也表达了相似的观点，即“国家主导型的法律援助在某些方面不仅是必要的，而且是必需的，然而，可资利用的国家资源毕竟具有稀缺性，不可能过度地投入到法律援助中来，如果国家包揽代办一切法律援助的活动，也势必抑制民间法律援助的积极性。因此，国家对于民间法律援助活动的态度应当是认可、扶助与引导，尽可能地鼓励非政府组织及个人发挥民间优势，募集各种社会捐款，不拘一格地开展各种形式多样、灵活多变的法律援助活动”。[4]

此外，我国一些规范性文件中对“法律援助”的概念也作了相应的解释。例如，1997年司法部发布的《司法部关于开展法律援助工作的通知》中，将法律援助的概念表述为，“法律援助是指在国家设立的法律援助机构的协调和指挥下，律师、公证员、基层法律工作等法律服务人员为经济困难或特殊案件的当事人给予减、免收费提供法律帮助的一项法律制度”。2015年，中共中央办公厅、国务院办公厅印发的《关于完善法律援助制度的意见》中将“法律援助”定义为，“国家建立的保障经济困难公民和特殊案件

① 胡铭，王廷婷．法律援助的中国模式及其改革．浙江大学学报（人文社会科学版），2017（3）：78.
② 王俊民，孔庆余．反思与超越：论法律援助之政府责任．政治与法律，2006（6）：81.
③ 林莉红，黄启辉．论法律援助．社会科学战线，2003（6）：176.
④ 沈丽飞．以人为本视野下的中国法律援助运作模式．学习与探索，2009（6）：116.

当事人获得必要的法律咨询、代理、刑事辩护等无偿法律服务，维护当事人合法权益、维护法律正确实施、维护社会公平正义的一项重要法律制度”。2016 年修订后的《广东省法律援助条例》第二条规定，“本条例所称法律援助，是指依法确定的法律援助机构指派或者安排法律援助人员，为经济困难公民和特殊案件当事人免费提供法律咨询、代理、刑事辩护等法律服务的活动。本条例所称法律援助人员，是指由法律援助机构指派或者安排，提供法律服务的律师、基层法律服务工作者、法律援助志愿者及其他人员”。

在对上述概念进行综合分析的基础上，笔者尝试对法律援助的概念作出以下解释：

第一，法律援助的主体可分为责任主体和实施主体，其中责任主体为国家（由政府的司法行政机关来代表），而实施主体为律师、基层法律工作者、法律志愿者等法律人员。

第二，法律援助的客体为免费的法律服务这一公共产品，法律服务涉及法律咨询、刑事辩护和代理、公证等诸多方面，其中既有诉讼方面的法律服务，也有非诉讼方面的法律服务。

第三，法律援助的对象为特定群体，即那些确需法律服务并无力通过自身的经济或者其他条件来获取法律服务的社会群体，主要包括贫者、弱者、残疾者以及特殊案件的当事人。

第四，法律援助的方式则为由国家通过一定的程序和方式向法律援助对象提供免费的法律服务，以保障法律援助对象的相关权益得以实现。

二、我国法律援助的发展演进之路

从整体来看，我国法律援助制度建设和法律援助工作呈现出“起步较晚但发展较快”的特点。笔者将我国法律援助的发展演进过程概括为以下三个阶段：

（一）探索起步阶段（1994—2003 年）

1. 建立法律援助工作机构。在这一阶段，我国法律援助工作机构的成立经历了从地方试点到中央认可再到全国铺开的发展历程。1994 年年初，我国第一个由政府设立的法律援助机构在广州市挂牌成立，标志着我国法律援助的实践开始起步，北京、上海和武汉也于同年开始了法律援助的试点工作。

1994 年，北京市司法局率先提出：每名律师每年最少办理一件免费案件，律师不得以任何理由拒绝法院指定的刑事辩护案件，律师事务所应坚持每月两天义务法律咨询；司法局和律师协会从律师管理费和会费中，每年拨出 10 万元，设立“北京律师法律援助金”，给一些提供法律援助的律师一定的经济补偿。[①]1996 年，司法部发布了《关于迅速建立法律援助机构开展法律援助工作的通知》，要求各地要尽快报请当地党政领导同意，争取支持，尽快建立法律援助机构开展工作。1997 年 5 月 26 日，司法部法律援助中心在北京正式成立。[②] 中国法律援助基金会也于同日正式成立，其主要职责是筹集、使用、管理和监督法律援助资金，该基金来源主要包括：国内社团、企业、商社及个人的捐赠和赞助；基金存入金融机构收取的利息；购买债券和企业股票等有价证券的收益等。这标志着国家层面的法律援助机构正式成立和开始运转，对全国法律援助机构的设置起到巨大的示范和推动作用。2000 年，司法部再次出台了《关于加快法律援助机构建设步伐的通知》，要求各地以地方机构改革为契机，切实解决法律援助机构的编制问题，“到 2002 年以前，力争实现所有设置人民法院的地方基本上都建立起对应的法律援助机构”。之后，全国各级司法行政部门纷纷建立健全同级的法律援助机构。

2. 率先建立刑事法律援助制度。刑事法律援助被认为是最低限度也是最重要的法律援助，在现代法律援助制度中处于最基础的地位。[③]1996 年 3 月 17 日，第八届全国人民代表大会第四次会议通过了《关于修改〈中华人民共和国刑事诉讼法〉的决定》。1996 年，《刑事诉讼法》将有关法律援助的内容规定在总则“第四章”之中，将其作为辩护与代理的相关内容，其中第三十四条规定，“公诉人出庭公诉的案件，被告人因经济困难或者其他原因没有委托辩护人的，人民法院可以指定承担法律援助义务的律师为其提供辩护。被告人是盲、聋、哑或者未成年人而没有委托辩护人的，人民法院应当指定承担法律援助义务的律师为其提供辩护。被告人可能被判处死刑而没有委托辩护人的，人民法院应当指定承担法律援助义务的律师为其提供辩

① 吴汉钧．中国，法律援助在行动．中国行政管理，1997（6）：13.

② 司法部法律援助中心主要负责：（1）研究起草有关法律援助工作的政策和法律、法规、规章及规范性文件；（2）指导、监督地方法律援助工作及其开展情况；（3）组织宣传法律援助制度；（4）管理法律援助经费；（5）组织开展对法律援助制度的理论研究；（6）组织法律援助工作的对外交流与合作；（7）负责指导全国“148”法律服务专线工作；（8）监督管理中国法律援助基金会工作及其资金使用；（9）承办司法部交办的其他有关事项。

③ 胡铭，王廷婷．法律援助的中国模式及其改革．浙江大学学报（人文社会科学版），2017（2）：84.

护”。这是我国在国家立法层面上首次将“法律援助”写入正式法律之中，是我国法律援助制度发展建设过程中的一个重要里程碑。1996年5月15日，第八届全国人民代表大会常务委员会通过了《中华人民共和国律师法》，其以专章（第六章）的形式规定了“法律援助”制度：第一，明确了公民拥有获得法律援助的权利，其第四十一条规定，“公民在赡养、工伤、刑事诉讼、请求国家赔偿和请求依法发给抚恤金等方面需要获得律师帮助，但是无力支付律师费用的，可以按照国家规定获得法律援助”。第二，明确了律师履行法律援助的义务，其第四十二条规定，“律师必须按照国家规定承担法律援助义务，尽职尽责，为受援人提供法律服务”。第三，明确了法律援助的实施办法，即第四十三条规定，“法律援助的具体办法，由国务院司法行政部门制定，报国务院批准”。1996年《律师法》虽然对于法律援助的规定比较概括和笼统，但确是在我国第一次从法律层面上系统规定了法律援助制度。1996年《刑事诉讼法》和1996年《律师法》成为我国开展法律援助工作的基本依据。

3.初步规范法律援助标准。根据前期对于法律援助的探索和实践，1997年4月9日，最高人民法院和司法部共同发布了《最高人民法院、司法部关于刑事法律援助工作的联合通知》（司发通〔1997〕046号），该规范性文件对于《刑事诉讼法》中法律援助制度的具体落实进行了较为详细的规定。司法部于1997年5月20日印发了《司法部关于开展法律援助工作的通知》（现已失效），该规范性文件共分为六个主要部分：（1）法律援助的定义和法律援助机构；（2）法律援助对象；（3）法律援助的范围和形式；（4）法律援助的程序；（5）法律援助中的权利、义务和法律责任；（6）法律援助资金。这份规范性文件的规定既涉及法律援助的实体性内容，同时也涉及法律援助的程序性内容，在比较长的时间内成为指导全国司法行政机关开展法律援助工作的重要依据。

（二）初步形成阶段（2004—2012年）

1.关于法律援助的法规规章正式出台。2003年7月16日，国务院第十五次常务会议通过了《法律援助条例》，其以行政法规的形式确立了法律援助制度在我国法律体系中的地位，被视为我国法律援助制度初步形成的主要标志。该条例共分为六章，即第一章总则、第二章法律援助范围、第三章法律援助申请和审查、第四章法律援助实施、第五章法律责任和第六章附则。该条例从实体性层面和程序性层面对我国法律援助制度进行了规定，为全国法律援助工作的规范开展提供了基本依据和支撑。

此外，为了适应法律援助工作的新要求，进一步统一和规范全国法律援助办案流程，司法部依据《刑事诉讼法》、《律师法》以及《法律援助条例》等法律法规的基本要求，在调研各地法律援助的实践基础上，于2012年4月9日发布了《办理法律援助案件程序规定》。该规定将法律援助程序设定为：受理（第二章）、审查（第三章）和承办（第四章）三个基本流程，从而为全国法律援助工作提供了较为具体的行为范式，有助于提升法律援助的效率和质量，也为以后法律援助立法工作积累了宝贵经验。《法律援助条例》和《办理法律援助案件程序规定》成为这个时期促进我国法律援助工作快速发展的主要的专门性规范依据。

2. 我国民事法律援助实践的快速发展。在这一阶段，随着我国经济社会的高速发展、社会利益分配的进一步拉大以及社会矛盾的凸显，民事法律援助需求大量增加。为此，国家根据《法律援助条例》的规定，逐步加大民事法律援助工作的力度。2005年9月22日，最高人民法院、司法部联合印发了《关于民事诉讼法律援助工作的规定》，这是我国首次对民事诉讼领域的法律援助工作进行的规范性要求，进一步推动了我国法律援助制度的深化和发展。2006年，国务院颁布的《关于解决农民工若干问题的意见》规定，农民工就请求工资报酬和工伤赔偿申请法律援助的，不必经过经济困难条件审查，各级地方政法机关由此增拨了农民工法律援助专项经费。正如有学者所言，“民事法律援助为因民事纠纷陷入困境的贫弱公民提供法律援助，不仅是实现法律程序平等的需要，更是受援人平等获得实体权利、摆脱贫困的现实需要”。[①]

3. 我国刑事法律援助制度的深化拓展。2012年3月14日，第十一届全国人民代表大会第五次会议对《刑事诉讼法》进行了第二次修正。2012年《刑事诉讼法》第三十四条规定，“犯罪嫌疑人、被告人因经济困难或者其他原因没有委托辩护人的，本人及其近亲属可以向法律援助机构提出申请。对符合法律援助条件的，法律援助机构应当指派律师为其提供辩护。犯罪嫌疑人、被告人是盲、聋、哑人，或者是尚未完全丧失辨认或者控制自己行为

① 高贞．论刑事被害人法律援助权及其实现．法学，2008（11）：61.

能力的精神病人，没有委托辩护人的，人民法院、人民检察院和公安机关应当通知法律援助机构指派律师为其提供辩护。犯罪嫌疑人、被告人可能被判处无期徒刑、死刑，没有委托辩护人的，人民法院、人民检察院和公安机关应当通知法律援助机构指派律师为其提供辩护”。从上述规定来看，相较于1996年《刑事诉讼法》关于法律援助的规定而言，有关辩护和代理的法律援助的责任主体已经扩大到检察机关和公安机关，法律援助的时间延伸至侦查阶段，使得法律援助的内容更加丰富。为贯彻落实2012年《刑事诉讼法》关于法律援助制度的新规定，进一步加强刑事法律援助工作，最高人民法院、最高人民检察院、公安部、司法部于2013年2月4日对《关于刑事诉讼法律援助工作的规定》进行修改并向全国印发。

（三）持续深化阶段（2013年至今）

1. 中央加强对法律援助制度的顶层设计。2013年，党的十八届三中全会明确将完善法律援助制度作为推进法治中国建设、完善人权司法保障制度的一项重要内容。2014年，党的十八届四中全会明确提出要完善法律援助制度，扩大援助范围。2015年5月，习近平总书记主持召开中央全面深化改革领导小组第十二次会议，审议通过了《关于完善法律援助制度的意见》，2015年6月29日，中共中央办公厅、国务院办公厅以中办发〔2015〕37号文件印发了《关于完善法律援助制度的意见》。该意见紧紧围绕经济社会发展和人民群众实际需求，提出了当前和今后一个时期内我国法律援助工作发展的指导思想、基本原则、政策措施和要求，为法律援助事业发展进一步指明了方向，是指导我国法律援助事业发展的纲领性文件。《关于完善法律援助制度的意见》对全国法律援助工作的开展提出了三个方面的重要规划：第一，要继续扩大法律援助的范围，即要扩大民事、行政法律援助覆盖面，加强刑事法律援助工作，实现法律援助咨询服务的全覆盖；第二，要注重提高法律援助的质量，即要推进法律援助标准化建设，加强法律援助质量管理，完善法律援助便民服务机制；第三，要加强法律援助保障能力，即完善经费保障机制，加强基础设施建设，加强机构队伍建设。

为了全面贯彻落实《关于完善法律援助制度的意见》，继续深入推动法律援助工作，中央有关部委加强了关于法律援助制度的政策文件制定力度。第一，2017年2月，司法部会同财政部共同印发了《关于律师开展法律援助工作的意见》，对于充分发挥律师在法律援助中的职能作用等作出了明确规定，主要包括三个方面：一是要做好刑事法律援助工作，即法律援助机构要做好刑事法律援助指派工作，组织律师做好会见、阅卷、调查取证、庭审等工作，认真办理侦查、审查起诉、审判各阶段法律援助案件，切实保障刑事诉讼当事人合法权益；二是要加大民生领域法律援助力度，即着眼于加强法律援助服务保障和改善民生工作，组织律师围绕劳动保障、婚姻家庭、食品药品、教育医疗等民生事项，及时为符合条件的困难群众提供诉讼和非诉讼代理；三是广泛开展咨询服务，即充分发挥律师专业优势，利用法律援助便民服务窗口和“12348”法律服务热线，为广大群众提供免费法律咨询服务，传播法律知识，引导群众依法表达合法诉求。此外，《关于律师开展法律援助工作的意见》还明确了律师开展法律援助工作的创新机制：一是政府购买法律援助服务工作机制，即探索由司法行政机关根据政府购买服务相关规定，向律师事务所等社会力量购买法律服务，引入优质律师资源提供法律援助；二是法律援助疑难复杂案件办理机制，即法律援助机构根据律师业务专长和职业操守，建立法律援助专家律师库，对重大疑难复杂案件实行集体讨论、全程跟踪、重点督办；三是法律援助异地协作机制，即法律援助机构就案件调查取证、送达法律文书等事项积极开展协作；四是积极扶持律师资源短缺地区法律援助工作，即根据律师资源分布和案件工作量等情况，采取对口支援、志愿服务、购买服务等方式提高律师资源短缺地区法律援助服务能力；五是沟通协作机制，即司法行政机关、法律援助机构和律师协会要建立协作机制，定期沟通工作情况，共同研究解决律师服务质量、工作保障等方面存在的问题，建立法律援助机构与律师事务所、律师沟通机制，鼓励律师围绕法律援助制度改革、政策制定等建言献策，提高法律援助工作水平。第二，2017 年 8 月，最高人民法院、最高人民检察院、公安部、国家安全部、司法部联合制定了《关于开展法律援助值班律师工作的意见》，强调法律援助值班律师在以审判为中心的刑事诉讼改革和认罪认罚从宽制度改革试点中的职能作用。对于此部分内容下文将进行详细论述。中央关于法律援助的系列政策文件的出台，丰富了我国法律援助的理论内容，对于推动我国法律援助工作深入开展具有重要的示范和指导作用。

2. 地方对于法律援助的深入探索实践。全国各地深入贯彻中央制定的《关于完善法律援助制度的意见》以及其他政策性文件，主要从扩大法律援助范围、提高法律援助质量、加强法律援助保障能力建设等方面予以完善和推进。例如，2015年11月底，江苏省委全面深化改革领导小组第十三次会议审议通过了《关于完善法律援助制度的实施意见》，随后以省委办公厅、省政府办公厅名义印发全省贯彻执行，在落实法律援助政府责任、扩大法律援助范围、提高法律援助质量、完善保障措施和组织实施等方面作了全面部署。[①]又如，2016年2月16日，中共广东省委办公厅、广东省人民政府联合下发了《关于完善法律援助制度的实施意见》，其主要从四个方面对完善全省法律援助制度提出明确要求：第一，扩大法律援助范围（扩大法律援助覆盖面、加强刑事法律援助工作、实现法律援助咨询服务全覆盖）；第二，提高法律援助质量（推进法律援助标准化建设、加强法律援助质量管理、完善法律援助便民服务机制）；第三，提高法律援助保障能力（完善经费保障体制、加强基础设施建设、加强机构队伍建设）；第四，切实加强组织领导（加强组织领导、强化监督管理、密切协作配合）。2016年2月26日，广东省十二届人大常委会第二十四次会议第二次修订了《广东省法律援助条例》（以下简称《条例》），该《条例》共七章六十五条，分为：总则，条件、对象与方式，申请与受理，审查与实施，权利与义务，法律责任，附则。从全国范围看，该《条例》具有一定的典型性、先进性和示范性，为我国法律援助立法工作积累了有益经验。

3.刑事法律援助制度的完善健全。在这里，需要特别强调的就是值班律师制度的建立。值班律师制度被视为由政府提供的一种特殊形式的法律援助。[②]我国法律援助值班律师制度的建立标志着我国对于法律援助制度探索的进一步深化。2014年6月，最高人民法院、最高人民检察院、公安部、司法部共同制定并发布了《关于在部分地区开展刑事案件速裁程序试点工作的办法》，首次在我国规范性文件中提出值班律师制度，其进一

① 田幸．当代中国的司法体制改革．法律出版社，2017：370.

② 一般认为，作为法律援助的一种具体表现形式，值班律师制度肇始于英国。1972年，为了弥补传统法律援助制度的不足，英国布里斯托市率先在治安法院设置了提供免费法律咨询服务的事务律师进行法律咨询。由于这些事务律师如同法院职员一样定时定点地来治安法院上班，像“坐堂问诊”的大夫一样向参加初次聆讯的被告人提供免费的法律咨询，因此，人们将这一做法形象地称为“值班律师制度”。布里斯托地区的这一做法很快赢得了社会各界的好评。之后，英国许多司法辖区纷纷效仿布里斯托，在治安法院设置值班律师。经过十年的实践探索，通过《1982年法律援助法》，至此值班律师制度最终上升为国家立法。据此，英国在英格兰和威尔士地区正式建立了国家值班律师制度（Nation Duty Solicitor Scheme）。之后，英国又根据《警察与刑事证据法》的规定，进一步在警察局设置了值班律师。之后，值班律师制度成为加拿大、澳大利亚、新西兰和我国香港地区等一个不可或缺的重要组成部分。吴宏耀．我国值班律师制度的法律定位及其制度构建．法学杂志，2018（9）：26.

步丰富了我国法律援助制度的体系内容。

2016年11月，最高人民法院、最高人民检察院、公安部、国家安全部、司法部在《关于在部分地区开展刑事案件认罪认罚从宽制度试点工作的办法》中再次确定了值班律师制度，其第五条规定的主要内容为三个方面：第一，“法律援助机构可以根据人民法院、看守所实际工作需要，通过设立法律援助工作站派驻值班律师、及时安排值班律师等形式提供法律帮助”。第二，“人民法院、看守所应当为值班律师开展工作提供便利工作场所和必要办公设施，简化会见程序，保障值班律师依法履行职责”。第三，“犯罪嫌疑人、被告人自愿认罪认罚，没有辩护人的，人民法院、人民检察院、公安机关应当通知值班律师为其提供法律咨询、程序选择、申请变更强制措施等法律援助”。此外，该规范性文件第十条规定，“在审查起诉过程中，人民检察院……就下列事项听取犯罪嫌疑人及其辩护人或者值班律师的意见，记录在案并附卷：（一）指控的罪名及适用的法律条款；（二）从轻、减轻或者免除处罚等从宽处罚的建议；（三）认罪认罚后案件审查适用的程序；（四）其他需要听取意见的情形”。

2017年8月，最高人民法院、最高人民检察院、公安部、国家安全部和司法部联合下发《关于开展法律援助值班律师工作的意见》，其第二条明确了值班律师的职责包括五个方面：第一，解答法律咨询；第二，引导和帮助犯罪嫌疑人、刑事被告人及其近亲属申请法律援助，转交申请材料；第三，在认罪认罚从宽制度改革试点中，为自愿认罪认罚的犯罪嫌疑人、刑事被告人提供法律咨询、程序选择、申请变更强制措施等法律帮助，对检察机关定罪量刑建议提出意见，犯罪嫌疑人签署认罪认罚具结书应当有值班律师在场；第四，对刑讯逼供、非法取证情形代理申诉、控告；第五，承办法律援助机构交办的其他任务。

值班律师不但可以为犯罪嫌疑人、刑事被告人及时提供临时性法律帮助，还可以提供必要的程序性协助或者指引，帮助犯罪嫌疑人、刑事被告人更好地了解自己享受哪些诉讼权利，更理性、更合理地行使这些诉讼权利。另外，在刑事诉讼的早期阶段，绝大多数犯罪嫌疑人尚未聘请自己的辩护律师或者尚未获得法律援助律师的帮助，值班律师的临时性法律帮助事实上还具有一定的“赋权功能”，即帮助犯罪嫌疑人更好地了解法律、更好地行使法律赋予他们的各项诉讼权利。[①] 樊崇义教授指出，随着我国值班律师制度的确立，我国法律援助制度业已发生根本性变化，即国家提供法律援助服务的方式将由原来的一种方式转变为两种方式：一是针对特定紧急情形的值班律师提供的临时性法律援助；二是针对特定的法定情形法律援助律师提供的全面刑事辩护服务。其中，在相互关系上，法律援助律师提供的辩护服务是法律援助的基本形态；值班律师制度则是传统法律援助方式的必要补充，旨在弥补传统法律援助方式的不足或者力不能及的地方。[②]

三、刑事被害人救助与法律援助关系之探析

从本质上讲，刑事被害人救助与法律援助都属于国家社会保障体系中的重要组成部分。两者存在共性，在具体的适用过程中存在一定交集，但是两者又有各自的特点，存在一定区别。

（一）两者的共同点

刑事被害人救助与法律援助的共同点主要表现为：第一，从实施的责任主体来看，两者都强调国家作为责任主体的重要性，[③] 两者所关涉的相关活动都是代表国家对受援人的帮助。[④] 第二，两者都重视社会力量在其中所发挥的重要作用，鼓励社会积极参与其中。[⑤] 第三，从实施的主要对象来看，具有一定的特定性和重合性，即都是主要面向经济困难的社会公众或者部分弱势群体，刑事被害人救助过程中同样会涉及被害人法律援助的相关问题。[⑥] 第四，从追求的价值目标来看，两者都涉及通过社会资源的再分配，以保障特定的社会群体相关的合法权益得以实现，都是为了追求实质的公平公正。

① 吴宏耀．我国值班律师制度的法律定位及其制度构建．法学杂志，2018（9）：27.

② 樊崇义．值班律师制度的本土叙事：回顾、定位与完善．法学杂志，2018（9）：8.

③ 我国《法律援助条例》第三条就明确规定："法律援助是政府的责任，县级以上人民政府应当采取积极措施推动法律援助工作，为法律援助提供财政支持，保障法律援助事业与经济、社会协调发展……"

④ 梁桂芝．论法律援助与司法救助的一体化．理论前沿，2007（14）：21.

⑤ 我国《法律援助条例》第七条规定："国家鼓励社会对法律援助活动提供捐助。"第八条规定："国家支持和鼓励社会团体、事业单位等社会组织利用自身资源为经济困难的公民提供法律援助。"第九条规定："对在法律援助工作中作出突出贡献的组织和个人，有关的人民政府、司法行政部门应当给予表彰、奖励。"

⑥ 我国《法律援助条例》第十一条规定："刑事诉讼中有下列情形之一的，公民可以向法律援助机构申请法律援助：……（二）公诉案件中的被害人及其法律代理人或者近亲属，自案件移送审查起诉之日起，因经济困难没有委托诉讼代理人的……"

刑事被害人救助与法律援助在具体的适用过程中往往存在交集，即刑事被害人往往是家庭经济困难的弱势群体，其需要获得相应的法律援助，帮助自己有效地参与到刑事诉讼中来，并发挥积极作用；而与此同时，犯罪嫌疑人或者被告人也由于经济困难而无法赔偿刑事被害人，这时候刑事被害人又要通过法律援助人员依法为其申请司法救助（主要是刑事被害人救助）。刑事被害人既需要法律援助又需要司法救助的情况在实践中还是较为常见的。笔者对江苏省C市（县级市）、河南省H市（县级市）、陕西省S县、甘肃省J县四个地区近五年的刑事法律援助案件数量（2013—2018年）进行统计分析（如表2-1所示），其中关涉刑事被害人的法律援助案件占刑事法律援助案件数量的比重分别为：26.4%、30.9%、17.2%、25.0%；既关涉刑事被害人法律援助又关涉刑事被害人救助的案件数量占关涉刑事被害人法律援助案件数量的比重分别约为：57.8%、67.3%、81.5%、73.5%。

表2-1　近五年（2013—2018年）关涉刑事被害人及其近亲属法律援助案件以及其中涉及司法救助案件的数量情况

地区	刑事法律援助案件的数量（件数）	关涉刑事被害人及其近亲属法律援助案件的数量（件数）	关涉刑事被害人及其近亲属法律援助案件中申请刑事被害人救助的案件数量（件数）
江苏省C市（县级市）	1510	398	230
河南省H市（县级市）	890	275	185
陕西省S县	378	65	53
甘肃省J县	196	49	36

（二）两者的主要区别

刑事被害人救助与法律援助的主要区别表现在以下三个方面：

1. 实施的责任主体不同。从目前的具体操作实践来看，刑事被害人救助的责任主体为由公安司法机关代表国家来实施；而法律援助的责任主体则是由司法行政机关和法律援助机构来具体实施。

2. 针对的具体对象不同。刑事被害人救助主要针对于遭受犯罪侵害且陷入生活困难的被害人及其近亲属；而法律援助主要针对于经济困难的当事人或者法律规定的特殊群体，不仅包括刑事被害人及其近亲属，而且还包括犯罪嫌疑人或者被告人、民事案件当事人、国家赔偿案件当事人等。显然，法律援助对象相较于刑事被害人救助的范围更加广泛。

3. 保障的具体权益有异。刑事被害人救助主要是为了保障刑事被害人的生存权，其着眼于解决被害人生活方面所面临的急迫困境，因此更多地被视为对刑事被害人实体性权利的保障。而法律援助所要保障的主要是包括刑事被害人在内的诉讼权益，其着眼于为其提供“法律服务”这一“公共产品”，使其能够更有效地参与到刑事诉讼中来，因此更多地被视为对刑事被害人程序性权利的保护。

第六节　刑事被害人救助概念的结构要素

各个学科对“刑事被害人救助”这一概念进行认知和理解既有相同之处，也有各自差别。笔者认为，在我国语境下，刑事被害人救助这一概念具有特定的含义。通过对于刑事被害人救助概念进行结构要素分析，有助于真正厘清刑事被害人救助的实质内容。

一、刑事被害人救助的性质

刑事被害人救助的性质是指刑事被害人救助的基本属性问题。从现有研究成果来看，刑事被害人救助更多地被视为刑事法律研究重点，刑法学家对于刑事被害人救助的关注和研究较多，而社会法学家对此研究得相对较少。笔者认为，刑事被害人救助从本质上讲是一个极其重要的社会性问题，刑事被害人救助是一项带有强烈刑事司法色彩的社会法学的研究课题。对于刑事被害人救助的法律规制不仅涉及刑事法律，而且与社会法存在更为紧密的关联，因为刑事被害人也是社会中的人，对其进行救助就涉及对方方面面的社会法律关系进行调整。

二、刑事被害人救助的价值

按照法理学的解释，法的价值是指法律满足人类生存和需要的基本性能，即法律对人的有用性。刑事被害人救助的价值实质上就是刑事被害人救助这一制度对于刑事被害人的益处所在。刑事被害人救助之所以能够存在，是因为有着自己独立的价值。第一，积极弥补刑事被害人因为犯罪行为所遭受的物质上和精神上的伤害，有效保障刑事被害人的生命权和健康权等人身权利以及财产权利等；第二，通过救助从而使得刑事被害人能够生存下来，并能够获得作为一个人能够有尊严地继续生活下去的物质基础和能力，从而保障刑事被害人群体的生存权和发展权。

三、刑事被害人救助的主体

刑事被害人救助的主体是指履行刑事被害人救助义务的责任者。正如上文所述，刑事被害人救助的主体应当为国家。对国民进行有效保护是一国政权存在的合法基础之一。我国《宪法》明确规定，公民的人身安全和财产安全不受非法侵害。这里的“非法侵害”应当既包括遭受民事侵权，也包括遭受犯罪被害。对刑事被害人予以救助应当被视为现代国家的重要责任之一。而国家的政府机关抑或司法机关则是履行救助的具体实施者，由其主要负责开展刑事被害人救助的一系列具体事务，帮助刑事被害人摆脱困境。此外，当今社会是一个风险社会，根据“风险共担”的原则和理念，刑事被害人救助当然也离不开社会力量的积极参与和支持，尤其是随着现代社会的发展，很多问题的解决都需要社会组织的积极和有序参与，但是，并不能因此就简单地认为社会力量也是刑事被害人救助的主体，其实质上是刑事被害人救助主体的有益补充。

四、刑事被害人救助的客体

刑事被害人救助的客体主要是刑事被害人救助所要保护的具体权益。在刑事被害人救助客体方面还存在很大争议，尤其是刑事被害人救助的财产性权益是否需要保障的问题。笔者认为，刑事被害人救助客体既应包括生命健康权益，也应当包括财产性权益。道理很简单，因为刑事被害人也可能存在因为遭受重大财产性损失而陷入生活困境之中需要救助的现实情况，这时候就需要国家对于刑事被害人进行有效救助，以助其脱离生活困境，重新恢复正常的生产生活。

五、刑事被害人救助的对象

刑事被害人救助的对象是指刑事被害人救助的具体受益者。关于“刑事被害人救助的对象”这一问题，在理论界存在很大争议，有的学者将刑事被害人救助的对象范围进行大规模扩张，显然不符合我国实际情况。笔者认为，刑事被害人救助的对象应当符合四项标准：一是为自然人，而不包括法人；二是一般为刑事案件当事人；三是应当处于因难以获得赔偿而处于生活困境；四是主要为刑事被害人及其近亲属。这里需要强调的是，对于“近亲属”含义如何认定的问题。按照我国刑事法律中的规定，“近亲属”主要是指夫、妻、父、母、子、女、同胞兄弟姊妹；而我国民事法律上的“近亲属”则包括配偶、父母、子女、兄弟姐妹、祖父母、外祖父母、孙子女、外孙子女等。笔者认为，我国刑事被害人救助的对象中“近亲属”的具体含义应当采用“民事法律上近亲属的概念”，主要理由有二：其一，刑事被害人救助虽涉及刑事案件，但从其衍生的现实动因主要为刑事附带民事诉讼中的民事赔偿问题；其二，从具体的实践来观察，在部分案件中与刑事被害人密切相关的人员（主要是指共同生活的人员）包括祖父母、外祖父母、孙子女、外孙子女等。

六、刑事被害人救助的方式

刑事被害人救助的方式主要是指刑事被害人救助的具体手段和方法。当前，给予刑事被害人一定的救助金被视为救助的主要方式甚至是唯一方式。但是，正如有学者所言，“由于刑事犯罪是一种非常严重的侵权行为，其给被害人及其家属所造成的精神痛苦是一般民事侵权行为无法比拟的……在许多情况下，被害人的物质损失可能不是十分重要的，或者有时即使是重要的也未上升为被害人的首要需求，这种情况下对被害人的精神痛苦视而不见，也违背了我们刑事立法的基本原则”。[①] 其实，刑事被害人救助更多涉及的是刑事被害人一方的民事权益救济和保障问题，刑事被害人所遭受的伤害不仅仅是物质上的，还包括精神上的。因此，笔者认为，刑事被害人救助方式应当是立体化的和多元化的，其不仅要关注物质损害赔偿问题，更应关注精神损害赔偿问题；不仅要关注刑事被害人眼前的“难关”，而且应当适当兼顾刑事被害人长远生存和发展所需。

① 房保国．被害人的刑事程序保护．法律出版社，2007：342-343.

第三章　刑事被害人救助探索实践的多维度分析

第一节 我国刑事被害人救助探索实践的历程回顾

我国对于刑事被害人救助的探索实践根植于我国具体的司法实践之中。整体而观之，我国刑事被害人救助工作虽然起步较晚，但发展较快，呈现出鲜明的中国特色。通过对我国刑事被害人救助探索实践进行系统的分析和梳理，笔者将其历程大致分为三个主要阶段。

一、第一阶段：初步萌芽阶段（1996—2003年）

1996年3月5日召开的第八届全国人民代表大会第四次会议审议通过了《中华人民共和国刑事诉讼法修正案（草案）》，1996年3月17日修正案以《全国人民代表大会关于修改〈中华人民共和国刑事诉讼法〉的决定》的名称获得通过，修正后的法律条文共计225条，比修正前增加了61条。此次《刑事诉讼法》修正的一个突出亮点就是确立了刑事被害人独立的诉讼当事人地位，这也标志着我国对刑事被害人权益的保障提升到一个新的高度。此后，我国部分地区率先开展了对于刑事被害人救助的探索实践。

客观而言，此时刑事被害人救助尚未有明确的制度依据和保障，呈现出小规模、零散性等特点，更多地表现为公安司法机关的“特事特办”，其首要的价值取向还是维护社会秩序稳定，主要是为解决刑事被害人有关信访问题而采取的权宜之计，并未进行制度建设层面的探索实践。但是，这一时期的实践积累为我国刑事被害人救助的起步发展提供了必要的准备。

二、第二阶段：起步发展阶段（2004—2012年）

在这一阶段，我国刑事被害人救助工作快速起步，且推动比较迅速，呈现出“地方破冰—中央规范—地方推动”的发展态势。

（一）地方破冰：部分地方率先开展相关的探索和实践

山东省淄博市于2004年开始在全国范围内率先试点探索刑事被害人国家救助，出台了刑事被害人救助的政策性文件，对于遭受刑事犯罪侵害而无法获得相应赔偿又处于严重生活困难情境的被害人给予一定的经济资助。2004年3月，德阳市绵竹市人民法院由当地财政划拨20万元专款，创立“司法救助基金”，帮助生活确有困难的被害人渡过难关。2004年11月，山东省青岛市中级人民法院会同该市委政法委员会、财政局联合制定《青岛市刑事案件受害人生活困难救济金管理办法》，建立刑事被害人救济金制度。2004年年底，浙江省宁波市两级人民法院开始陆续设立司法救助基金，其中相当部分资金用于对刑事被害人的救助。江苏省无锡市于2005年开始在法院系统探索实行刑事被害人救助，随后该市检察机关也开始实施刑事被害人救助工作。2006年10月，福建省福州市中级人民法院制定《关于对刑事案件被害人实施司法救助的若干规定》，对于遭到犯罪行为侵害但又无法通过刑事附带民事诉讼获得赔偿、生活困难的刑事被害人及其家属，可以向法院申请经济救济。河南省高级人民法院也分别于2007年和2008年制定并公布了《河南省高级人民法院关于刑事案件被害人特别困难救助的实施办法》和《河南省高级人民法院关于刑事案件被害人特别困难救助发放办法》。

（二）中央规范：国家层面开始进行统一规范部署

我国部分地区关于刑事被害人救助的探索直接引起了中央有关国家机关对于刑事被害人救助工作的高度重视。中央有关国家机关开始注重从顶层设计的视角出发来探索刑事被害人救助的相关问题。

1. 制定全国性的政策文件。最高人民法院于2007年印发了《关于为构建社会主义和谐社会提供司法保障的若干意见》，开始探索将刑事被害人救助纳入司法救助之中来进行考量。最高人民法院于2007年9月发布了《关于进一步加强刑事审判工作的决定》，要求探索“建立刑事被害人国家救助制度，积极开展刑事被害人国家救助，对因犯罪行为导致生活确有困难的被害人及其亲属提供适当的经济资助，努力使被害人的损失减少到最低限度，化解矛盾，促进和谐”。2009 年 3 月 9 日，中央政法委员会、最高人民法院、最高人民检察院、公安部、民政部、司法部、财政部、人力资源和社会保障部联合制定下发了《关于开展刑事被害人救助工作的若干意见》（法发〔2009〕10 号），这被视为从党和国家层面上第一次对刑事被害人救助提出较为明确和规范的政策要求和工作部署。

2. 积极推动国家立法。2006 年年底，由最高人民检察院刑事申诉检察厅、江苏省人民检察院、中国犯罪学会部分学者共同起草了《犯罪被害人国家补偿立法建议稿》。2007 年 3 月，全国“两会”期间，全国人民代表大会代表、时任江西省人民检察院检察长孙谦提交了《关于制定〈刑事被害人国家补偿制度〉的议案》，并且递交了一份详细的立法建议稿。在提及这份议案时，孙谦解释道，“对于刑事被害人所受损失，理应由加害人赔偿，但在具体司法实践中加害人经济状况较差，赔偿很难得以实现。据初步统计，有 80% 以上的被害人无法实际获得赔偿，特别是那些造成群死群伤的案件以及犯罪分子被判处重刑的案件更是如此。因此，在这种情况下，保障刑事被害人及其家庭的基本生活尤显迫切”。

3. 启动救助专项工作。此后，全国范围内的刑事被害人救助工作开始大规模实施。2012 年 4 月 17 日，最高人民法院召开刑事被害人救助与刑事和解工作座谈会，时任最高人民法院副院长黄尔梅就继续深化刑事被害人救助工作作出部署，明确了下一步工作重点和方向。第一，着力推动救助工作在地、市一级的贯彻落实。将救助工作落实情况纳入监督指导范围，对下级法院在开展工作中遇到的困难和问题，及时研究，协调解决。第二，着力推动刑事被害人救助地方立法。积极争取地方人大支持，采用地方立法或者以人大常委会决议的形式出台相关规范性文件，为将来的全国性立法提供经验和参考。第三，着力推动救助在审判工作中发挥作用。充分发挥刑事被害人救助在化解矛盾纠纷方面的积极作用，保证国家法律和宽严相济刑事政策的正确执行，确保司法公正。此外，最高人民检察院刑事申诉检察厅于 2013 年 8 月专门组织召开了刑事被害人救助工作推进会，部署开展全国检察系统内的专项督导检查，并派出 4 个督导组，对 8 个省的刑事被害人救助工作进行实地督查。之后几个月内，全国检察机关实际救助刑事被害人或者其近亲属

9798人，发放救助金5849.79万元。[①]

（三）地方推动：各地对中央方针政策予以落实推动

在中央大力加强刑事被害人救助工作的同时，关于刑事被害人救助的地方性立法工作也开始逐步加强。例如，2009年4月29日由无锡市第十四届人民代表大会常务委员会第十一次会议制定的《无锡市刑事被害人特困救助条例》；又如，2009年11月19日宁夏回族自治区第十届人民代表大会常务委员会第十四次会议通过的《宁夏回族自治区刑事被害人困难救助条例》等。据不完全统计，截止到2012年上半年，至少已有20个省、自治区、直辖市和130余个地、市出台了专门的刑事被害人救助具体实施办法，形成了一定的工作机制。[②]

这一时期的显著特点就是上至国家层面下至地方层面关于刑事被害人救助的政策依据和制度规范逐步确立，这既为刑事被害人救助工作开展提供了必要的遵循，促进刑事被害人救助工作的顺利实施，也为刑事被害人救助法律制度的构建奠定了思想意识基础、制度准备基础和实践经验基础。

三、第三阶段：调整深化阶段（2013年至今）

党的十八大以来，我国刑事被害人救助的制度规范不断完善、机制建设继续健全、经验累积更趋丰富，我国刑事被害人救助工作进入了调整深化阶段。

（一）中央的统一部署谋划

2013年11月12日，党的十八届三中全会通过的《中共中央关于全面深化改革若干重大问题的决定》，要求完善人权司法保障制度，健全国家司法救助制度。2014年10月23日，党的十八届四中全会审议通过了《中共中央关于全面推进依法治国若干重大问题的决定》，进一步要求健全司法救助体系，保证人民群众在遇到法律问题或者权利受到侵害时获得及时有效的法律帮助。这两份极具重量性的规范性文件都提及了司法救助制度，完善司法救助制度同时成为全面深化改革和全面依法治国都需要面对的重要任务。2015

① 郑赫南．刑事被害人救助，合力救助彰显司法人文关怀．检察日报，2014-02-17（1）．
② 杨树明．彰显人文关怀化解社会矛盾——最高人民法院推动刑事被害人救助制度改革综述．人民法院报，2012-06-11（1）．

年 12 月 7 日，中央政法委员会联合财政部、最高人民法院、最高人民检察院、公安部、司法部五部门制定下发了《关于建立完善国家司法救助制度的意见（试行）》，其对国家司法救助定义为，“国家司法救助是对遭受犯罪侵害或者民事侵权，无法通过诉讼获得有效赔偿的当事人，采取的辅助性救济措施。重点解决符合条件的特定案件当事人生活面临的急迫困难。对同一案件的同一当事人只进行一次性救助。对于能够通过诉讼获得赔偿、补偿的，一般应当通过诉讼渠道解决”。该政策文件首次以中央名义将刑事被害人救助纳入国家司法救助的体系之中，予以共同谋划和推进。仅 2015 年全国共发放司法救助资金 16.69 亿元，71700 个司法救助案件的当事人及其家庭得到救助。

（二）法院系统的探索实践

我国法院系统结合审判职能，积极开展刑事被害人救助工作，取得了较好的法律效果和社会效果。

1. 注重强化法院系统内部的顶层设计。（1）制定《最高人民法院关于加强和规范人民法院国家司法救助工作的意见》。2016 年 7 月 1 日，最高人民法院发布了《最高人民法院关于加强和规范人民法院国家司法救助工作的意见》（法发〔2016〕16 号），就全国法院系统开展刑事被害人救助工作进一步明确了方向和方法。

该意见规范了人民法院对于刑事被害人救助的基本工作流程，“立案庭进行立案→司法救助委员会审议→司法救助委员会办公室具体办理”。可见，审判和执行环节的刑事被害人救助主要是由司法救助委员会及其下设办公室来负责实施的，而司法救助委员会一般由立案、刑事审判、民事审判、行政审批、执行、国家赔偿及财务等部门所组成，其对刑事被害人救助申请主要是采取集中审议方式来予以决定的；司法救助委员会下设的办公室也就是人民法院赔偿委员会办公室，来具体负责落实救助事宜。

该意见对包括刑事被害人救助在内的司法救助机制进行了创新：一是建立联动救助机制，即在管辖地有重大影响且救助金额较大的国家司法救助案件，上下级人民法院可以进行联动救济；二是建立应急救助机制，即对具有急需医疗救治等特殊情况的救助申请人，可以依据救助标准，先行垫付救助金，救助后及时补办审批手续；三是建立分批救助机制，即对于特殊情况，可以分批发放救助金；四是建立信息化救助机制，即将国家司法救助案件纳入审判管理信息系统，及时录入案件信息，实现四级法院信息共享，并积极探索建立与社会保障机构、其他相关救助机构的救助信息共享机制。

（2）制定《人民法院国家司法救助案件办理程序规定（试行）》等三个规范性文件。2019年2月26日，最高人民法院发布了《人民法院国家司法救助案件办理程序规定（试行）》、《人民法院国家司法救助文书样式（试行）》以及《最高人民法院司法救助委员会工作规则（试行）》三个涉及刑事被害人救助的规范性文件。这些涉及刑事被害人救助的规范性文件出台，进一步规范了法院系统开展包括刑事被害人救助在内的司法救助工作规定。其中，《人民法院国家司法救助案件办理程序规定（试行）》主要明确以下三个方面的内容：

第一，明确立案期限的要求，即立案部门收到原案件承办部门移送的材料后，认为齐备、无误的，应当在5个工作日内编立案号，将相关信息录入办案系统，以书面或者信息化方式通知救助申请人，并及时将案件移送司法救助委员会办公室。

第二，明确办案期限的要求，即人民法院办理国家司法救助案件，应当在立案之日起10个工作日，最迟两个月以内办结。有特殊情况的，可以再延长1个月。

第三，明确救助标准的要求，即最高人民法院决定救助的案件，救助金以原案件管辖法院所在省、自治区、直辖市上一年度职工月平均工资为基准确定。其他各级人民法院决定救助的案件，救助金以本省、自治区、直辖市上一年度职工月平均工资为基准确定。

2. 依职权主动提早开展刑事被害人救助。张某系在校小学生，在其父亲张某军、母亲孙某荣、姐姐张某某被害身亡后，与年迈的爷爷、奶奶共同生活。2016年11月29日，内蒙古自治区呼伦贝尔市中级人民法院作出（2016）内07刑初72号刑事附带民事判决：（1）被告人宫某连犯故意杀人罪，判处死刑，剥夺政治权利终身；（2）被告人宫某侠犯帮助毁灭证据罪，判处有期徒刑一年六个月；（3）被告人宫某连赔偿附带民事诉讼原告人张某、陈某英、张某文经济损失共计人民币86814元。宣判后，张某、陈某英、张某文对附带民事部分不服，提出上诉；宫某连对刑事部分不服，亦提出上诉。2017年9月29日，内蒙古自治区高级人民法院作出（2017）内刑终122号刑事附带民事裁定，撤销原判，发回重审。经内蒙古自治区高级人民法院法官依职权告知，张某向该院提出司法救助申请。

内蒙古自治区高级人民法院经审查认为，救助申请人张某系未成年人，在父母被害后丧失生活来源，与爷爷、奶奶共同生活，但其爷爷、奶奶均已丧失劳动能力，刑事附带民事赔偿尚未执行到位，生活面临急迫困难，属于应当予以司法救助的情形。结合内蒙古自治区2016年职工月平均工资标准和呼伦贝尔市当地生活水平，考虑张某家庭困难程度，依照《最高人民法院关于加强和规范人民法院国家司法救助工作的意见》的相关规定，决定给予张某司法救助金15万元。

刑事案件被害人受到犯罪侵害而死亡，因加害人没有赔偿能力，依靠被害人收入为主要生活来源的近亲属无法通过诉讼获得赔偿，造成生活困难的，是现行国家司法救助政策明确列举的应予救助的情形之一。本案是此类情形的典型案例，同时也是人民法院主动甄别、救早救急、有效保障生存权利、真诚传递司法温暖的示范案例。本案救助工作并未等到执行不能才启动，而是刑事承办法官在发回重审过程中发现并依职权告知被害人近亲属提出救助申请。随后跟进的救助案件承办法官不仅积极引导申请人完成救助申请，而且第一时间冒着零下四十度的严寒，踏着过膝深的大雪，深入大兴安岭腹地到申请人家中调查核实情况。正是因为前期工作的高效和扎实，本案救助金才得以最快速度落实到位，使遭遇巨大不幸的张某生活上的困难得以缓解，体现了司法救助工作扶危济困的价值所在。①

3. 探索建立多方参与的救助格局和救助模式。部分地区的法院在开展刑事被害人救助过程中，积极推动落实社会保障制度，对于暂时未纳入救助范围的刑事被害人或者实施救助后仍面临生活困难的，帮助他们申请社会救助，以实现对刑事被害人的多元化救助，最大限度地体现司法温情。例如，笔者在河南省某地法院进行调研，当地法院与当地民政部门签订合作协议，承办法官在对刑事被害人进行救助时，应事先与当地民政部门相沟通，在采取刑事被害人救助的同时，也积极争取相应的社会救助，从而最大限度地帮助刑事被害人一方摆脱生活困境。

① 张某申请刑事被害人司法救助案．中国法院网，https://www.chinacourt.org/article/detail/2018/11/id/3572081.shtml.

（三）检察机关的探索实践

最高人民检察院孙谦副检察长是刑事被害人救助制度的最早推动者之一，他有过这样的论述，“遭受无辜伤害，加害方又无力赔偿，致使生活陷入绝境的被害人得不到任何补偿，这就可能引发一种被害人向犯罪人转化的恶性循环。因为刑事被害人一旦在遭受犯罪侵害后得不到公正的待遇，常会采取报复行为来实现再一次‘平等’，如果你不主持公道，他就自己主持公道。刑事被害人是我们司法中长期被忽视的一个群体，他们是无辜的，在其他救济渠道无法发挥作用的时候，国家应该建立补偿制度帮助他们”。党的十八大以后，检察机关按照中央的部署和要求，加强了对包括刑事被害人救助在内的司法救助工作力度，开展了积极探索实践。

1. 注重加强检察机关内部的顶层设计工作。（1）制定《人民检察院国家司法救助工作细则（试行）》。2016年7月14日，最高人民检察院第十二届检察委员会第五十三次会议通过了《人民检察院国家司法救助工作细则（试行）》（以下简称《救助细则》），以指导全国检察机关开展刑事被害人救助工作。最高人民检察院负责司法救助工作的相关同志对这份《救助细则》评论道，“这是检察机关历经十余年探索发展形成的第一部比较系统完备的包括刑事被害人救助在内的司法救助工作操作规范，提升了检察机关司法救助工作的规范化水平，标志着检察机关国家司法救助工作发展到了新阶段、新层次，开启了新征程、新起点”。[①]

根据《救助细则》的相关规定，检察机关开展刑事被害人救助工作的内设机构主要为刑事案件的办案部门、刑事申诉检察部门和计划财务装备部门。第一，办案部门承担下列国家司法救助工作职责：①主动了解当事人受不法侵害造成损失的情况及生活困难情况，对符合救助条件的当事人告知其可以提出救助申请；②根据刑事申诉检察部门审查国家司法救助申请的需要，提供案件有关情况及案件材料；③将本院作出的国家司法救助决定书随案移送其他办案机关。第二，刑事申诉检察部门在刑事被害人救助工作中的具体职责主要为四项：①受理、审查国家司法救助申请；②提出国家司法救助审查意见并报请审批；③发放救助金；④负责国家司法救助的其他相关工作。第三，计划财务装备部门承担的刑事被害人救助工作职责为：①编

① 尹伊君，马滔.《人民检察院国家司法救助工作细则（试行）》的理解与适用.人民检察，2016（20）：26.

制和上报本院国家司法救助资金年度预算；②向财政部门申请核拨国家司法救助金；③监督国家司法救助资金的使用；④协同刑事申诉检察部门发放救助金。

《救助细则》第十一条规定了检察机关确定救助金具体数额应当综合考虑的因素包括：一是救助申请人实际遭受的损失；二是救助申请人本人有无过错以及过错程度；三是救助申请人及其家庭的经济状况；四是救助申请人维持基本生活水平所必需的最低支出；五是赔偿义务人实际赔偿情况等。

《救助细则》在“工作程序”一章中进行了工作机制上的创新。第一，针对有时申请人难以获得有关申请材料的实际情况，规定救助申请人确因特殊困难不能取得相关证明的，可以申请检察机关调取，体现了真诚救助精神。第二，规定了委托调查工作机制，即审查救助申请的检察机关需要向外地调查和核实相关情况的，可以委托有关检察机关代为进行，受委托的检察机关应当及时办理并反馈情况，体现了检察一体和相互协作的精神。第三，规定了救助金的分批发放工作机制，特别是针对救助申请人系未成年人等无行为能力或者限制行为能力人的情况，应当分批发放，体现了稳妥负责的精神。第四，规定了检察机关可以与救助申请人协商救助金发放形式，体现了亲民便民的精神。①

（2）出台《最高人民检察院关于全面加强未成年人国家司法救助工作的意见》。针对未成年人这一特殊群体，最高人民检察院于 2018 年 3 月 6 日印发了《最高人民检察院关于全面加强未成年人国家司法救助工作的意见》（以下简称《未成年人救助意见》），其明确了八类身处困境的未成年人应当予以救助：①受到犯罪侵害致使身体出现伤残或者心理遭受严重创伤，因不能及时获得有效赔偿，造成生活困难的；②受到犯罪侵害急需救治，其家庭无力承担医疗救治费用的；③抚养人受到犯罪侵害致死，因不能及时获得有效赔偿，造成生活困难的；④家庭财产受到犯罪侵害遭受重大损失，因不能及时获得有效赔偿，且未获得合理补偿、救助，造成生活困难的；⑤因举报、作证受到打击报复，致使身体受到伤害或者家庭财产遭受重大损失，因不能及时获得有效赔偿，造成生活困难的；⑥追索抚育费，因被执行人没有履行能力，造成生活困难的；⑦因道路交通事故等民事侵权行为

① 尹伊君，马滔.《人民检察院国家司法救助工作细则（试行）》的理解与适用.人民检察，2016（20）：32.

造成人身伤害，无法通过诉讼获得有效赔偿，造成生活困难的；⑧其他因案件造成生活困难，认为需要救助的。

《未成年人救助意见》体现了对未成年被害人救助的三大特点：第一，突出救助方式的多元化。根据该文件规定，检察机关可以采取下列方式对未成年被害人予以救助：①心理救助，即对遭受性侵害、监护侵害以及其他身体伤害的未成年人，进行心理安抚和疏导；对出现心理创伤或者精神损害的，实施心理治疗。②生活救助，即对没有监护人、监护人没有监护能力或者原监护人被撤销资格的，协助开展生活安置、提供临时照料、指定监护人等措施。③教育救助，即对未完成义务教育而失学辍学的，帮助重返学校；对因经济困难可能导致失学辍学的，推动落实相关学生资助政策；对需要转学的，协调办理相关手续。④医疗救助，即对因身体伤残出现就医、康复困难的，帮助落实医疗、康复机构，促进身体康复。⑤法律援助，即对因身体伤害或者财产损失提起附带民事诉讼的，帮助获得法律援助；对单独提起民事诉讼的，协调减免相关诉讼费用。⑥就业救助，即对适龄未成年人有劳动、创业等意愿但缺乏必要技能的，协调有关部门提供技能培训等帮助。⑦协调社会救助，即对符合社会救助条件的，给予政策咨询、帮扶转介，帮助协调其户籍所在地有关部门按规定纳入相关社会救助范围。

第二，强调救助意识的主动性。《未成年人救助意见》明确提出要增强依职权主动救助的意识，主动开展救助工作，并对内部分工作出规定：一是刑事申诉检察部门主要负责救助金的发放工作，即刑事申诉检察部门主要负责受理和审查救助申请，提出救助审查意见和发放救助金等相关工作；二是未成年人检察工作部门主要负责对未成年救助对象给予除发放救助金之外的其他方式的救助工作；三是侦查监督等部门做好救助的衔接和协助工作。这样的规定体现了对未成年被害人救助的特殊性，有助于进一步理顺对未成年被害人的救助机制，尽可能保障未成年被害人的各项权益得以落实，有助于促进其健康成长和长远发展。

第三，增强救助工作的聚合力。《未成年人救助意见》提出要“搭建形成党委领导、政府支持、各有关方面积极参与的未成年人国家司法救助支持体系”，并明确规定检察机关应当加强三个方面的外部合作：一是加强与其他国家机关之间的合作，即加强与法院、公安、司法行政、教育、民政、财政、人力资源和社会保障、卫生健康委等部门的工作衔接和配合；二是加强与群团组织的合作，即与共青团、妇联、关工委、工会、律协等的工作对接；三是强化与社会组织的合作，即引导未成年人保护组织、公益慈善组织、社会工作服务机构、志愿者队伍等社会组织参与到救助中来，这样有助于最大限度地形成对未成年救助对象的救助合力。

2. 地方检察机关的创新探索实践。各地检察机关将刑事被害人救助视为一项重要的检察职能，结合检察工作实际，对刑事被害人救助进行了创新探索实践。

（1）建立完善检察机关内部协调机制。湖北省检察机关建立了包括刑事被害人救助在内的司法救助协调机制，即明确救助的协调工作由控告申诉检察部门或者指定的专门机构负责，定期进行信息沟通，并依托统一业务应用系统建立救助工作信息平台。办案部门主要履行对符合条件的刑事被害人告知救助权利的职责，控告申诉检察部门或者指定的专门机构则负责受理和具体办理工作，统一出具刑事被害人救助意见，尽最大可能将有限的救助资源用到所需之处，提升检察机关在刑事被害人救助工作中的权威性和公信力，① 最大限度地保障刑事被害人获得及时的救助。

（2）设立检察机关刑事被害人专项救助基金。在经济较发达的江苏省，全省检察机关均设立了刑事被害人专项救助基金。该基金目前在全省 13 个市级检察院中有 10 家已列入了本市财政预算，在全省 119 家基层检察院中有 98 家已列入县级财政预算。2011 年，江苏省政法委、江苏省财政厅联合下发《江苏省刑事被害人省级救助资金使用和管理办法（试行）》后，省财政拨款 500 万元作为省级救助资金，② 这样有助于为刑事被害人救助工作开展提供相应的保障。

（3）充分利用社会力量和资源。自 2014 年以来，四川省仪陇县人民检察院针对国家司法救助资金不足的现实问题，积极探索设立了全国首个刑事被害人救助基金，决定通过社会募捐的方式为刑事被害人基金筹集善款。2015 年 4 月 9 日，该检察院组织了“相信爱·仪陇县首届刑事被害人救助集中捐赠活动”，现场筹集款物价值 60.442 万元，其中物品价值 1.6 万元。在

① 李凯，张兆增．建立完善检察环节国家司法救助制度的思考——以湖北省检察机关贯彻落实中政委 3 号文件为视角 // 新一轮检察改革与检察制度的发展完善——第四届中国检察基础理论论坛文集．中国检察出版社，2014：697.

② 刑事被害人救助送上法治温暖．检察日报，2013-10-10（2）.

活动期间，该县检察院邀请公证人员现场公证。善款筹集后，及时在县慈善会设立专门基金账户，将善款全部存入基金。据该县检察院负责人介绍，设立刑事被害人救助基金，营造全社会共同参与司法救助的氛围，搭建社会救助的平台和桥梁，拓宽救助资金的来源渠道，有效解决了国家司法救助资金不足问题。该县检察院坚持按照“一户一策、因需施助、及时有效”指导思想，统筹安排救助项目，合理分配救助资金，确保刑事被害人经济有救助、生活有照料、精神有慰藉。自基金成立以来，仪陇县检察院已对7名刑事被害人实施了救助，总计安排救助资金22.3万元。①

（4）探索开展异地联动救助机制。2014年3月12日，《检察日报》刊发了题为《救助被害人，检察机关一直在努力》的长篇报道，其中详细介绍了江苏省南京市江宁区人民检察院积极探索刑事被害人异地救助的相关经验。2013年8月26日晚，李某某因家庭矛盾与其丈夫葛某在暂住屋内发生争执，被葛某用菜刀砍、木凳砸头部及四肢，后又被葛某踢翻的水壶泼出去的开水烫伤。经医院抢救李某某虽保住了生命，但已丧失劳动能力。案发后，李某某的家庭断了经济来源，本人又失去了生活自理能力，其还有一双儿女尚未成年，生活陷入了困境。李某某在医院治疗期间因无力承担医疗费用，已携儿女回到安徽老家。江宁区检察院在较短的时间内帮助李某某领取到了5万元救助金，解决李某某后续治疗的燃眉之急；该院主动联系安徽当地的公安、法院、民政等部门，召开联席会议，帮助李某某办理了残疾证，并为其年迈的公婆办理了低保等，最大限度地帮助该家庭渡过难关。②

还有一例，2017年8月8日上午5时许，陈某在漳浦县长桥镇某厂公共澡堂用美工刀将被害人黄某梅割喉，致黄某梅当场死亡，后陈某自杀未遂。2018年1月，经漳浦县人民法院判处，陈某除获刑之外还应赔偿被害人家属死亡赔偿金等各项经济损失110多万元人民币。

漳浦县检察院主动对司法救助线索进行梳理，发现该案经法院判决后，因陈某无经济赔偿能力，被害人黄某梅的家属未能获得赔偿。被害人黄某梅死亡后，留下9岁女儿小容、7岁儿子小号，留守贵州省松桃县某镇与祖母生活，家庭经济困难。该院随即启动刑事被害人救助程序，与贵州省铜仁市松桃苗族自治县人民检察院建立司法救助协作机制，对小容和小号家庭及学习情况进行

① 刘子阳．全国首个刑事被害人救助基金实现应扶尽扶．法制日报，2016-10-27（5）．
② 救助被害人，检察机关一直在努力．检察日报，2014-03-12（5）．

调查核实后，认为小容、小号的情况符合司法救助条件，为他们争取到 3 万元救助金。同时，漳浦县检察院控申、未检检察官奔赴相距千里的贵州省铜仁市松桃县某镇，几经辗转来到大山深处的小容、小号家，进行实地救助。根据小容、小号的家庭情况，他们采取按月支付 1000 元，共分 30 个月给付的方法支付救助金给小容姐弟，并指定其祖母杨某管理使用该笔救助金，使司法救助工作精准到位。在得知杨某不识字的情况后，他们又带着杨某和小容姐弟一起到当地银行办理账户开户手续，将第一笔救助金存入账户。

这场刑事被害人救助穿越了闽黔 1200 公里，帮助一对留守姐弟走出生活困境。这次异地救助工作成为福建省开展跨省司法救助未成年人的首个案例，不仅强化了内部未检、控申通力协作，还打通跨省司法救助工作与相关单位协作互助机制良好的尝试，折射出检察机关对困境儿童的人文关怀。

（5）探索与社会救助相衔接模式。四川省检察机关将司法救助（包括刑事被害人救助）视为社会救助的关键一环，全省 27 个检察院与民政、教育、卫生等部门建立了司法救助与社会救助工作衔接机制。[①] 例如，四川省检察机关还将司法救助与脱贫工作结合起来。四川省人民检察院与该省扶贫移民局于 2018 年 6 月 6 日会签了《关于检察机关国家司法救助融入脱贫攻坚工作的实施办法（试行）》，该规范性文件的核心内容主要为：第一，国家司法救助对象（包括刑事被害人）系建档立卡贫困户的，检察机关应当优先办理、快速审批，及时发放救助金；第二，检察机关与扶贫移民部门建立工作通报制度，对救助对象要定期回访，了解其生产、生活以及脱贫等情况；第三，针对进行司法救助后生活仍然困难的，通过加强与当地民政部门和公益组织等协作，形成合力，推动构建辐射广、多元化、综合性的救助工作格局。

（6）注重对未成年人的特殊救助。四川省检察机关针对未成年救助对象尤其是未成年被害人采取“以救助资金倾斜为重点、以多元救助帮扶为核心、以实施心理抚慰为关键、以持续跟踪回访为补充”的工作机制。2015 年至 2018 年，全省检察机关共对 933 名未成年人予以救助，并采取帮助重返校园、解决最低生活保障、减免学杂费等多种方式，帮助未成年刑事被害人的合法权益得以实现。[②]

① 马利民．四川省检察机关国家司法救助融入脱贫攻坚工作推进会召开．法制日报，2018-07-01（1）．

② 赵文．全省检察机关推进国家司法救助服务保障脱贫攻坚．四川法制报，2018-06-08（5）．

这一阶段的显著特点就是刑事被害人救助制度被纳入司法救助制度之中，并上升为国家全面深化改革的重要任务之一，从而促使包括刑事被害人救助在内的司法救助工作更具规范性和可操作性，同时也大大增强了司法救助制度的整体性和系统性。我国刑事被害人救助工作得到了质的飞跃，这也为未来的国家立法积累了重要经验。[①]

① 田幸．当代中国的司法体制改革．法律出版社，2017：366.

第二节　我国刑事被害人救助制度规范的现状与剖析

历经十余年的不断发展，我国刑事被害人救助的体制、制度和机制建设不断得以发展和完善。通过实践考察和梳理，笔者将我国刑事被害人救助现有的制度规范概括为以下三大类：

一、关于刑事被害人救助的党和国家政策制度规范

首先对于“政策”一词的理解，中西方国家有所不同。西方有学者认为，政策是涉及大量人力和资源或者关系到很多人的政府决定；凡是政府决定做或者不做的事情就是公共政策。而我国学者普遍认为，政策是国家机关、政党及其他政治团体在特定时期为实现或者服务于一定社会政治、经济、文化目标所采取的政治行为或者规定的行为准则，它是一系列的谋略、法令、措施、办法、方法等的总称。相较于西方国家对于“政策”的理解，我国较多地考虑到政党主要是执政党的政策主体地位，比较注重政党在政策的制定和实施过程中的地位和作用。[①] 笔者认为，在我国政治和法律语境下，公共政策的制定主体主要为执政党（中国共产党）中央、[②] 中央国家机关（包

① 多数的政策研究者并不区分政策和公共政策。通说认为，政策就是公共政策。在现代民主社会，政府是民众选举的产物，政府的权力是民众赋予的公共权力，政府行为的目的是根据民众意愿履行公务。而现代民主政治程序又使得政策的制定和推行既能体现民众意愿又能受到民众的监督。在这个意义上，政策既来自公众的授权，也需要服务众多的对象，所以也被称作公共政策。卢建平．刑事政策学．中国人民大学出版社，2013：3.

② 中共中央即中国共产党中央委员会，是最重要的公共政策的制定主体，在实践中，中共中央政治局、中央政法委员会、中央综治委等具体部门也可能成为政策的制定主体。

括国务院、国家监察委员会、最高人民法院、最高人民检察院）。前者所制定的政策即党的政策，后者所制定的政策即国家政策。虽然党的政策和国家政策在制定主体、适用范围、效应效力等方面存在一定的差异性，“党领导着国家政权。但这决不是说党在直接管理国家事务，决不是说可以把党和国家政权看成一个东西”。[①]但是，党的政策和国家政策往往又具有高度的一致性，因为“党是经过在政权机关中的党员的工作，使政权机关接受党的政策，把它变为国家的政策，来实现领导”。[②]中国共产党是执政党，其制定的政策是党的意志的体现，“共产党组织事实上已经成为一种社会公共权力，而且是各种社会公共权力的组织机构的领导核心”，[③]党的意志正是人民利益的集中体现；国家的政策必须符合社会公正的利益，为了使党的政策能够得以有效地贯彻落实，就必须和国家的政策相一致，两者相结合能够使得政策效应得到最大实现。

（一）中央层面的政策规范

中央层面的政策规范集中表现为由中央政法委员会和中央国家机关共同制定关于刑事被害人救助的相关政策，其对全国开展刑事被害人救助工作有着非常重要的宏观指导意义和统一示范作用。

1. 党和国家关于刑事被害人救助的政策。2009 年 3 月 9 日，中央政法委员会联合最高人民法院、最高人民检察院、公安部、民政部、司法部、财政部、人力资源和社会保障部七部门制定下发了《关于开展刑事被害人救助工作的若干意见》（法发〔2009〕10 号）。这是第一项由党和国家层面出台的关于刑事被害人救助的相关政策，表明了党和国家对于刑事被害人这一群体合法权益的高度重视，其有效地推动了全国刑事被害人救助工作的深入实施。

此项关于刑事被害人救助的政策是在构建社会主义和谐社会大背景下出台的，初步确立了国家层面关于刑事被害人救助的制度框架，被视为社会主义和谐社会建设中“以人为本”价值理念的具体表现，其主要着眼点在于尽可能有效缓解社会矛盾以及维持社会秩序的安定，这与建设社会主义和谐社会的战略目标相契合。[④]

---

① 董必武选集．人民出版社，1985：307.
② 董必武选集．人民出版社，1985：308.
③ 宁骚．公共政策学．高等教育出版社，2003：211.
④ 陈彬，李昌林．论建立刑事被害人救助制度．政法论坛，2008（4）：53.

2. 党和国家关于国家司法救助的政策。随着我国人权事业的不断发展，我国刑事被害人救助制度体系不断得以发展，2015 年 12 月 7 日，中央政法委员会联合财政部、最高人民法院、最高人民检察院、公安部、司法部五部门制定下发了《关于建立完善国家司法救助制度的意见》，其首次将刑事被害人救助纳入国家司法救助的体系之中来予以统一考量和部署，这是在新的历史条件下关于刑事被害人救助制度的进一步深化和完善。

（二）地方层面的政策规范

为贯彻落实党和国家关于刑事被害人救助的政策，地方根据党和国家政策的要求，制定了具体的实施办法。按照等级效力不同，主要分为以下两大类：

1. 省级党和国家机关制定的关于刑事被害人救助的实施办法或者实施意见。省级党和国家机关制定的关于刑事被害人救助的实施办法是对中央政策的具体落实，用于具体指导本行政区域内的刑事被害人救助工作。例如，2011 年，山西省政法委联合山西省高级人民法院、山西省人民检察院、山西省公安厅、山西省民政厅、山西省司法厅、山西省财政厅、山西省人力资源和社会保障厅联合下发了《山西省刑事被害人救助实施办法（试行）》（晋政发〔2011〕12 号），[①] 用以指导全省刑事被害人救助工作的具体实施工作。又如，河南省政法委、河南省财政厅、河南省高级人民法院、河南省人民检察院、河南省公安厅、河南省司法厅联合出台了《关于建立完善国家司法救助制度的实施意见（试行）》，其开篇就写道，“为贯彻落实中央政法委、财政部、最高人民法院、最高人民检察院、公安部、司法部六部委《关于建立完善国家司法救助制度的意见（试行）》，结合河南省实际，制定本实施意见”。

2. 地市级（包括副省级市）党和国家机关制定的涉及刑事被害人救助的工作办法。地市级（包括副省级市）党和国家机关制定的涉及刑事被害人救助的工作办法往往是对中央政策和本省级政策的进一步具体落实，是指导本区域内开展刑事被害人救助工作的直接政策依据。例如，广州市政法委、广州市中级人民法院、广州市人民检察院、广州市公安局、广州市司法局、广州市财政局联合制定了《关于建立完善国家司法救助制度的实施办法》，用

① 该文件第一条就明确规定：“为有效化解矛盾纠纷，促进社会和谐稳定，切实保障刑事被害人的合法权益，规范刑事被害人救助工作，根据中央政法委员会、最高人民法院、最高人民检察院、公安部、民政部、司法部、财政部、人力资源和社会保障部联合下发的《关于开展刑事被害人救助工作的若干意见》（法发〔2009〕10 号），结合我省实际，制定本办法。”

以指导全市司法救助包括刑事被害人救助的推动落实。上述政策性文件是党和国家关于刑事被害人救助政策体系内容的重要组成部分，是在充分考虑当地实际情况基础之上，对党和国家关于刑事被害人政策推动落实的深化、细化和具体化，有助于切实推动宏观政策的落地实施。

笔者认为，党和国家关于刑事被害人救助政策的制定主要有三点考量：第一，从维护刑事被害人尤其是特困被害人合法权益的角度出发，相关政策的制定在很大程度上有助于引起地方各级党和政府机关、司法机关对刑事被害人救助工作和权益保护的重视。在缺乏关于刑事被害人救助的国家层面立法的大背景下，关于刑事被害人救助的政策其实已经具备了“准法律”的性质，其对各级地方党和政府机关、司法机关等开展刑事被害人救助工作具有一定的约束力。第二，从维护社会秩序稳定的角度出发，有助于积极有效地化解因涉刑案件所引发或者积累的大量社会矛盾，尤其是被害人和加害人之间的矛盾，促使被损害的社会关系尽量得以修复，从而有利于社会秩序的安定。第三，从巩固党的执政基础的角度出发，对于刑事被害人救助的相关政策出台，充分体现了执政党和国家对刑事被害人这一特殊群体的关心、救济和帮助，有助于赢得刑事被害人对执政党和国家的内心感恩和信任，从而有助于进一步巩固党的执政基础。但是，政策规范和法律规范之间不仅在外在形式上存在差异，而且在实质内容和效力等方面也存在很大不同，尤其是政策规范的稳定性和强制性相对较弱。从全面依法治国的视角来看，关于刑事被害人救助的党和国家政策内容需要尽快以国家法律的方式予以固定和体现，既可以为全国刑事被害人救助实践提供统一的规范和指引，也可以有效保障国家在刑事被害人救助方面履职的实现。

在这里需要强调的是，有学者认为，被害人救助是刑事政策的有机组成部分，其进一步论述道：“经济补偿能够在一定程度上挽回被害人所遭受的损失，一定程度上缓解了物质上的困难，同时抚慰了被害人悲痛欲绝的心灵，使国家对被害人人权的保障落到实处，弥补刑事法对被害人权利保障的不足，也向广大国民昭示了社会正义的回归，满足了国民对社会正义的基本需求。在这种情况下，包括被害人在内的广大民众对重刑、死刑的期待自然有所降低，这就为刑罚的轻缓化和刑法的谦抑创造了必要的外部环境和可行性空间。”[①] 对此，笔者表示不完全赞同，笔者认为上述目前我国刑事被害

① 董文蕙．犯罪被害人国家补偿制度基本问题研究．中国检察出版社，2012：115.

人救助政策并非属于刑事政策的范畴，而属于社会政策的组成部分，刑事被害人救助政策中的“救助功能”是其“主产品”，而“刑事功能”则是其“衍生品”。具体论述如下，西方国家的学者普遍认为，刑事政策既是打击和预防犯罪的斗争策略，是一国国家总政策的组成部分，同时也是研究犯罪现象及其对策的科学。[①]我国多数学者认为，刑事政策是指社会整体据以组织对犯罪现象的反应的方法的综合，按照其层次可以分为总的刑事政策、基本刑事政策和具体刑事政策。其中，总的刑事政策是党和国家制定的适用于一定历史时期内的全局性的刑事政策，如社会管理综合治理的刑事政策；基本刑事政策是指国家制定的总的刑事政策内容在某一方面工作中的具体化，如宽严相济刑事政策；具体刑事政策则是指国家针对某一阶段或者某些犯罪现象制定的具体行为规定和行为准则。[②]虽然中西方学者对于刑事政策的理解有所差异，但是总的来讲，大家都认为刑事政策主要是聚焦“如何控制和预防犯罪”这一问题而制定和实施的，并非针对“如何帮助刑事被害人”这一问题而制定和实施的。刑事被害人救助政策虽然客观上会有预防犯罪的作用和效果，但是也不能归入刑事政策的范畴。法国犯罪学者雷蒙·加桑教授认为，认定刑事政策中的预防政策应当具备三个标准，其中最主要的标准之一就是“行动的唯一或者主要目的在于预防犯罪或者越轨行为”。而社会政策的主要目的不在于防控犯罪，而是通过向社会弱势群体提供精神和物质上的帮助来改变其境况，如提供最低工作、划定重点教育区域、发展落后地区等。这些措施确实会对犯罪率和犯罪形式产生一定的影响，但这种影响是间接的和次要的。[③]显然刑事被害人救助政策的主要目的或者首要目的是对刑事被害人予以援救或者补偿，保障其基本的生存权等权益，并非预防犯罪。因此，从严格的刑事政策定义来看，关于刑事被害人的政策并不属于刑事政策的范畴，其只是带有刑事政策的色彩。若将刑事被害人救助政策归为刑事政策范畴，则将使得刑事政策这一概念被扩大化和泛化。

---

① 比如，法国著名刑事法学专家罗贝尔·武安认为，刑事政策是对抗犯罪的系统的斗争，以尽可能地消除犯罪。其前提是能够有效地打击犯罪，即便不能全部消除犯罪，至少能够很大程度地减少犯罪。罗歇·梅尔认为，刑事政策是指在一定时期和一定国家内，向立法者建议的或者被立法者实际采纳的所有与犯罪作斗争的措施。[法]雅克·博里康．法国当代刑事政策研究及借鉴．朱琳译．中国人民公安大学出版社，2011：5.

② 卢建平．刑事政策学．中国人民大学出版社，2013：7，18.

③ 雷蒙·加桑教授认为，只有全部符合三个标准才能称之为刑事政策中的预防政策：第一，行动唯一或者主要目的在于预防犯罪或者越轨行为；第二，措施具有集体性质，因此某些个人化的治疗措施不属于预防政策；第三，措施具有非强制性，一旦措施具有强制性就不再是真正意义上的预防犯罪。

二、关于刑事被害人救助的地方性立法制度规范

在我国，地方立法是国家立法整体的重要组成部分，其是相对于中央立法而言的概念，其主要是指地方国家政权机关，依法制定、修改、废止等效力不超出本行政区域范围的规范性法律文件活动的总称。具体而言，包括省、自治区、直辖市，以及省、自治区人民政府所在地的市，经济特区所在地的市，国务院已经批准的较大的市、设区的市的人民代表大会及其常务委员会、人民政府，根据《宪法》《立法法》等所赋予的立法权，按照法定程序制定、修改、废止在其所辖区具有法律约束力的地方性法规、地方政府规章、民族自治条例和单行条例等立法活动的总称。①

其中，地方性法规是指有立法权的地方国家机关根据《宪法》《立法法》等相关法律规定，制定和发布的规范性法律文件。②我国省、自治区、直辖市、国务院批准的较大的市以及省政府所在地的市的人民代表大会及其常委会，根据本行政区域的具体情况和实际需要，在不与宪法、法律、行政法规相抵触的前提下有权制定地方性法规。此外，单行条例是指民族自治地方的人民代表大会在自治权的范围内，根据当地民族的政治、经济和文化特点，制定的关于某一方面具体事项的规范性文件。③具体到刑事被害人救助领域，在全国统一性法律缺失的背景下，我国已有些地方以地方性法规形式对刑事被害人救助工作予以规范。大体上可分为以下两类：

（一）自治区的单行条例

《宁夏回族自治区刑事被害人困难救助条例》是于 2009 年 11 月 29 日

① 刘克希．当代中国的立法发展．法律出版社，2017：79.

② 根据《中华人民共和国立法法》第七十三条规定："地方性法规可以就下列事项作出规定：（一）为执行法律、行政法规的规定，需要根据本行政区域的实际情况作具体规定的事项；（二）属于地方性事务需要制定地方性法规的事项。除本法第八条规定的事项外，其他事项国家尚未制定法律或者行政法规的，省、自治区、直辖市和设区的市、自治州根据本地方的具体情况和实际需要，可以先制定地方性法规。在国家制定的法律或者行政法规生效后，地方性法规同法律或者行政法规相抵触的规定无效，制定机关应当及时予以修改或者废止。设区的市、自治州根据本条第一款、第二款制定地方性法规，限于本法第七十二条第二款规定的事项。制定地方性法规，对上位法已经明确规定的内容，一般不作重复性规定。"

③ 根据《中华人民共和国立法法》第七十五条规定，"民族自治地方的人民代表大会有权依照当地民族的政治、经济和文化的特点，制定自治条例和单行条例。自治区的自治条例和单行条例，报全国人民代表大会常务委员会批准后生效。自治州、自治县的自治条例和单行条例，报省、自治区、直辖市的人民代表大会常务委员会批准后生效"。

由宁夏回族自治区第十届人民代表大会常务委员会第十四次会议审议通过的。[①] 该法规是较早的关于刑事被害人救助的单行条例，其对指导本地区刑事被害人救助工作起到较大的促进作用，显示出当地推动刑事被害人救助实现法治化的积极态度，也对我国其他省级区域刑事被害人救助立法工作具有一定的示范和借鉴作用。

（二）设区的市级地方性法规

设区的市级地方性法规中比较有代表性的为：《无锡市刑事被害人特困救助条例》，其于2009年4月29日由无锡市第十四届人民代表大会常务委员会第十一次会议制定，并于2009年5月20日经江苏省第十一届人民代表大会常务委员会第九次会议批准通过的；还有《包头市刑事被害人困难救助条例》，其于2011年12月27日由包头市第十三届人民代表大会常务委员会第三十一次会议通过，于2012年5月30日由内蒙古自治区第十一届人民代表大会常务委员会第二十九次会议批准。

上述单行条例或者地方性法规是在尚未制定全国统一的刑事被害人法律制度背景下，由地方立法机关所制定并颁布实施的，其充分体现了地方立法机关探索刑事被害人救助法律制度建设的主动性和积极性，应当予以肯定。一方面，能够为有效解决本区域范围内刑事被害人救助问题提供法律支持和保障，有助于推动刑事被害人救助实现规范化运行，有效保障刑事被害人的合法权益；另一方面，可以为全国统一性的刑事被害人救助法律制度积累提供有益的地方立法经验。

但是，正如有学者所论，“如此低层次的、不统一的救助制度是远远不能满足被害人救助之需要的。立法层级过低必然会影响制度的可靠性与权威性，从而影响到制度的实施与完善，由于缺乏基本立法而导致的全国各地的制度不统一，制度的横向公平也由此受到质疑”。[②] 笔者在调研中发现，受我国东西部地区经济发展水平差异较大、城乡“二元结构户籍”等因素影响，往往出现“同案不同助”的现象。因此，从长远角度来审视，关于刑事被害人救助的地

① 《宁夏回族自治区刑事被害人困难救助条例》是根据宁夏回族自治区第十届人大常委会第九次会议听取和审议《宁夏回族自治区高级人民法院关于执行工作情况的报告》时，反映出的“执行难”“难执行”，特别是刑事附带民事案件执行难导致缠诉上诉的突出问题，需要通过立法推动规范司法救助工作的意见而制定的。这部地方性法规是在没有上位法的情况下，宁夏回族自治区人大常委会根据宁夏全区司法实践过程中的实际需要而制定的。

② 董文蕙．犯罪被害人国家补偿制度基本问题研究．中国检察出版社，2012：226.

方性法规只是过渡时期的临时性举措，还需要尽快制定全国统一性的刑事被害人救助法律制度。

三、关于刑事被害人救助的司法机关内部制度规范

司法机关内部规范性文件，是指司法机关内部就某项具体工作开展和实施而制定的有关准则、程式等的总称。在实践中，上级司法机关所制定的内部规范性文件会对下级司法机关的行为活动具有相应的约束力。为贯彻落实中央和国家关于刑事被害人救助的政策要求，最高人民法院、最高人民检察院分别制定了本系统内部的规范性文件，主要用以指导本系统内部开展刑事被害人救助工作。

（一）法院系统内部规范性文件

最高人民法院于2016年7月1日公布了《最高人民法院关于加强和规范人民法院国家司法救助工作的意见》（法发〔2016〕16号）。该意见开篇就指出，“为加强和规范审判、执行中困难群众的司法救助工作，维护当事人合法权益，促进社会和谐稳定，根据中共中央政法委员会、财政部、最高人民法院、最高人民检察院、公安部、司法部《关于建立完善国家司法救助制度的意见》，结合人民法院工作实际，提出如下意见”。该意见成为在新的历史条件下用以指导全国各级法院开展包括刑事被害人救助在内的国家司法救助工作的重要规范性文件。

为贯彻落实最高人民法院关于开展国家司法救助工作的工作部署，全国地方各级人民法院又根据最高人民法院的要求，结合本地司法实践情况特别是司法审判和执行工作情况，分别制定了关于国家司法救助的实施细则。例如，天津市高级人民法院根据全市法院工作实际情况，制定了《天津市高级人民法院国家司法救助工作实施办法（试行）》；天津市宝坻区人民法院又根据最高人民法院和天津市高级人民法院的工作要求，制定了《天津市宝坻区人民法院国家司法救助工作实施办法（试行）》。[①] 又如，四川省高级人

① 《天津市宝坻区人民法院国家司法救助工作实施办法（试行）》开篇表述为：“为贯彻落实《天津市高级人民法院国家司法救助工作实施办法（试行）》，规范我院国家司法救助工作，依法保障符合司法救助条件的当事人及时获得救助，确保司法救助工作公正、公开、透明，结合我院在审判、执行和信访工作实际，根据《最高人民法院关于加强和规范人民法院国家司法救助工作的意见》的有关规定，制定本办法。”

民法院结合工作实际，制定了《四川省高级人民法院关于贯彻执行〈四川省国家司法救助实施办法〉的实施细则（试行）》《四川省高级人民法院关于国家司法救助案件办理程序的规定（试行）》等，用于规范和指导全省包括刑事被害人救助在内的司法救助案件的办理。

（二）检察机关系统内部规范性文件

在检察机关系统内部，最高人民检察院于2016年7月14日第十二届检察委员会第五十三次会议通过《人民检察院国家司法救助工作细则（试行）》（以下简称《救助细则》），并于2016年8月16日向全国各省、自治区、直辖市人民检察院，军事检察院和新疆生产建设兵团人民检察院印发通知，并要求认真贯彻执行。《救助细则》主要由七个部分组成：总则（第一章）、对象和范围（第二章）、方式和标准（第三章）、工作程序（第四章）、救助资金保障和管理（第五章）、责任追究（第六章）、附则（第七章）。《救助规则》从实体维度和程序维度两个方面比较详细地规定了检察机关开展刑事被害人救助工作的主要内容和相关要求，在司法实践中具有较强的指导性和可操作性。此外，针对未成年被害人这一特殊群体以及其特殊救助需求，最高人民检察院于2018年3月6日印发了《最高人民检察院关于全面加强未成年人国家司法救助工作的意见》（以下简称《未成年人救助意见》）。《未成年人救助意见》要求各级检察机关要牢固树立“特殊保护、及时救助”的理念，以“救助工作精细化、救助对象精准化、救助效果最优化”为目标，拓展救助措施，延伸救助范围，突出长远救助，全面履行未成年人救助的检察责任。[①]《未成年人救助意见》的出台对于刑事被害人救助工作朝着更加深入化和专业化方向的发展具有重要意义，有助于引起全社会对未成年刑事被害人这一特殊群体更加关注和关爱。

---

① 根据《未成年人救助意见》的相关规定，对下列因案件陷入困境的未成年人，检察机关可以给予相应方式帮助：（1）心理救助，即对遭受性侵害、监护侵害以及其他身体伤害的，进行心理安抚和疏导；对出现心理创伤或者精神损害的，实施心理治疗。（2）生活救助，即对没有监护人、监护人没有监护能力或原监护人被撤销资格的，协助开展生活安置、提供临时照料、指定监护人等相关工作。（3）教育救助，即对未完成义务教育而失学辍学的，帮助重返学校；对因经济困难可能导致失学辍学的，推动落实相关学生资助政策；对需要转学的，协调办理相关手续。（4）医疗救助，即对因身体伤残出现就医、康复困难的，帮助落实医疗、康复机构，促进身体康复。（5）法律援助，即对因身体伤害或者财产损失提起附带民事诉讼的，帮助获得法律援助；对单独提起民事诉讼的，协调减免相关诉讼费用。（6）就业救助，即对适龄未成年人有劳动、创业意愿但缺乏必要技能的，协调有关部门提供技能培训等帮扶。（7）协调社会救助，即对符合社会救助条件的，给予政策咨询、帮扶转介，帮助协调其户籍所在地有关部门按规定纳入相关社会救助范围等。

在我国部分地区，一些检察机关也根据当地实际情况，结合检察工作实践，制定了关于刑事被害人救助的规范性文件。例如，江苏省人民检察院早在 2012 年就制定了《江苏省检察机关开展刑事被害人救助工作实施细则（试行）》（现已废止），用以指导和规范全省检察机关开展刑事被害人救助工作。又如，四川省人民检察院于 2015 年制定了《四川省检察机关国家司法救助工作细则（试行）》，用以指导和规范全省检察机关系统内部的包含刑事被害人救助在内的司法救助工作。

上述关于刑事被害人救助的系统内部规范性文件作为落实党和国家相关政策的具体实施举措，增强了宏观政策的可操作性，有助于将刑事被害人的合法权益保障进一步落到实处。但是，从严格意义上讲，这些关于刑事被害人救助的系统内部规范性文件并非法律体系内容，并不具有法律约束力，在具体的实践过程中可能会导致以下后果：第一，其有效执行还有赖于有关机关或者部门在思想上的重视和行动上的有效配合，否则其执行效果往往会大打折扣；第二，内部规范性文件的稳定性较差，其主要着眼点还在于完成上级所下达的任务，这样往往会随着国家政策或者形势的变化而改变，甚至出现昙花一现的现象，无法真正起到“管长远”的效果；第三，各个机关在内部规范性文件制定过程中往往比较注重从本部门工作视角去考虑，从而导致对刑事被害人救助的规定方面存在许多不一致的地方，甚至出现诸多矛盾点，从而产生“条文打架”的现象，容易导致具体适用的混乱。

第三节　我国刑事被害人救助探索实践的主要特点

我国刑事被害人救助的探索实践根植于我国具体的司法实践。从发展历程来看，我国刑事被害人救助探索实践呈现出以下主要特点：

一、以解决刑事损害赔偿问题为基本动力

我国刑事被害人救助探索实践的开启是以解决具体司法实践问题——刑事赔偿问题为主要动力的。在我国现有的法律制度框架下，对刑事被害人的损害赔偿主要是通过刑事附带民事诉讼的途径来解决的。根据我国《刑事诉讼法》之规定，刑事附带民事诉讼是指公安司法机关在刑事诉讼过程中，在解决被告人刑事责任问题的同时，附带解决被告人的犯罪行为所造成的物质损失的赔偿问题而进行的诉讼活动。通说认为，刑事附带民事诉讼就其解决问题的性质而言，是经济赔偿问题，和民事诉讼中的损害赔偿是一样的，属于民事诉讼性质。但它和一般的民事诉讼又有所不同，因为这种赔偿是由犯罪行为引起的，是在刑事诉讼过程中提起的，由审判刑事案件的审判组织审理，所以它又是刑事诉讼的一部分，是一种特殊的民事诉讼。

在我国司法实践中，刑事被害人能否获得经济物质赔偿，在很大程度上取决于被告人的实际经济能力。例如，2006 年 7 月 16 日，陕西省汉阴县发生了邱兴华特大杀人案。在此案中，犯罪人邱兴华共杀害了 11 人，并于 2006 年 12 月 28 日被执行枪决。虽然邱兴华的刑事责任得到落实，但是 11 名被害人的近亲属生活却陷入了极度的困境。在刑事附带民事诉讼中，被告

人邱兴华当庭说："我愿意赔，但我没钱。"这是刑事被害人不得不面对的凄凉现实状况。就当时而言，本案的刑事被害人家属别无选择，只能通过附带民事诉讼来积极争取物质赔偿，但是实际上被害人家属拿到的刑事附带民事诉讼赔偿判决书成为一纸"法律白条"。此案中有的被害人家属向所在地民政部门求助，一般不会获得必然的结果，最多也是象征性意义的补偿，根本无法解决实际问题。这样的案例在司法实践中并不是少数。又如，张君抢劫杀人案、马加爵杀人案、杨新海流窜杀人案等，几乎没有一个被害人及其近亲属获得了被告人的补偿。[①]山东省青岛市中级人民法院对2002年至2006年刑事附带民事判决执行情况作过调研，结果显示，五年来，有2300余件以判决方式结案的刑事附带民事案件，90%以上的案件民事部分根本无法执行，成为所谓的"空判"，尤其是部分犯罪后果严重，被害人及其家庭损失大，且得不到任何赔偿的案件，部分被害人往往会以"人财两空"为由大闹法院、长期上访，严重干扰了法院办案。[②]在具体司法实践中，如果上述被害人或者其近亲属无法得到有效的赔偿，则会产生很大的社会危害性，概括起来主要为三个方面：第一，容易引发刑事被害人及其家属对国家司法制度的不信任，在很大程度上损害了司法公信力；第二，容易引发刑事被害人上访甚至"闹访"问题，在一定程度上影响社会秩序的和谐安定；第三，容易促使刑事被害人朝着犯罪人的角色转变，重新引发犯罪问题。

因此，我国刑事被害人救助工作的探索主要是以政法机关尤其是司法机关解决被害人赔偿问题为主要动力，其首要目标还是着眼于有效维护当地社会秩序的稳定，因此，刑事被害人救助更多地体现为"工具作用"。例如，江西省政法委员会、江西省高级人民法院、江西省人民检察院、江西省公安厅等八机关联合制定的《关于开展刑事被害人救助工作的实施办法（试行）》规定："对于刑事被害人或其近亲属存在上访、闹访情况的，办案机关可在刑事被害人或其近亲属承诺不再上访、闹访后，再将救助资金发放给刑事被害人或其近亲属。"又如，无锡市中级人民法院制定的《执行救助专项金使用管理办法》规定，刑事被害人符合下列条件方可予以执行救助：（1）执行权利人极度贫困。应由权利人所在单位或其所在地街道（镇）、村民委员会出具权利人收入、生活状况等证明材料。（2）被执行人确无履

① 曹晶晶，李惠敏．广东试点国家救助刑事被害人．中国改革报，2007-09-10（1）.
② 田思源．犯罪被害人的权利与救济．法律出版社，2008：175.

行能力。应穷尽执行措施，有执行人确无履行能力的调查材料。（3）易产生社会不安定因素。权利人多次来信来访或言辞激烈或有其他情形，易产生社会不安定因素。[①]

二、以公权力力量的组织主导为重要推手

从我国刑事被害人救助的探索实践发展历程来看，国家公权力机关是我国刑事被害人救助工作的重要推动者和实践者，扮演着主导的角色。这种主导角色具体体现在以下三个层面：

第一，在刑事被害人救助的制度层面，无论是国家层面关于刑事被害人宏观政策的出台，还是各级地方人大和政法机关关于刑事被害人救助的地方性法规或者实施办法的制定；无论是政策法规等的联合出台，还是单独制定，都是以国家公权力机关的力量来主动组织实施的，这有助于刑事被害人救助能够在短时间内取得较为显著的成效。但是，与此同时，这也排斥了政策法规制定的民主性，使得包括刑事被害人在内的社会公众无法有效地参与到政策法规等的制定过程中来。

第二，在刑事被害人救助的执行层面，救助工作基本上是由政法机关以及其他政府部门主要从工作角度出发，按照内部审批程序层层流转运行，因此整个救助过程的封闭性很强，缺乏必要的透明度。假若公权力机关在刑事被害人救助过程中履职“缺位”或者“错位”，也不用承担相应的法律责任，最多也只是受到道德上的谴责或者纪律处分。

第三，在国家公权力机关与刑事被害人的关系层面，国家公权力机关处于相对强势的地位，而刑事被害人则处于较为弱势的地位，两者在救助信息的掌握、救助结果的把控等方面处于非平衡状态，刑事被害人无法有效地参与其中，更无法充分表达自己正当的利益诉求。

之所以存在上述情况，究其原因有三点：第一，我国关于刑事被害人救助的理论探索和具体实践还处于初期阶段，还未形成一套符合我国具体国情的较为完整的理论体系，尤其是国家和刑事被害人的关系等问题有待进一步明确。第二， 我国还是将“维护社会秩序稳定”作为首要价值目标，“刑事被害人权益保障”只是次要价值目标，刑事被害人救助工作更多地被赋予

① 黄华生．刑事被害人国家补偿法立法研究．中国政法大学出版社，2014：6.

"工具作用"。换言之，在救助过程中，刑事被害人并不占据主体地位，而是救助的具体对象。第三，到目前为止，我国关于刑事被害人救助的民间组织发育还不充分，在刑事被害人救助中所发挥的作用十分有限。例如，2013年6月，由杨斌女士（前检察官）组织发起了"天祥关爱"计划，旨在为那些受到刑事案件影响的家庭（主要是被害人家庭）提供力所能及的帮助，传播"宽恕•和解•爱"的理念。2014年8月，天祥关爱服务中心在广州市天河区民政局登记成立，成为正式的民办非营利社会组织，开始依法进行运作。但是，从全国范围内来看，关于刑事被害人救助的民间组织还是相对缺乏，并不具有普遍性。

三、以一次性的经济救助为主要方式

从我国刑事被害人救助的实践发展历程来看，都强调刑事被害人救助应当坚持辅助性原则，均以一次性的经济救助为主要方式。例如，2009年中央政法委等七部门联合出台的《关于刑事被害人救助工作的若干意见》就指出，"救助以一次性为原则。对刑事案件被害人或其近亲属的救助数额，以案件管辖地上一年度职工月平均工资为基准，一般在36个月的总额之内"。又如，2015年中央政法委等六部门联合发布的《关于建立完善国家司法救助制度的意见（试行）》中明确规定，"坚持辅助性救助。国家司法救助是对遭受犯罪侵害或者民事侵权，无法通过诉讼获得有效赔偿的当事人，采取的辅助性救济措施。重点解决符合条件的特定案件当事人生活面临的急迫困难。对同一案件的同一当事人只进行一次性救助。对于能够通过诉讼获得赔偿、补偿的，一般应当通过诉讼渠道解决"。在具体的实践中，有的经济发达地区刑事被害人获得救助金可高达十几万元，而有的贫困地区刑事被害人获得救助金最多也不过一万元。

笔者在与北京市、河南省、四川省和海南省部分基层检察院的检察官进行座谈调研时，检察官对于刑事被害人救助主要采取一次性经济救助所给出的理由主要可概括为三方面：一是我国当前的经济水平和条件决定了对于刑事被害人救助只可能是有限度的，而非无限度的，这种一次性经济救助更多地具有"安抚"意味，其更多的是检察机关形象的展示，而实质性的救助效果并不是检察机关所关心的。二是相比于其他救助方式而言，在检察环节给予刑事被害人一次性经济救助更为直接和有效，这也正是刑事被害人所最期许的，能够或多或少地帮助被害人摆脱困境。三是检察机关作为司法机关的性质决定了不可能大规模地参与到社会活动之中，给予刑事被害人一次性经济救助，既方便又快捷，能够实现所谓的“案结事了”。换言之，即使被害人再向检察机关寻求救助，检察机关也可以“已救助”为由予以拒绝。

第四节　我国刑事被害人救助探索实践存在的主要问题

经过不断的探索实践，我国刑事被害人救助发展迅速且取得了较为丰硕的成果。但是，需要清醒地认识到，我国刑事被害人救助在具体实践中还存在一些比较突出的问题，这些问题产生的原因既有诸多客观因素，也有不少主观因素，因此需要加以认真剖析。

一、刑事被害人救助的国家法律缺失

法律是治国之重器，良法是善治之前提。“良法”和“善治”是一对辩证统一的关系，“良法”是“善治”的前提和保障，“善治”离不开“良法”。而“良法”的基本要求之一就是要做到科学立法，促使广泛且复杂的社会关系能够得到合理和规范的调节，社会公众的合法权益得到尊重和有效保护。当前，我国刑事被害人救助工作的开展主要依据为党和国家的政策、一些地方性法规或者单行条例以及司法机关内部规范性文件等。

虽然这些政策以及制度规范在过去长达十余年的时间里对于刑事被害人救助工作起到了有效的促进作用，但是，从长远眼光来审视，在全面依法治国和全面深化改革的大背景下，国家层面统一立法的缺失已经成为阻碍我国刑事被害人救助工作持续深入开展的重要因素。由于缺乏国家法律层面上对于刑事被害人救助标准体系的规定，使得全国各地关于刑事被害人救助呈现出各种各样的形态。例如，笔者在调研中发现，2015 年至 2017 年，我国东部地区每年刑事被害人救助金平均额度要比西部地区的高很多。此外，其中不乏一些“作秀”的现象，其根本无法满足刑事被害人救助的需求，也影响到国家在刑事被害人救助工作中的公信和权威。

二、刑事被害人救助的职权色彩浓厚

从长期实践所形成的惯例来看，我国刑事被害人救助工作的主动权被牢牢掌握在国家公权力机关手中，无论是刑事被害人程序的启动、审查、决定以及实施，均是由国家公权力机关来主导的，这一过程呈现出明显的“闭合性”，缺乏刑事被害人参与的“开放性”。在具体的司法实践中，办案机关及其工作人员一般不会主动告知被害人有申请救助的权利，而往往是在办案过程中发现有符合条件的被害人后，根据实际情况再行决定是否对被害人实施救助。[①]甚至在某些办案机关及其工作人员看来，对于刑事被害人救助其实就是一种办案的“辅助性工具”，只有在对办案有利的情形下，才会主动实施刑事被害人救助。这都将导致刑事被害人对于救助的知晓度、关注度和参与度较低，在很大程度上影响了刑事被害人救助工作的效益。

正如有的检察官所讲，在司法实践中，真正意义上依被害人及其近亲属申请启动程序的情况几乎不存在，更多的是检察机关办案部门认为符合救助条件的才开展救助，司法实践中“选择性救助”的现象比较普遍。这种偏重依据职权的启动模式忽略了刑事被害人作为救助主体的权利以及国家尊重和保障人权的宪法责任，而往往更多倾向于救助一些有涉检信访隐患的案件。[②]

三、刑事被害人救助的衔接协作不畅

笔者在调研中发现，我国审判机关和检察机关承担了刑事被害人救助的大量任务。无论是审判机关还是检察机关，在其内部关于刑事被害人救助工作的开展方面普遍存在协作不畅的突出问题。

根据最高人民检察院制定的《人民检察院国家司法救助工作细则（试行）》之规定，检察机关内部的办案部门（公诉部门、侦查监督部门等）、刑事申诉检察部门均承担刑事被害人救助的相关工作。但是，在具体的检察环节办案实践中，由于办案期限限制、办案压力较大等原因，办案部门检察

① 代春波，姚嘉伟．检察机关刑事被害人救助制度实证研究．中国刑事法学杂志，2012（10）：92.
② 代春波，姚嘉伟．检察机关刑事被害人救助制度实证研究．中国刑事法学杂志，2012（10）：92.

官往往更加关注刑事案件的事实认定和法律适用等问题，而对被害人是否需要司法救助并不太关注，也往往无暇对被害人是否符合救助条件进行有效的审查和判断，从而导致开展救助工作的刑事申诉检察部门因与直接接触被害人的办案部门之间信息不对称，无法及时获知刑事被害人救助的案源，可能错失救助良机。[①]

四、刑事被害人救助的时间相对滞后

公安机关往往是犯罪案件发生后最先接触到刑事被害人的国家专门机关，尤其是对一些重特大暴力犯罪而言，在公安机关的立案侦查阶段，被害人由于受到犯罪行为侵害导致重伤或者死亡的，急需大量的医疗救助费或者丧葬费。[②]可以说，这是刑事被害人救助的“黄金时间”。但是，在具体的司法实践中，刑事被害人的救助很难在公安机关刑事侦查阶段得到有效落实。这不仅仅是因为公安机关作为主要侦查机关之一，承担着非常繁重的刑事侦查任务，其主要精力都聚焦在如何侦破案件上；而且公安机关对刑事被害人实施救助更多是出于人文道义的考量，并非法定职权的要求。

从笔者调研的情况来看，刑事被害人救助工作往往是从检察机关公诉环节启动的，而非从侦查环节启动。在与部分公安机关民警座谈中，其普遍表示，虽然公安机关愿意承担刑事被害人救助工作，但是在具体的实践中，由于人力和财力这两大问题的制约，根本无法实施。很多地方司法机关出于各方面因素的考量，基本上是在法院一审判决之后，甚至是在上一级人民法院二审判决之后（也就是所谓的“案子有了定论”后），法院才会实施刑事被害人救助工作，而这往往根本无法满足刑事被害人救助关于时效性的要求，其救助的效果也往往大打折扣。

五、刑事被害人救助的资金相对短缺

目前，我国刑事被害人救助资金的来源渠道比较单一，基本上都来自政府的财政预算。刑事被害人救助资金问题是制约当前我国刑事被害人救助工

① 李存海，葛晓娟．检察机关司法救助工作实证分析——以完善刑事被害人司法救助的运作为视角．北京政法职业学院学报，2016（1）：36.
② 王向君．论构建我国的刑事被害人司法救助制度．安庆师范学院学报（社会科学版），2014（5）：85.

作的突出问题，其事关刑事被害人的切身利益。总体而言，我国仍处于社会主义初级阶段，全国各地实际情况尤其是经济情况千差万别，即使在一省之内情况也有较大差异，尤其是对于国家级贫困地区而言，由国家负担刑事被害人救助资金往往面临着更加严峻的现实困难。在一些地方，限于当地财力的实际情况，无法列支专项救助资金，实际救助中资金来源有的为办案单位申请的财政临时资金，有的为检察业务经费，还有一些是与民政部门联合申请的临时性经费。①

据《法制日报》报道，四川省南充市仪陇县是典型的国家级贫困县，县财政安排的国家司法救助资金极为有限。自 2014 年以来，每年供县检察院支配的司法救助资金仅为 2 万元到 5 万元，而每年新增的符合国家司法救助条件的刑事被害人为 100 人左右，紧张的国家救助资金与庞大的救助需求之间的矛盾十分突出。② 即使在一些经济条件尚可的地方，也无法完全满足刑事被害人救助资金的需求。以山东淄博为例，从 2004 年开展刑事被害人救助工作以来到 2005 年 11 月，只有 9 人获得救助，而同期淄博市中级人民法院判处刑事附带民事判决未执行的共计 703 件，获得救助的比例不足 2%。③ 到了 2011 年，根据新闻报道，淄博市的刑事被害人由于“僧多粥少”，地方财政支持有限，而无奈叫停了刑事被害人救助。因此，刑事被害人救助资金充裕与否是直接影响刑事被害人救助的关键因素之一。

六、刑事被害人救助所需材料相对烦琐

很多地方出于对刑事被害人救助工作严谨性的考量，均对刑事被害人救助所需材料进行了较为具体的规定，使得申请过程变得比较复杂。在此，以《山西省刑事被害人救助实施办法（试行）》为例，该办法规定刑事被害人应当向办案机关提供以下证明材料：（1）刑事被害人或者其近亲属的身份证明；（2）刑事被害人的伤残鉴定或者死亡证明；（3）刑事被害人家庭经济状况、经济来源证明；（4）生活困难证明；（5）犯罪嫌疑人、被告人及其他赔偿义务人无力赔偿证明；（6）是否获得其他形式的救助证明；（7）能够证明确实需要救助的其他相关材料。又如，根据《河南省关于建

① 任孔全，曲海舰，黄启军．检察机关刑事被害人救助工作实践分析．人民检察，2014（3）：56.
② 刘子阳．全国首个刑事被害人救助基金实现应扶尽扶．法制日报，2016-10-27（5）.
③ 刘文晖．国家补偿被害人，制度比钱更重要．检察日报，2007-05-23（3）.

立完善国家司法救助制度的实施意见（试行）》规定，救助申请人应向办案机关提交七种文件材料：（1）国家司法救助申请书；（2）本人真实身份证明、实际损害后果证明材料，刑事案件被害人应提供医疗机构或法医鉴定机构关于本人伤情的证明材料；（3）是否获得其他赔偿等相关证明材料；（4）申请人为刑事案件被害人近亲属的，应提供与被害人的关系证明材料；（5）当地民政部门或乡镇政府（街道办事处）出具的当事人低于当地最低生活保障标准的证明材料；（6）申请人委托他人提出申请的，应当提供授权委托书；（7）办案机关认为其他需要提供的相关材料。

客观而言，办案机关要求被害人提供相关证明材料确实有其道理，有助于甄别救助对象的情况。但是，这样的规定是站在国家公权力机关便利的角度去考量，而非站在刑事被害人便利的角度去思考。这对刑事被害人而言，无疑会给他们增加巨大的负担，尤其是对于那些文化程度比较低且在农村的刑事被害人或其近亲属而言，若没有相关法律专业人士的帮助，让其提供上述证明材料，几乎是不能完成的任务。此外，中华文化里存在贫困的个人责任观和贫困耻辱观，当一个人陷入困境之后，在观念上常常会被要求忍耐而无求于人。这些思想不但影响着民众，作为文化也影响着现代政府中的某些工作人员。我们会发现一些地方会以个人责任对待接受救助的低收入群体，如在甄别申请最低生活保障者时，会不自觉地运用歧视的语言和做法，思想中总有申请者可能“骗保”的潜意识。① 因此，让刑事被害人自身去承担证明自己生活困难的责任，将会使得其自尊心再次受到伤害，也不符合人道主义原则的要求。

七、刑事被害人救助的目标价值错位

2015 年中央政法委等六部门联合发布的《关于建立完善国家司法救助制度的意见（实行）》中规定，“涉法涉诉信访人，其诉求具有一定合理性，但通过法律途径难以解决，且生活困难，愿意接受国家司法救助后息诉息访的，可参照执行”。笔者认为，这一规定的初衷在于尽量解决涉法涉诉信访问题，属于无奈之举。但是，正是这样的规定在实践操作中出现了严重的异化。

① 王思斌．转型中的中国社会救助制度之发展．文史哲，2007（1）：67.

笔者在调研中发现，部分地区的法院和检察院均将“息诉罢访”作为给予刑事被害人救助的必要条件。刑事被害人要想获得救助金，就必须和司法机关签订关于息诉罢访的承诺书，不签订息诉罢访的承诺书则不予发放救助金。这样的做法显然严重背离了刑事被害人救助的本意和初衷，导致刑事被害人救助的目标价值发生错位，不利于刑事被害人救助工作的健康发展。

第四章　刑事被害人救助法律制度构建的多维度考量

我国刑事被害人救助制度经历了从无到有的发展过程，党和国家有关机关、各地区都对刑事被害人救助制度进行了较为深入的研究和积极有益的探索实践，刑事被害人救助在我国已经成为一项重要的司法实践活动。但是，全国范围内统一的刑事被害人救助法律制度尚未建立，这就使得刑事被害人救助工作缺乏必要的法律依据，许多相关问题无法予以解决，最终将会影响刑事被害人救助实效。2012 年 6 月 11 日《人民法院报》发表了《最高人民法院推动刑事被害人救助制度改革综述》一文，文中明确指出，考虑到我国幅员辽阔，各地经济社会发展差异较大，改革之初确立了“先政策，后法律，两步走”的总体思路，即先行出台政策性文件，指导各地尽快把刑事被害人救助工作全面开展起来，切实发挥保障被害人权益的积极作用，同时为立法积累实践经验。[①]2012 年 9 月 25 日，最高人民法院原新闻发言人孙军在最高人民法院新闻发布会上就曾表示，“从长远看，刑事被害人救助工作是一项制度安排，最终应当纳入法治轨道”。《国家人权行动计划》是由中国政府制定的旨在落实“国家尊重和保障人权”的宪法原则、推进中国人权事业发展的行动纲领性质的政策文件。《国家人权行动计划（2016—2020）》中明确指出，制定刑事被害人救助法，建立统一、规范的刑事被害人救助制度。

① 杨树明．最高人民法院推动刑事被害人救助制度改革综述．人民法院报，2012-06-11（1）．

第一节 刑事被害人救助法律制度构建的理论依据

理论指导实践，科学的理论方能引领实践不断深入发展。我国刑事被害人救助法律制度构建的理论依据须坚持中国问题导向，以马克思主义科学理论为基础，以马克思主义中国化的最新成果为指引，坚持理论与实践相结合，方能真正起到对刑事被害人救助实践的巨大的、积极的推动作用。

一、履行社会主义国家法律责任的集中体现

国家责任大致上可以分为道义责任、政治责任和法律责任。其中，国家的道义责任是一种人道责任、道德责任，同时也是主观性责任、非确定性责任和非强制性责任，其更多地体现为“责任”概念中的“社会层面评价”，它是国家从人道主义出发，对公民的生产、生活、生存等遇到的困难给予具有安抚性的关照或者帮助。[①] 国家的政治责任就是“要求政府应对民意负责，其决策和行为必须符合人民的意志和利益”。[②] 在国家（主要是政府）决策失误或者其行政行为有损于国家和人民利益，而又不违法，不受法律追究时，往往需要国家承担相应的政治责任。[③] 国家的法律责任主要是指国家在法律制度层面上所应承担的责任，同时也是确定性责任和强制性责任。有学者将国家的法律责任分为国家的对外法律责任和国家的对内法律责任。其中，国家

① 田思源．犯罪被害人的权利与救济．法律出版社，2008：137.
② 王行宇．我国实现责任政府的理念转变与制度保证．云南社会科学，2004（1）：38.
③ 郭道晖．法的时代精神．湖南出版社，1997：468.

的对外法律责任是指国际法上的国家责任，是国家对其国际不法行为所承担的责任，也称国家的国际责任，凡违反国际法义务或者条约义务的行为都是国际不法行为，违法国家必须为此承担法律上的后果。国家的对内法律责任是国家对其国民以及国民所赖以生存的社会所应承担的法律上的责任。①

国家的道义责任和政治责任属于主观责任，其具有非确定性和任意性；而法律责任属于客观责任，其具有确定性、可预见性和可期待性。“客观责任源于法律、组织机构、社会对行政人员的角色期待，主观责任则根植于我们自己的忠诚、良知、认同的信念。”②我国《宪法》明确规定我国是人民民主专政的社会主义国家；社会主义制度是国家的根本制度；任何公民享有宪法和法律规定的权利。这从国家根本大法的层面上确认了公民依法享有的权利以及国家保护公民的法律责任，这绝非是简单的道义责任或者普通意义上的政治责任。而刑事被害人作为一类特殊的公民群体也依法应当享有受国家保护的权利。国家依法对刑事被害人实施救助正是履行法律责任的集中体现，使得刑事被害人权利保障具有确定性。

二、深入推进全面依法治国战略的必然要求

习近平总书记深刻论述道，“全面依法治国是坚持和发展中国特色社会主义的本质要求和重要保障，事关我们党执政兴国，事关人民幸福安康，事关党和国家事业发展。随着中国特色社会主义事业不断发展，法治建设将承载更多使命、发挥更为重要的作用”。③全面依法治国的总目标是“建设中国特色社会主义法治体系，建设社会主义法治国家，依法治国的各项工作都要围绕这个总目标来部署、来展开。要形成完备的法律规范体系、高效的法治实施体系、严明的法治监督体系、有力的法治保障体系以及完善的党内法规体系”。④全面依法治国的重点任务是“着力推进科学立法、严格执法、

① 贺其治．国家责任法及案例浅析．法律出版社，2003：1.

② ［美］特里·L.库珀．行政伦理学——实现行政责任的途径．张秀琴译．中国人民大学出版社，2001：74.

③ 习近平在中国政法大学考察时强调：立德树人德法兼修抓好法治人才培养　励志勤学刻苦磨炼促进青年成长进步．人民日报，2017-05-04（1）.

④ 2014年10月20日召开的中共十八届四中全会，在中国共产党历史上第一次专题研究全面依法治国的重大问题，第一次专门作出《中共中央关于全面推进依法治国若干重大问题的决定》，鲜明提出要坚定不移走中国特色社会主义法治道路，把建设中国特色社会主义法治体系，建设社会主义法治国家确立为全面推进依法治国的总目标。中共中央关于全面推进依法治国若干重大问题的决定．人民出版社，2014：4.

公正司法、全民守法”。[①]科学立法是全面依法治国的基本前提，也是实现国家良法善治的重要保障，须充分发挥其对严格执法、公正司法和全民守法的重大引领和推动作用。[②]

客观而言，包含刑事被害人救助在内的司法救助领域内，我国国家层面法律仍存在“空白点”。国家法律层面的缺失势必成为阻碍刑事被害人救助工作的根本性因素，因为这将直接或者间接造成执法尺度的不一致、适用程序的不统一、救助效果的不理想、权益保障的不到位。因此，加快推进刑事被害人救助的科学立法，依法将党的意志上升为国家意志，使得关于刑事被害人救助的政策内容和经验做法及时以法律的方式固定下来，把这一部分的法律空白填补上，从而促进刑事被害人救助实现有法可依，进而以立法引领执法和司法，规范刑事被害人救助工作，有助于更好地依法保障刑事被害人的相关权益，有助于进一步丰富刑事法律体系和社会保障法律体系的内容，进而有助于进一步发展中国特色社会主义法治体系。这都是深入推进全面依法治国战略的必然要求。

三、强化中国特色人权司法保障的应有之义

人权保障是维护社会秩序、厉行法治的应有之义，也是人类社会发展共同的价值取向和目标。2004 年我国将“国家尊重和保障人权”郑重地写入《宪法》，这被视为规范意义上明确宣告了作为一项概括性条款的人权保障原则在我国的正式确立，也是我国人权事业发展的一个重要里程碑。国家尊重和保障人权，意味着国家对社会关系的调整要更加注重确立权力和权利的平衡、权力和责任的平衡、权利和义务的平衡。[③]尊重人权就要在观念思想深处树立尊重人权的宪法意识；保障人权就要把落实宪法人权保障原则具体体现在立法、执法、司法、守法等实践活动之中。

党的十八届三中全会通过的《中共中央关于全面深化改革若干重大问题的决定》就明确提出，“要完善人权司法保障制度，健全国家司法救助制度”。这就将包括刑事被害人救助在内的司法救助上升到《宪法》所规定的人权保障的高度来予以审视和谋划。刑事被害人救助首先应当着眼于实现刑

① 习近平．加快建设社会主义法治国家．求是，2015（1）：1.
② 公丕祥．当代中国的法治现代化．法律出版社，2017：4.
③ 孙谦．构建我国刑事被害人国家补偿制度之思考．法学研究，2007（2）：57.

事被害人生存权的保障，包括对受到身体伤害的被害人进行及时的医疗救助等，使其生命得以延续以及健康状况得以有效改善。其次还应当着眼于刑事被害人其他权益的保障，包括有尊严地生活和参加社会劳动等，能够使得被害人有长远发展的可能性。

四、有效落实共享发展新理念的重要内容

2015年10月29日，中共十八届五中全会通过的《中共中央关于制定国民经济和社会发展第十三个五年规划的建议》确立了实现“十三五”时期经济社会发展目标，“必须牢固树立创新、协调、绿色、开放、共享的发展理念。坚持创新发展、协调发展、绿色发展、开放发展、共享发展，是关系我国发展全局的一场深刻变革”。[①] 紧接着，2016年3月16日，十二届全国人大四次会议审议通过的《中华人民共和国国民经济和社会发展第十三个五年规划纲要》，通过法定程序，将党的意志转化上升为国家意志，明确提出“实现发展目标，破解发展难题，厚植发展优势，必须牢固树立和贯彻落实创新、协调、绿色、开放、共享的新发展理念”。新发展理念是以习近平同志为核心的党中央对当代中国发展理念的重大创新发展，是习近平新时代中国特色社会主义思想的重要组成部分，“是‘十三五’乃至更长时期我国发展思路、发展方向、发展着力点的集中体现，也是改革开放30多年来我国发展经验的集中体现，反映出我们党对我国发展规律的新认识”。[②]

共享理念正是新发展理念的重要组成部分。在当代中国，共享被认为是中国特色社会主义的本质要求。[③] 共享理念的实质就是坚持以人民为中心的发展思想，体现的是逐步实现共同富裕的要求。[④] 当代中国法治发展的时代使命在于对法治制度与机制作出有效安排，坚持共享发展，不仅要进一步发展社会生产力，而且更要注重社会公平与正义，努力使发展为了人民，发展依靠人民，发展成果由人民共享，进而为中国法治现代化进程奠定牢固的价值基础。[⑤] 习近平总书记这样论述道，“要深入分析发展理念对法治建设提

① 中共中央关于制定国民经济和社会发展第十三个五年规划的建议．人民出版社，2015：8.
② 中华人民共和国国民经济和社会发展第十三个五年规划纲要．人民出版社，2016：14.
③ 中共中央关于制定国民经济和社会发展第十三个五年规划的建议．人民出版社，2015：9.
④ 习近平．在省部级主要领导干部学习贯彻党的十八届五中全会精神专题研讨班上的讲话（2016年1月18日）．人民出版社，2016：25.
⑤ 公丕祥．当代中国的法治现代化．法律出版社，2017：98.

出的新要求，深入贯彻新发展理念在法治领域遇到的突出问题，有针对性地采取对策措施，运用法治思维和法治方式贯彻落实新发展理念”。[①]刑事被害人救助问题实质上是一项极其重要而且严肃的社会问题，其事关刑事被害人的切实利益，事关社会秩序的安定和谐，更事关社会的公平正义和健康发展。在我国社会快速发展时期，决不能轻视甚至漠视刑事被害人这一特定群体的利益，将刑事被害人救助工作纳入法治的轨道，及时出台国家法律，并依法对刑事被害人进行及时有效的救助，真正做到“应救则救、应助则助”。这样能够使得国家和社会进步发展的成果惠及刑事被害人，让其感受到国家和社会的温暖，感受到生存生活的希望，感受到公平正义其实就在身边，这有利于促进社会整体的健康发展。否则的话，刑事被害人救助无法正常顺利开展，将势必引起刑事被害人群体的不满，甚至引发“集体访”“越级访”等严重社会问题，造成社会秩序的混乱甚至影响社会有序健康发展。

① 习近平．在省部级主要领导干部学习贯彻党的十八届五中全会精神专题研讨班上的讲话（2016年1月18日）．人民出版社，2016：38-39.

第二节　刑事被害人救助法律制度构建的思路构想

我国刑事被害人救助法律制度构建的目标就是要促使刑事被害人救助实现由“初级形态”向“高级形态”的转变，以更好地实现刑事被害人权益保障。笔者认为，刑事被害人救助的高级形态应当包含以下几个层面的内容：

一、刑事被害人救助的实施理念由管理型向服务型转变

从当前我国刑事被害人救助制度的规定设计来分析，其“管理”色彩较为浓厚，作为刑事被害人救助工作的责任主体的公权力机关是以一种“管理者”的姿态示人，其主要以办案工作为中心，而刑事被害人作为救助对象则为“被管理者”。这种“管理与被管理”的关系导致了刑事被害人实质上处于天然的弱势地位，刑事被害人往往只是被动地参与到救助过程中来，被动地等待是否获得救助的结果，其自身的利益诉求较难及时满足。需要救助的刑事被害人作为一种社会弱势群体的特质要求国家机关应当更多扮演起“服务者”的角色，以刑事被害人为救助工作的中心，给予刑事被害人足够的关心、理解和安抚，及时有效地帮助刑事被害人切实解决实际生活困难。因此，刑事被害人救助的实施理念应当由“管理型”向“服务型”转化，方能从根本上建构起有效的刑事被害人救助法律制度体系。

二、刑事被害人救助的价值导向由短视化向长远化转变

客观而言，当前我国刑事被害人救助的价值导向呈现出“短视化”的形态，即主要着眼于保障刑事被害人生存权的实现，帮助刑事被害人解决生活方面的难题，而这种帮助也是出于短期利益的考量，即稳定刑事被害人及其近亲属的情绪，达成“案结事了”，至于刑事被害人以后的生活则不予关注和考虑。因此，这一价值目标具有浅层次性、基础性。但是，随着我国经济社会的不断发展、社会公众生活水平的提升和法治意识的增强，仅仅保障刑事被害人的生存权已无法满足实际所需，对于刑事被害人救助的目标价值应实现由“短视化”向“长远化”的转变，即国家除了依法保障刑事被害人生存权之外，应更加注重保障刑事被害人的人格权、就业权和发展权等，从而实现对刑事被害人权益更为全面的保护，真正帮助刑事被害人以一种有尊严的方式生活下去，实现社会主义国家所追求的更加文明的发展状态。

三、刑事被害人救助的措施方法由单一化向立体化转变

当前，关于我国刑事被害人救助的各项政策和规范性文件在表述中，显然将发放救助金作为刑事被害人救助的重要途径甚至是唯一途径。这当然是基于我国当前经济、社会、司法等实际情况的现实考量。但是，刑事被害人救助的目标价值就决定了在未来刑事被害人救助的措施方法应当实现“立体化”，更加全方位地保障刑事被害人的权益。具体而言：第一，发放救助金。这被认为是目前对于刑事被害人救助最有效的方法，也是国际社会的通行做法。其往往能够及时缓解刑事被害人所面临的实际生活困难，解决其燃眉之急。这是从最基本的物质层面予以救助，满足刑事被害人及其近亲属的基本生活需求。第二，心理疏导和情绪抚慰。犯罪行为不仅会对被害人身体和财产等外在有形物造成严重的损害，而且往往也会对被害人的心理和精神等无形物产生严重的伤害。笔者曾与我国香港地区律政司的法律同仁们就“家庭暴力法律问题”进行交流座谈。据香港律政司的司法同仁们介绍，为了更好地对家庭暴力犯罪被害人进行救助，其针对家庭暴力犯罪的特点，建立了一套较为完整的针对家庭暴力行为的被害人（大多数为女性）心理救助体系，他们会邀请心理学专家一同参与到对遭受家庭暴力行为的被害人心理分析和救治过程中，帮助她们实现心理康复。笔者认为，可适当借鉴我国

香港地区的有关做法，将“心理疏导和情绪抚慰”列为刑事被害人救助方式之一。第三，对接社会救助。建立完善刑事被害人救助与社会救助的衔接机制，使得刑事被害人能够顺利地获得就业培训和安置、住房保障、义务教育等机会，帮助刑事被害人更好地融入社会发展之中，解决好其以后的生存和发展问题，实现自我的可持续发展。当然，对于一些特殊的刑事被害人，如未成年人等还应当给予特殊的关照。

四、刑事被害人救助的参与力量由国家型向全面型转变

刑事被害人救助是国家的法律责任，国家在刑事被害人救助工作方面发挥着主导作用。从我国刑事被害人救助的长期实践来看，国家公权力机关尤其是法院和检察院以及司法官们往往在刑事被害人救助方面站在“第一线”，发挥着非常重要的作用。但是，国家在刑事被害人救助当中也不可能做到尽善尽美，也会有无法触及或者兼顾的区域。这时候就需要国家通过引导社会力量来积极有序地参与到刑事被害人救助实践之中，进一步促进救助资源的优化配置和救助效果的全面提升。其实，在我国当前很多关于刑事被害人救助的政策法规文件中，都提及社会力量参与救助的内容，但是均为一种“宣示性”的规定，并没有具体的操作程序规定内容，这需要在刑事被害人救助法律制度构建过程中予以重视和细化，对社会力量参与刑事被害人救助的具体标准、主要模式以及程序规范予以明确，真正为社会力量参与刑事被害人救助创造良好的生存和发展空间，实现“共助共享”的发展格局。

第三节 刑事被害人救助法律制度构建的基本原则

我国刑事被害人救助法律制度构建需要紧密结合我国具体国情尤其是司法实际，注重采用科学的方法予以精进。笔者认为，刑事被害人救助法律制度构建的基本原则主要包括以下五个方面内容：

一、坚持相对独立与兼容协调相结合的原则

笔者认为，我国刑事被害人救助法律制度的构建需要建立一套相对完整的体系和规则，由国家最高立法机关出台关于刑事被害人救助的单行法律，[①]而这主要是由刑事被害人救助法律制度的属性所决定的。

有学者认为，“被害人国家立法应当具有社会法和刑事法的双重特征，其中社会法特征对应着分配正义，而刑事法特征则对应着功利主义。分配正义和功利主义经由国家保护义务和给付义务导入规范体系之内，确保了国家对被害人的救助既具有自然法意义上的正义和良善，又具有实定法意义上的当为和义务”。笔者对此观点并不完全赞同，笔者主张从法理学对于法的分类来审视，刑事被害人救助法律制度应属于社会法的范畴，而非属于刑事法的范畴，这主要基于以下理由：第一，社会法是调整狭义社会关系的法律规范的总和，总体上说，社会法的调整对象是狭义社会中的被帮扶主体与帮

① 比如，王牧教授主持制定的《中华人民共和国刑事被害人国家补偿法（建议稿）》、陈彬教授领衔制定的《中华人民共和国刑事被害人国家补偿法（建议稿）》、黄华生制定的《中华人民共和国刑事被害人国家补偿法（立法建议稿）》等。

扶主体之间的被帮扶与帮扶关系，具体来说，这一关系的特定领域主要包括社会护救、社会促进、社会优待、社会维权四个方面，这四个方面的关系的种类自然就包括社会护救关系、社会促进关系、社会优待关系、社会维权关系，而且每一方面的关系还可细分为若干层次、若干种类的关系，进而形成特定的关系群和关系结构，这样的关系群和关系结构最终体现在特定的权利义务关系上。[①]其具有三个特征：一是社会性，即社会法所调整的社会关系是狭义社会领域的关系；二是帮扶性，即社会法规定被帮扶主体的被帮扶权利和帮扶主体的帮扶义务，而且要求被帮扶主体权利优先以及帮扶义务的相应履行；三是脱困性，即全部社会法均体现脱困权利实现的目标价值。“社会法是国家为解决社会问题而形成的具有公法与私法融合特征的第三法域，是以维护弱者的权利和社会整体福祉为宗旨的一种新的法律体系。由于社会法提供了一种保护弱者的机制和利益分配的正义立场，它在一定程度上又被称为‘民生之法’”。[②]在社会之中，客观存在一批弱势群体，尤其是在市场经济的大环境下，极有可能导致弱势群体越来越弱，社会关系会出现严重的失衡状态并最终引发严重的社会问题。因此，需要由社会法来发挥其缓和社会矛盾、维护社会稳定、促进社会和谐的积极作用。具体到刑事被害人救助法律制度，它主要是调整国家和刑事被害人之间权利和义务的法律关系，其更多的是关注刑事被害人利益尤其是其生命权、健康权的保障和实现。换言之，刑事被害人救助法律制度主要是围绕着“刑事被害人”而设计建构的，这显然与刑法和刑事诉讼法所调整的法律关系并不相同。因此，从这个角度来看，刑事被害人救助法律制度并不属于刑事法的范畴。如果将刑事被害人救助法律制度既归于社会法的范畴，又归于刑事法的范畴，则会陷入自我矛盾的逻辑之中，而无法准确认定刑事被害人救助法律制度的本质属性。

第二，从域外国家的立法情况来审视，很多国家都将刑事被害人救助法律制度归为社会法的范畴。在此，笔者主要以德国的立法为例，德国早在1950年通过的《战争被害人照顾法》中就规定了对军人的社会补偿，此项立法当时主要是为了对第二次世界大战中受害的国民进行补偿照顾。其后，德国以此法律为基础，逐步建立起了各项具体的社会补偿法制，对被害人补偿法律就是其中一项重要内容。1975年德国制定了世界第一部《社会法典》，

① 汤黎虹．社会法基本理论．法律出版社，2017：129-130.
② 余少祥．社会法：维系民生之法．今日中国论坛，2009（1）：29.

其性质为“实现社会公平和社会安全而制定的包括社会救助和教育救助在内的社会给付的法律”，其基本任务是化解人民在社会经济生活中的社会风险，主要针对老年、失业、疾病、工伤、生育以及遭受犯罪侵害等社会风险提供社会安全保障，主要内容包括社会保险制度、社会补偿与福利制度、社会救助制度。①

但是，刑事被害人救助法律制度与刑事法律制度（包括刑法和刑事诉讼法）之间存在千丝万缕的联系，刑事被害人救助法律制度又带有一定的刑事法律色彩。因为无论是刑事被害人救助法律制度，还是刑事法律制度，都涉及刑事被害人权益的保障问题、国家公权力机关的责任义务问题等。例如，刑事被害人救助法律制度中涉及程序方面的内容，就需要和刑事诉讼法律制度的相关内容进行协调，以保障刑事被害人救助能够得以顺利实施。又如，刑事法律制度中关于被害人责任的认定问题，就直接影响到刑事被害人救助的最终结果，也正如有的学者所言，刑法领域中的被害人责任在被害人救助领域里具有相当程度的通约价值。②为此，刑事被害人救助法律制度与刑事法律制度两者之间应当做到协调一致。

此外，还需值得注意的一点就是，刑事被害人救助法律制度既然属于社会法的范畴，那么就自然而然地涉及刑事被害人救助法律制度与社会救助法律制度之间的协调问题。例如，刑事被害人救助与社会救助（主要是临时救助）是一种什么样的关系？刑事被害人是否可以同时申请刑事被害人救助和临时救助呢？刑事被害人在得到刑事被害人救助之后是否可以再申请社会救助呢？这些都需要在刑事被害人救助法律制度建构之中去仔细地斟酌，方能实现“法法之间”的有效衔接，也才能避免因为制度衔接不畅带来的严重的机械性损耗，最大限度地发挥刑事被害人救助的功效。

二、坚持立足实际与借鉴吸收相结合的原则

我国处于并将长期处于社会主义初级阶段，尤其是当前进入中国特色社

① 汤黎虹．社会法基本理论．法律出版社，2017：19.

② 被害人可归责事由之判断是对被害人行为在犯罪被害结果中的作用进行的法律判断，此种判断以刑法领域中被害人行为之定性及归责判断为基础。在刑法领域中，被害人会因为自己的行为对犯罪加害行为产生的实质性作用而降低加害人的可谴责性，于是相对应地，被害人的行为如果符合了被害人可归责事由之评价，被害人将不得或者少得到补偿。董文蕙．犯罪被害人国家补偿制度基本问题研究．中国检察出版社，2012：109.

会主义新时代，全面依法治国和全面深化改革正在深入推进之中。“我们有我们的历史文化，有我们的体制机制，有我们的国情，我们的国家治理有其他国家不可比拟的特殊性和复杂性，也有我们自己长期积累的经验和优势。”① 特殊的国情社情和特定的发展任务等决定了我国在立法上必须结合自身实际来予以慎重考量，坚持走“自主型法治发展道路”，② 体现法治发展的“中国中心主义”，突出强调法治发展的自主性与能动性，不断健全中国特色社会主义法律体系。因此，在构建刑事被害人救助制度、开展刑事被害人救助工作中需要充分考虑现阶段我国经济和社会发展的状况、社会公众的文化观念以及法治文明的推进情况，充分考虑地区间经济、社会发展水平的差异等因素。否则的话，极易出现法律制度与具体实践相脱节的情况，无法达到立法的预期目标。

当然，我们在研究我国刑事被害人救助制度构建的过程中应当坚持立足自身国情实际去进行考量，但是同时也应当注重比较、借鉴和吸收其他域外国家的相关经验。这里就涉及“法律移植”的问题。何勤华教授认为，“从辩证唯物主义哲学来看，世界上任何一个事物，都包含了普遍性和特殊性两个方面，法律也不例外……各个国家的法律，产生于各个不同的国家的土地上，因此，具有各自不同的特点，这是法律的特殊性。但是，作为调整各国人们行为的一种规范，法律又有普遍性，而这种普遍性所要解决的问题又是各个国家都面临着的共同问题，那么，一国移植他国法律就是必然的事情了。因此，法律移植是法律的普遍性的必然表现，是法律发展的规律之一”。此外，他还从社会学的角度来进行分析，认为法律中的某些促进人类社会文明发展的内容是没有国界的，英国法、美国法、法国法、日本法，都是整个社会的法，某个国家所创造的法律成果，不仅仅是这个国家的财富，也是整个人类社会的财富，理所当然地应当为各个国家所共同享用。因此，按照社会学原理，法律移植不仅是应该的，而且是必需的。最后，他从文化

① 习近平在中国政法大学考察时强调：立德树人德法兼修抓好法治人才培养　励志勤学刻苦磨炼促进青年成长进步 . 人民日报，2017-05-04（1）.

② 自主型法治发展是与依附型法治发展相对而言的，这是两种不同类型的法治发展模式。自主型法治发展道路强调社会主体对于本国法治发展路径的自主选择，注重从本国的国情条件出发，设计法治发展方案，把握法治发展进程，进而达到预定的法治发展目标。而依附型法治发展则是在外力的推动下展开的，往往脱离本国法治国情的基本情况，来组织推进本国的法治发展。前者体现了法治发展的“中国中心主义”，突出了法治发展的自主性与能动性；而后者则是法治发展的“域外中心主义”（也被称为“西方中心主义”），反映了法治发展的依附性与被动性。公丕祥 . 当代中国法治现代化 . 法律出版社，2017：311.

学的视角看，认为法律是文化的一种，而文化是没有国界的。法律当中也有一些代表全人类共性的文化要素，如对人们行为的规范价值、协调价值、引导价值、鼓励价值等，这些应当是没有国界，而为人类所共同享用的。①

从我国法制现代化进程的历史看，我国属于混合型法制现代化模式，是内发型法制现代化模式与外发型法制现代化模式的内在融合，并在此基础上形成了中国特色的法制现代化的法律发展模式。②正如有学者所论，“当代中国的立法不是在与域外互相隔绝的环境中孑然自立地走过来的。当代中国的立法和域外的立法同属于世界立法文化的一个组成部分，当代中国的立法可以从域外的立法中直接获取许多有益于自身发展的因素”。③法律移植的最高企求和成功的标志，就是将移植的对象法律本土化，使其成为本土法律体系中的构成分子，并能够给本土法律体系带来生机和活力。④

客观而言，我国的立法和实践对刑事被害人的救助问题关注比较晚，虽然从目前看我国刑事被害人救助工作取得了长足的进步，但相对于域外国家几十年的刑事被害人救助或者补偿制度的立法和实践经验积累而言，仍处于起步阶段，存在现实的差距，即所谓的“不平衡性”。⑤这是我国需要移植部分域外国家关于刑事被害人救助法律制度的必要性之所在。因此，在我国刑事被害人救助法律制度的构建中，需要适当汲取人类法治文明的共同成果，这其中既包括思维意识层面的先进经验，又包括实体制度层面的有益内容。

“一些理论观点和学术成果可以用来说明一些国家和民族的发展历程，在一定地域和历史文化中具有合理性，但如果硬要把它们套在各国各民族头上，用它们来对人类生活进行格式化，并以此为裁判，那就是荒谬的了。对国外的理论、概念、话语、方法，要有分析、有鉴别，适用的就拿来用，不

---

① 何勤华．法的移植与法的本土化．中国法学，2002（3）：93.

② 内发型法制现代化是指由社会自身力量产生的内部创新、经历漫长过程的法律变革道路，是由于内部条件的成熟而从传统法制走向现代法制的转型发展过程，主要以英国、法国等西欧国家为代表。外发型法制现代化是指因一个较先进的法律系统对较落后的法律系统的冲击而导致的进步转变过程，以日本、俄罗斯等为代表。混合型法制现代化是指因各种内外因素相互作用而推动传统法制向现代法制的转型与变革过程，一方面，从法制现代化的启动机制上看，混合型法制现代化模式中确实存在域外法律文化的强大压力和冲击问题，西方法律文化的影响和冲击往往是构成启动法制变革的重要动因；另一方面，从法制现代化的生成机理上看，混合型法制现代化国家的社会内部已经逐渐形成了法制变革的因素和基础。张丽，宋宏飞．法律移植及本土化研究．中国人民公安大学出版社，2010：37-38.

③ 周旺生．立法学教程．北京大学出版社，2006：112.

④ 张丽，宋宏飞．法律移植及本土化研究．中国人民公安大学出版社，2010：165.

⑤ 黄华生．刑事被害人国家补偿法立法研究．中国政法大学出版社，2014：67.

适用的就不要生搬硬套。哲学社会科学要有批评精神，这是马克思主义最可贵的精神品质。”[①] 因此，在法律移植过程中，我们需要克服一种不良的倾向，即“以西方发达国家尤其是以物质上超强的美国为仰视对象，在西方较为成熟的法治文明前，流露出将自己沦为‘客体’‘他者’的心态。在这种潜意识状态下，研究或者立法必然是沿着‘西方有某项制度并且具有正当性，而我们没有’，所以以‘我们应当移植’的逻辑展开，其结论必然是我们应当移植西方的各项制度”。[②] 但是，法律是特定民族的历史、文化、社会的价值与一般意识形态与观念的集中体现。任何两个国家的法律制度都不可能完全一样，法律是一种文化的表现形式，如果不经过某种本土化的过程，它便不可能轻易地从一种文化移植到另外一种文化。[③] 为此，在移植域外国家关于刑事被害人救助的相关法律制度时，必须加大甄别和挑选的力度，统筹把握好法律移植的“度”，防止出现简单的“拿来主义”，实践好法律移植的本土化进程。正如有学者所言：“应注意外来文化制度与我国国情的兼容性，注重对外来立法制度的整合，使其融入我国的法律文化……我们既要有放眼全球的视野，又要有中国问题的意识。应当在对域外先进立法经验兼容并蓄的同时，更加注重自身对这些先进经验的消化吸收。”[④]

三、坚持着眼当前与适度超前相结合的原则

我国刑事被害人救助法律制度构建首先应当坚持以问题为导向，即需要率先切实解决我国刑事被害人救助实践中所遇到的突出难点问题。既要解决刑事被害人救助实践过程中的一系列宏观性问题，如刑事被害人救助理念的更新、国家公权力机关的权力配置、刑事被害人救助程序等，也要注意解决刑事被害人救助实践过程中的微观问题，如国家部门之间关于刑事被害人救助信息共享机制和联席会议机制、救助资金的监督管理问题等。只有将现实问题解决好，才能真正体现出刑事被害人法律制度构建的生命价值所在。

当然，着眼实际并不意味着就要放弃关注未来。有学者曾论道，“需要以立法调整的社会关系既是丰富多彩的，也是异常复杂的。对有的社会关

① 习近平谈治国理政（第二卷）. 外文出版社，2017：341.
② 汪海燕. 刑事诉讼法律移植研究. 法律出版社，2015：56.
③ 张丽，宋宏飞. 法律移植及本土化研究. 中国人民公安大学出版社，2010：187.
④ 黄华生. 刑事被害人国家补偿法立法研究. 中国政法大学出版社，2014：68.

系作立法调整，完全按照常规的方法进行，未必是上佳的选择。在这种情况下，舍弃常规的方法，采取诸如超前立法的方法，倒不失为正确的或者至少不失为必要的选择，在社会变革之际，重大的社会改革过程中，相关立法及政策的设计，对超前立法方法的需求更加必要”。[①]否则的话，就会出现较为严重的法的滞后性。因此，在我国刑事被害人法律制度构建的过程中也应当注意适度的超前性，方能更好地适应刑事被害人救助工作的开展需要。

四、坚持实体公正与程序公正相结合

我国刑事被害人救助法律制度构建应当以公正为其基本价值追求。公正既包括实体公正，也包括程序公正。因此，刑事被害人救助法律制度构建过程中应当统筹实体公正与程序公正。[②]就实体公正而言，刑事被害人救助法律制度应当明确规定救助的对象范围、救助的具体条件、救助的具体标准等。这些实体性权利是刑事被害人救助法律制度构建的基础所在，只有将这些基本问题研究清楚，才能构建起我国刑事被害人救助法律制度“大厦的地基”。

在追求实体公正的同时，程序公正同样应当被引起足够的重视。刑事被害人救助不仅应当具有公正的结果，其实现的过程也应当被公正方式运用。“程序公正”是一个含义很丰富的概念，其标准也是多方面的和复杂的，但是其至少应该包含以下几方面：第一，中立（与偏颇、偏私对立），是指“与自身有关的人不应该是法官”，结果中不应含纠纷解决者个人利益；纠纷解决者不应有支持或反对某一方的偏见。第二，平等（与差别对立），是指无差别对待，对各方当事人的诉讼都应给予公平的注意。第三，公开（与秘密对立），是指程序活动过程对当事人、利害关系人及社会公开进行，并告知和保障参加机会。第四，科学（与任意、擅断、愚昧对立），是指程序中的各种活动与解决纠纷的目的应当具有必然的因果联系。第五，效率（与浪费对立），是指解决纠纷的程序成本与纠纷解决的结果之间的关系平衡。第六，文明（与野蛮对立），是指程序应当合乎文明与生活道德，如果纠纷

① 周旺生．立法学教程．北京大学出版社，2006：430.

② 被害人补偿法在规定实体性权利的同时，还必须明确规定被害补偿的正当程序，即补偿机关履行职责与被害人主张权利所应当遵循的方式、步骤、顺序，补偿机关的办理程序和时限，信息反馈等，从法律规范上规制被害补偿的法律关系主体严格按照法定程序行使权利和履行职责，保证被害补偿的过程公正。董文蕙．犯罪被害人国家补偿制度基本问题研究．中国检察出版社，2012：122.

解决程序中继续存在外部行为的冲突，甚至武力争斗等，那么它就没有任何文明可言。[①] 具体到刑事被害人救助法律制度而言，应当科学合理地设置刑事被害人救助程序，以便保障救助的效果得以公正地实现。刑事被害人救助程序既包括刑事被害人救助的管辖以及刑事被害人救助程序的启动、审查、决定等，也包括刑事被害人的参与权、救济权和监督权等，从而最大限度地实现救助程序的透明、开放和民主。此外，程序公正还要求刑事被害人救助法律制度在构建时应当注重效率的提升，在确保实体公正的情况下，尽量减少程序设置，尽可能使得刑事被害人在急需之时得到相应的国家救助，最大限度地体现国家救助的价值所在。

五、坚持宏观指引性与微观可操作性相结合

我国刑事被害人救助法律制度在构建过程中应当注重宏观指引性与微观可操作性相结合，即应当处理好法律规定中“粗”和“细”的关系。一方面，宏观指引性要求刑事被害人救助法律制度构建过程中，应当明确刑事被害人救助的主要目的、价值导向和基本原则等，从而为全国刑事被害人救助的实践操作开展提供统一的规范的立法层面的指引，使得社会各界对刑事被害人救助的基本理念达成一致认可。另一方面，微观可操作性要求在刑事被害人救助法律制度构建过程中应当注重刑事被害人救助的法律规则操作的可行性，尽量避免出现大量的授权性规则或者仅带有宣示性的条文，从而有助于将刑事被害人救助效果真正落到实处。因为从立法技术层面看，立法机关所制定的各种法律均应当成为规范全体社会成员的基本行为规则，而这种规则必须是内容明确的、具体的、有可操作性的规则，即规范性的规则，[②] 这样既有助于严格执法司法的开展，也有助于为社会公众提供预期的行为指引。

① 张文显．法理学．法律出版社，2012：371.

② 如《社会救助暂行办法》有十余条授权性规则，如授权省、自治区、直辖市或设区的市级人民政府或县级以上人民政府制定相应的救助标准，且对国家鼓励、支持社会力量参与社会救助方面缺乏详细的措施和方法，大大弱化了法律的实用性。蒋悟真．社会救助立法的机遇、模式与难点．社会科学战线，2015（7）：234.

第四节　刑事被害人救助法律制度构建的参考因素

我国刑事被害人救助法律制度的构建是一项带有复杂性、长期性和系统性的工程。在其构建过程中，需要紧密结合我国实际国情，充分考虑到经济因素、政治因素、社会因素和文化因素的影响和制约，使得刑事被害人救助法律制度真正契合我国司法实践之所需。下面，笔者将从四个方面予以论述：

一、经济因素

马克思主义哲学认为，物质决定精神，经济基础决定上层建筑。“如果说，我们的法律、哲学和宗教的观念，都是在一定社会内占统治地位的经济关系的或近或远的枝叶，那么，这些观念终究抵抗不住因这种经济关系完全改变而产生的影响。”[①] 我国实行社会主义市场经济，坚持以公有制经济为主体，多种所有制经济共同发展；同时我国又处于社会主义初级阶段，生产力水平仍然比较落后，经济发展的水平和质量相对不平衡。这些都与西方发达资本主义国家有着根本性的差异，也决定了我国刑事被害人救助法律制度的构建有着自身的特殊性。一方面，国家应当积极承担起对刑事被害人救助的责任，体现社会主义国家经济的优越性；另一方面，还应切实考虑我国经济发展的阶段和水平，因为这不仅涉及刑事被害人救助过程中国家所负担财力的问题，而且涉及刑事被害人自身的实际经济利益问题。

① 马克思恩格斯选集（第3卷）.人民出版社，1972：402.

但是，笔者认为，随着我国国家经济的发展和物质文明的不断进步，刑事被害人救助的相关标准和要求也将进一步提高。

二、政治因素

政治因素主要包括政党、国体、政体和政治权力的配置方式等。第一，执政党执政理念和政策。“各国国情不同，每个国家的政治制度都是独特的。世界上不存在完全相同的政治制度，也不存在适用于一切国家的政治制度模式。”[①] 我国是共产党领导的社会主义国家，党的性质和国家性质决定了共产党作为执政党代表最广大人民群众的根本利益，其所制定的政策都是党的意志的集中体现，其目的都是实现党的宗旨，实现好、维护好和发展好人民群众的根本利益。在刑事被害人救助这一问题上，中央政法委多次牵头出台了一系列的政策文件，充分体现了执政党中央对于刑事被害人权益保护工作的高度重视，有力地推动了刑事被害人救助工作朝着更加规范化、实效化的方向发展，有效地保障了刑事被害人人权；但是，关于刑事被害人救助的党的意志还需要尽快通过国家法定程序转化为国家意志，从而进一步推动刑事被害人救助的法治化进程，实现刑事被害人救助工作的立法突破和完善。

第二，国家机关之间分工协作。刑事被害人救助显著区别于其他社会救助之处，就在于刑事被害人救助是由于涉刑案件而产生，其必然涉及相应的司法机关。但是，我国国家的政治权力配置又决定了刑事被害人救助工作不可能完全依赖于司法机关，如刑事被害人救助资金就需要政府部门的财政拨款；此外，刑事被害人救助和社会救助的衔接还需要各级政府的民政部门等积极有序地参与进来。这就需要刑事被害人救助法律制度在构建过程中注意考虑到国家机关的职责分工和权力配置问题，保障刑事被害人救助工作达到既分工明确又有序衔接的良好工作机制。

三、社会因素

社会因素往往被视为经济因素和政治因素的综合作用结果，其包括人们生活的方方面面，比如居住环境、生活环境、人口迁移、城市化进程等。社

① 习近平．在庆祝全国人民代表大会成立60周年大会上的讲话（2014年9月5日）．人民出版社，2014：16.

会因素对刑事被害人救助法律制度的构建的影响，主要集中在以下三点：

第一，改革开放以来人口大迁移。自我国改革开放以来，我国的社会环境发生了深刻变化，原来的封闭式的社会管理体系和模式已被极大改变，自20世纪80年代末开始，农村大批量的劳动力被解放出来并不断向大中城市流入，特别是向经济发达的东南沿海城市迁移，形成了所谓的“民工潮”。据不完全统计，1982年全国的流动人口大约为2000万人，1985年则为5000万人，到了1987年年底则达到了7000万人。[①] 人口的大流动带动诸多方面的移动，它的确是生命的新搏动，是生活的新节奏，是对新机遇的寻求，它也是个体、地区文化的一次迁徙和融合，社会发展的新动力产生了——需求。在这种社会因素的影响下，产生了对制度改革的需求，产生了对法律健全的需求，产生了对权利保障的需求，太多的需求催促着社会的变革。[②] 这种大规模的人口流动已促成我国社会结构、城乡结构、经济结构等发生重大变革。但是，与此同时，流动人口的犯罪问题给社会治安和社会管理都带来了前所未有的挑战，笔者于2017年对北京市三个区（朝阳区、海淀区和丰台区）的流动人员犯罪情况进行了调查，从调查结果看，流动人员犯罪相对集中在侵犯财产犯罪（主要为盗窃、抢劫、信用卡诈骗等）、侵犯人身犯罪（强奸、故意伤害、杀人等）以及妨害社会管理秩序犯罪（妨害公务罪等），其中侵犯财产犯罪约占案件总数的40.6%，侵犯人身犯罪约占案件总数的32.5%，妨害社会管理秩序犯罪约占案件总数的13.5%。因此，我国人口的大流动在直接或者间接上都会影响到刑事被害人救助法律制度的构建。

第二，我国“城乡二元结构”的长期困扰。虽然改革开放之后，我国经济社会快速发展，但是，以户籍制度为基础的“城乡二元结构”依然存在，就全国大部分地区而言，城镇居民和农村居民在人均收入、消费水平、社会保障、发展能力等方面存在较大差距，而且这方面的差距在一段时期内呈现扩大趋势。2018年城镇居民人均可支配收入中位数为36413元，农村居民人均可支配收入中位数为13066元。城乡居民收入差距数额依然居高不下；城镇居民人均消费支出达26112元，农村居民人均消费支出仅12124元，二者消费水平同样也存在较大差距。[③] 这成为摆在刑事被害人救助面前的一道难题。

第三，我国“现代市民社会”的不断发育。所谓市民社会，是指国家和

① 俞雷．中国现阶段犯罪问题研究（总卷）．中国人民公安大学出版社，1993：78.
② 张丽，宋宏飞．法律移植及本土化研究．中国人民公安大学出版社，2010：103.
③ 参见2019年1月21日国家统计局发布的《2018年居民收入和消费支出情况》。

家庭之间的一个中介性的社团领域，这一领域由同国家分离的组织所占据，而这些组织在同国家的关系上享有一定的自主权并由社会成员自愿结合形成以保护或者增进他们的利益或者价值。按照马克思关于市民社会的基本理论，现代国家的基本特征之一是市民社会与政治国家并列存在。市民社会（包括市民社会自治团体，如工会、社会团体等）不是与国家权力相对抗，而是与国家共存的“良性互动关系”。① 尤其是随着全面深化改革的不断推进，“大政府、小社会”的格局正在不断朝着“小政府、大社会”的方向发展，大量非政府组织纷纷成立，数目增长极快，1988 年至 2004 年间，我国非政府组织数量年均增长 28%，2004 年的单位数是 1988 年的 65 倍。有学者统计，截止到 2012 年，我国取得执照资格和注册登记的各类非政府组织为 90 多万个，是 1989 年的 198 倍多，是 1996 年的 4.8 倍多，是 2004 年的 3.1 倍多。② 而且这些组织的类型多样，活动领域多元，其代表着社会各界不同的呼声，正在以多样的方式进入社会管理和服务体系之中，发挥着越来越重要的作用。这些也必将对刑事被害人救助法律制度的构建产生一定影响。

因此，我国刑事被害人救助法律制度的构建绝不能回避社会因素的影响。一方面，我们应当看到社会发展变革和进步尤其是社会公众文明素质的不断提升对刑事被害人救助法律制度构建的积极意义，对于那些在身体上和精神上遭受了严重创伤但因案件无法侦破或者犯罪人赔偿能力有限等原因不能获得及时救助的被害人进行救助，顺应了同情弱势群体的社会心理，容易为社会公众的心理情感所接受。③ 另一方面，我们也应当重视社会因素尤其是大规模长时间的人口流动、社会管理体制相对滞后、社会利益和诉求多元化等一系列问题对我国刑事被害人救助法律制度构建所带来的挑战。

四、文化因素

文化是特定文化所塑育的文化性，特别是其中的习俗礼俗部分，积久成习，习而不察，遂成为人类的第二天性。④ 文化被称为一个国家、一个民族

① ［法］雅克·博里康．法国当代刑事政策研究及借鉴．朱琳译．中国人民公安大学出版社，2011：61-62.

② 戴昌桥．中国非政府组织现状探析．求索，2012（4）：1.

③ 孙谦．构建我国刑事被害人国家补偿制度之思考．法学研究，2007（2）：58.

④ 许章润．犯罪学（第四版）．法律出版社，2016：188.

的灵魂。历史和现实都表明，一个抛弃了或者背叛了自己历史文化的民族，不仅不可能发展起来，而且很可能上演一幕幕历史悲剧。文化自信，是更基础、更广泛、更深厚的自信，是更基本、更深沉、更持久的力量。[①] 中华传统文化源远流长、博大精深，在世界文明发展史上独树一帜。扶危济困是中华传统文化的重要内容之一，也是中华传统美德的主要内涵之一，对刑事被害人实施救助体现了对中华传统美德的继承和发扬，有助于在全社会进一步营造扶危济困的良好氛围，促进社会的和谐稳定和长远发展。

此外，中华传统法律文化是中国传统文化的重要组成部分。在中华传统法律文化中，“无诉”无疑是关键词之一。“无诉”的字面意思是没有或者不需要诉讼，引申为一个社会因为没有纷争和犯罪而不需要法律或者法律搁置不用，亦即所谓的“刑措”。“在传统中国，法律虽然以刑杀为核心，但刑杀并不是它的目的，它所追求的是取消刑杀以至刑措的无诉。这主要是因为无诉联系着和谐，联系着政治理想，联系着大同世界的实现。无论是对官方还是民间，这些都是幸福的源泉和意义的表征。因为对生活在关系性社会中的传统中国人来说，和谐是他们最大限度地获得人生幸福感和满意度的保障。所以，无诉自然成为传统中国法律文化的价值追求和意义所在。”[②] 正如有学者所言，“中国现代化法治不可能是一套精密的文字法规加一套严格的司法体系，而是与亿万中国人的价值、观念、心态以及行为相联系的”。[③]

因此，在我国刑事被害人救助法律制度的构建过程中，需要充分考虑到我国特有的文化基因和文化传承，赋予法律制度本身以人文之情怀，使得刑事被害人感受到法律之温情，也为刑事被害人救助提供中国范式。

① 习近平谈治国理政（第二卷）. 外文出版社，2017：349.
② 张中秋. 中西法律文化比较研究（第四版）. 法律出版社，2018：342.
③ 李鹏. 论被害人国家补偿制度的价值及本土化. 国家检察官学院学报，2004（2）.

第五节　刑事被害人救助实施中的基本原则

刑事被害人救助实施的基本原则是国家在实施刑事被害人救助过程中所应当坚持的重要依据和准绳。刑事被害人救助实施应当坚持以下基本原则：公正性原则、有限性原则、迅捷性原则和综合性原则。

一、公正性原则

公正性原则，是指国家有关机关或者部门在实施刑事被害人救助工作中应当平等地对待每一位刑事被害人，凡是符合救助条件的，都应当及时告知被害人或其近亲属关于救助的权利和义务，坚决反对救助工作中的歧视性做法或者不作为现象，真正做到“应救则救”，恢复被破坏的正义，恢复被害人与其他社会成员平等的经济和社会地位，保障并实现被害人取得公理和公平待遇的权利。[①] 公正性原则是刑事被害人救助的首要原则，也是最基本原则。

公正性原则要求不应当对救助额外施加限制性条件，不应当将案件处理结果与救助相挂钩。在具体的司法实践中，常常会出现有些国家机关或者部门对刑事被害人或者其近亲属提出救助的额外条件，将是否予以救助与刑事被害人或其近亲属是否息诉罢访相挂钩，[②] 这种做法导致了刑事被害人救助工作信访化，违反了公正性原则的基本要求，偏离了刑事被害人救助的价值

① 田鹏辉．刑事被害人社会保障制度的时代价值及构建//刑法论丛（第16卷）．法律出版社，2008：943.

② 尹伊君，马滔．《人民检察院国家司法救助工作细则（试行）》的理解与适用．人民检察，2016（20）：28.

目标，严重损害了刑事被害人救助的权威性与严肃性。

二、有限性原则

有限性原则，又称有限原则、适当性原则或者救助必要原则，[①]即刑事被害人救助应当具有一定的限制性条件，并非无条件的普惠式的。因为对于刑事被害人而言，享有救助是其一项权利，有助于自身及其家庭最大限度地摆脱困境；而对于国家而言，实施救助则是其一项义务。从法理学的角度来看，权利和义务在数量上是等值的，一个社会的权利总量和义务总量总是相等的，[②]一旦权利需求过量或者义务供给短缺，权利和义务相平衡的格局就会被打破，从而引发利益争夺的混乱局面。[③]若是刑事被害人救助的范围和领域过于宽泛，则显然会超出国家和社会所应承受的能力范围和资源容量，结果往往只会适得其反，看似“形式上的公正”往往是“结果上的不公正”。虽然域外国家对刑事被害人救助的对象、标准、金额等实体内容的规定并不一致，但是都有明确的限定条件，并非无限补偿。

因此，对于无条件限制的“阳光普照式”的救助应当予以否定，反而应从实际情况出发，对刑事被害人救助划出明确的边界，如对于救助资金的最高额作出明确限制、对救助措施予以明确等。可以说，有限性原则是协调刑事被害人获得救助与国家和社会有限的救助资源的一项非常重要的指导准则。在中国的司法语境下，刑事被害人救助只有与社会救助等其他救助方式有机结合起来，才有可能发挥救助的最佳功效，实现救助的短期效益与长远效益的有机结合。

三、迅捷性原则

迅捷性原则，又称及时性原则或者便捷及时原则，[④]即刑事被害人在确有困难的情形下能够在尽可能短的时间内得到来自国家的救助。有学者

---

① 曲涛．刑事被害人国家补偿制度研究．法律出版社，2008：226；董文蕙．犯罪被害人国家补偿制度基本问题研究．中国检察出版社，2012：246；黄华生．刑事被害人国家补偿法立法研究．中国政法大学出版社，2014：102.

② 张文显．法理学．高等教育出版社，北京大学出版社，2007：146.

③ 黄华生．刑事被害人国家补偿法立法研究．中国政法大学出版社，2014：110.

④ 赵可．犯罪被害人及其补偿立法．群众出版社，2009：195；曲涛．刑事被害人国家补偿制度研究．法律出版社，2008：227；董文蕙．犯罪被害人国家补偿制度的性质定位与基本原则．中国检察出版社，2012：123.

就认为，迅捷性原则主要包括“为申请人提供便利”和“迅捷作出补偿决定”两个方面。[①]换言之，从国家的角度而言，就是需要在尽可能短的时间内通过便捷程序使得刑事被害人获得相应的救助。救助越及时，救助效果就会越充分，刑事被害人感受到公平正义和人道主义关怀就会越强烈。

假如只有在刑事附带民事诉讼判决生效之后，被告人无实际赔偿能力且被害人无法从其他途径获取救济的情况下，才能启动刑事被害人救助程序，这就意味着一些陷入困境而又亟须获得国家补偿的刑事被害人必须经过比较漫长的诉讼程序的煎熬，这显然有违刑事被害人救助对于被害人权益保障的初衷。“欧洲委员会指出，严格执行最后顺序补偿原则，将导致被害人在实际获得救济的过程中接受不合理的延误后果，并存在使被害人受到二次被害的风险，尤其是当加害者缺乏赔付能力的状况较为明显时，再希望被害人经过冗长的诉讼程序要求加害人赔付，并请求执法机关执行判决，已经毫无意义，更不用说，由于漫长的侦查程序和刑事审判程序，被害人还难以进入请求赔付其损失的民事审判程序。”[②]因此，很多域外国家都规定了“现行救助（或者补偿）制度”，如葡萄牙《暴力犯罪被害人保护法》规定，在经济情况下，对能够获得的补偿，可以申请上限1/4以下的临时补偿。法国《刑事诉讼法典》规定，刑事被害人国家补偿委员会在程序的任何阶段可以批准一次或者多次临时补偿，对临时补偿的申请应当在1个月内作出裁决。

四、综合性原则

综合性原则，是指国家公权力机关在实施刑事被害人救助过程中应当综合考虑各种情况，尤其是从公共道德、伦理规范等社会因素出发，从而实施合情合理的救助措施和行为，以使得救助功效得以最大化地实现。[③]正如有学者所论，“无论是良心，还是‘常识、常理、常情’都是特定社会中的人

① 黄华生．刑事被害人国家补偿法立法研究．中国政法大学出版社，2014：111.
② 陈彬等．刑事被害人救济制度研究．法律出版社，2009：204.
③ 有学者将此项原则称为“补偿妥当原则”，即补偿机关所作出的是否补偿之决定要符合“一般社会观念”之妥当性判断，要遵循源于人类社会自然情感并在人类长期的文化发展和历史变迁中形成的“常识、常理、常情”。对于社会生活基本道义的坚守、对自然感情的呵护和对普遍伦理的维持，都应体现于被害补偿法的实体和程序内容中。董文蕙．犯罪被害人国家补偿制度基本问题研究．中国检察出版社，2012：123.

性、人心最本源的形态，社会需要的最低要求和人民利益的最大共识，是现代法治不可或缺的人性基础和人民基础……我们很难设想一个违背社会基本常识、人民基本伦理、人类基本感情的法律规定，在实践中真正得到人民的支持”。[①]

综合性原则要求对于特殊被害人和特殊需求，应予以特殊考量。特殊被害人主要包括性犯罪的被害人、家庭暴力犯罪的被害人、亲属间犯罪的被害人、未成年的被害人等。这些群体的受害过程和结果都具有鲜明特点，因而都需要考虑其特殊性，应当采取有针对性的救助措施和方法，从而保障刑事被害人救助的实质性公平。例如，联合国于 1989 年通过《儿童权利公约》确立了“儿童最大利益原则”，其主要内容为：“关于儿童的一切行动，不论是由公私社会福利机构、法院、行政当局或者立法机构执行，均应以儿童的最大利益为一种首要考虑。”联合国经济与社会理事会通过的《为罪行的儿童被害人和证人取得公理的准则》（Guidelines for Child Victim and Witnesses），明确提出要关注儿童被害人的权利并予以特殊保护。[②] 这就需要在立法过程中对儿童被害人救助的规定更加仔细、全面和系统，充分考虑到儿童的健康成长所需的生存权和受教育权等。

① 陈忠林．刑法散得集．法律出版社，2003：37-38.
② 董文蕙．犯罪被害人国家补偿制度基本问题研究．中国检察出版社，2012：198.

第五章　刑事被害人救助法律制度内容的多维度思考

第一节　刑事被害人救助法律制度构建的实体内容

刑事被害人救助法律制度构建的实体内容主要是涉及国家在开展刑事被害人救助工作中的具体情况，即应该对何种案件的被害人进行救助以及在何种情况下减少救助或者不予救助。

一、明确刑事被害人救助的案件范围

（一）侵犯公民生命和人身权利的犯罪案件

2015 年，中央政法委等六部委联合制定的《关于建立完善国家司法救助制度的意见（试行）》将关于侵犯公民人身和生命权利的犯罪案件分为三类：第一，刑事案件被害人受到犯罪侵犯，造成重伤或严重残疾，因案件无法侦破造成生活困难的；或者因加害人死亡或没有赔偿能力，无法经过诉讼获得赔偿，造成生活困难的。第二，刑事案件被害人受到犯罪侵害危及生命，急需救治，无力承担医疗救治费用的。第三，刑事案件被害人受到犯罪侵害而死亡，因案件无法侦破造成依靠其收入为主要生活来源的近亲属生活困难的；或者因加害人死亡或没有赔偿能力，依靠被害人收入为主要生活来源的近亲属无法经过诉讼获得赔偿，造成生活困难的。从上述规定来看，目前我国对于刑事被害人人身伤害的救助还是局限于须达到“重伤”或者“严重残疾”的程度。笔者对此持否定看法，因为刑事被害人的人身伤害即使未达到“重伤”或者“严重残疾”的程度，也可能因为犯罪侵害而面临生活困难和救助需要，因此不应将“重伤”或者“严重残疾”作为救助的必要条件之一。

（二）侵犯公民财产权利的犯罪案件

有学者认为，不宜对遭受财产犯罪的被害人予以国家救助，其主要理由有二：其一，国家法律所保护的公民个人法益具有位阶性，公民的生命法益最高，其次是人身健康法益，再次是自由法益，最后是财产法益。在国家的财政资源有限情况下，应当优先保护高位阶的法益，低位阶的法益应当予以避让。其二，财产犯罪在我国是高发性的犯罪，它的发案数量远远高于暴力犯罪，如果将其纳入救助的范围，会拖垮整个国家救助体系。[①]

笔者则不赞同上述观点，笔者主张应当将侵财类犯罪纳入刑事被害人救助的范畴之中。因为侵财类犯罪也会导致严重的后果，造成刑事被害人精神和物质上的双重严重损失，也可能面临着生活困境，需要及时获得救助，不能因为救助的需求量大就选择放弃救助，这显然与刑事被害人救助的价值导向相背离。正如有学者所言，“实践中，犯罪人实施放火、爆炸、决水等行为，尽管被害人身体未必受到伤害，但房屋、其他财产可能一夜之间化为灰烬或者被大水卷走，导致无家可归、基本生存条件完全丧失或者经济陷入极度困境不是不存在或不是不可能发生，如果将财产损失排除在外，一旦遇到这类案件，会因法律的除外规定引发争议和问题的推诿”。[②]

二、刑事被害人救助的排除或者限制条件

（一）刑事被害人一方主动放弃刑事损害赔偿

学者普遍认为，“刑事被害人不能获得加害人赔偿”是刑事被害人救助的前提条件，刑事被害人救助实质上是刑事损害赔偿制度的重要补充机制，其具有替补性。[③]如果刑事被害人既获得了加害人的补偿，又要求获得国家救助，则显然违背了刑事被害人救助的初衷。在具体的实践中，现有的许多规范性文件已对此作出明确规定。例如，《河南省关于建立完善国家司法救

① 黄华生．刑事被害人国家补偿法立法研究．中国政法大学出版社，2014：131.
② 王瑞君．刑事被害人国家补偿研究．山东大学出版社，2011：146.
③ 黄华生．刑事被害人国家补偿法立法研究．中国政法大学出版社，2014：152.

助制度的实施意见（试行）》中就明确规定，“申请国家司法救助人员，具有下列情形之一的，一般不予救助……在诉讼中主动放弃民事赔偿请求或拒绝加害责任人及其近亲属赔偿的”。又如，《人民检察院国家司法救助工作细则（试行）》中也明确规定，“救助申请人具有下列情形之一的，一般不予救助……（四）在诉讼中主动放弃民事赔偿请求或者拒绝加害责任人及其近亲属赔偿的”。

笔者认为，国家应当对刑事被害人一方主动放弃刑事损害赔偿的情形进行认定，判断刑事被害人一方的真实意思表达。如果刑事被害人一方出于真实自愿，则应当成为救助的排除条件。

（二）刑事被害人具有主观过错

刑事被害人具有过错到底是刑事被害人救助的排除条件还是限制条件？目前，在我国具体的实践中还存在一些争议。概括起来，主要有以下两种观点：

第一种观点认为，刑事被害人过错是排除救助的条件。无论刑事被害人过错大小，只要刑事被害人存在过错，就不能给予救助。“无责任被害人（无辜的被害人）应当是补偿的重点，而对犯罪行为的发生负有一定责任或重大责任的被害人（有责被害人），不应当给予补偿。”[①]

第二种观点则认为，“被害人过错是减少国家救助金额的因素，即应当根据刑事被害人的过错表现和程度等，扣减或者不给予救助金。在刑事被害人国家救助阶段，国家给予的救济仅包括医疗费救济和生活困难救济。就医疗费救济而言，救人是第一位的，因此，无论有无过错均应给予救济；对于生活困难救济费，则可因被害人的过错予以适当减少，但不可完全拒绝救济”。[②]一些关于刑事被害人救助的规范性文件就此作了规定。例如，《江西省关于开展刑事被害人救助工作的实施办法（试行）》规定，“确定具体救助数额时，应综合考虑下列因素……③刑事被害人对案件发生有无过错以及过错大小”；《广东省关于建立完善国家司法救助制度的实施意见》规定，“确定救助金具体数额，要综合考虑救助对象实际遭受的损害后果、有无过错、过错大小、个人及其家庭经济状况、维持当地基本生活水平所必需

---

① 赵可．犯罪被害人及其补偿立法．群众出版社，2009：196.
② 陈彬等．刑事被害人救济制度研究．法律出版社，2009：114.

的最低支出，以及赔偿义务人实际赔偿情况等”；《人民检察院国家司法救助工作细则（试行）》规定：“救助申请人具有下列情形之一的，一般不予救助：（一）对案件发生有重大过错的……”

笔者赞同第二种观点，因为无论被害人在被害时是否存在过错，都无法消除已经存在的被害后果这一客观现实，如果对有过错（包括重大过错）的被害人不予以救助则会使被害人处于更加困难的境地。但是，基于公平原则以及法律的导向价值作用，[①]存在过错的被害人也应当对自己的行为负有责任，对其救助金额可以适当予以减少。在美国，补偿委员会的调查者经常会寻找被害人在犯罪中的责任，如果发现被害人对犯罪的发生负有一定责任，那么，补偿的数额将会相应减少，甚至完全取消；如果被害人所受伤害是因为他实施违法行为导致的，那么，被害人将丧失补偿资格（如在抢劫酒馆时被枪击，在购买毒品时被刺伤，同意卖淫后被殴打）。凡是在酒吧醉酒，说“挑衅”的话，然后引起冲突导致严重受伤的人，大多数将限制补偿。[②]

（三）刑事被害人一方已获得相应的社会救济

许多国家均规定刑事被害人或者近亲属（主要是遗属）已经通过其他渠道获得相应的社会救济的，则不再对其发放专门的刑事被害人救助金。我国现有的关于刑事被害人救助的规范性文件也将刑事被害人一方已获得相应的社会救济作为排除条件。《最高人民法院关于加强和规范人民法院国家司法救助工作的意见》规定：“救助申请人具有以下情形之一的，一般不予救助……（六）已经通过社会救助措施，得到合理补偿、救助的……”《人民检察院国家司法救助工作细则（试行）》规定：“救助申请人具有下列情形之一的，一般不予救助……（六）通过社会救助等措施已经得到合理补偿、救助的。”

（四）刑事被害人一方无正当理由拒绝协助调查案件事实

《最高人民法院关于加强和规范人民法院国家司法救助工作的意见》规定：“救助申请人具有以下情形之一的，一般不予救助……（二）无正当理由，拒绝配合查明案件事实的……”此外，《人民检察院国家司法救助工作细则（试行）》规定：“救助申请人具有下列情形之一的，一般不予救

① 黄华生．刑事被害人国家补偿法立法研究．中国政法大学出版社，2014：155.
② ［美］安德鲁·卡曼．犯罪被害人学导论．李伟等译．北京大学出版社，2010：400.

助……（二）无正当理由，拒绝配合查明案件事实的……”

笔者认为，从依法高效惩治犯罪和维护自身合法权益的角度出发，刑事被害人一方应当负有协助公安司法机关查明案件事实的义务；但是，与此同时，不能对刑事被害人一方的协助义务提出过于严苛的要求，要正确把握“正当理由”这一含义。笔者认为，“正当理由”包括主观意识层面的正当理由和客观事实层面的正当理由两部分。前者主要是指刑事被害人一方在很多情况下由于害怕遭到再次打击报复或者侵害而不愿配合协助查明案件事实；后者则是指刑事被害人由于遭受犯罪侵害精神受到较大刺激而无法清楚地回忆起相关线索而无能力协助等。如果将“无正当理由”与“拒绝协助调查”直接画等号，极易导致在具体的实践中，相关公权力机关以“不拒绝协助查明案件事实”为由而拒绝刑事被害人救助。

第二节 刑事被害人救助法律制度构建的程序内容

法律程序具有导向功能，通过程序的时空要素来指引人们的法律行为按照一定的指向和标准在时间上得以延续，在空间上得以进行。程序的导向功能为个别而具体的行为提供了统一化、标准化的模式，克服了行为的个别化和非规范化，同时程序的导向机制指示人们的行为在时间上和空间上有秩序地连贯和衔接，避免法律行为的中断。①

一、打破部门利益藩篱

统一明确刑事被害人救助的主责机关。

目前，对于“刑事被害人救助的责任机关”的观点并不一致，概括起来主要有以下观点：

（一）地方县级以上社会治安综合治理委员会办公室

有学者认为，由地方县级以上社会治安综合治理委员会办公室执掌刑事被害人救助决定权是比较恰当的，因为“刑事被害人救助制度的直接目的是及时救助因刑事犯罪遭遇特别经济困难的被害人，促进社会治安综合治理，刑事被害人救助工作与社会治安综合治理具有密切关系。而且，社会治安综合治理委员会是协助党委、政府领导社会治安综合治理工作的常设机构；社会治安综合治理委员会办公室是社会治安综合治理委员会的办事机构，与政

① 张文显．法理学．高等教育出版社，北京大学出版社，2007：180.

法委机关合署办公。它兼具党、政机关的性质，具有既密切联系政法各部门又不具体从事政法工作的特殊地位，拥有延伸至乡镇、街道的健全组织体系”。为此，有学者提出三点建议：一是中央社会治安综合治理委员会办公室应当对全国刑事被害人救助工作进行组织协调，不宜具体从事刑事被害人救助决定工作；二是由县级以上社会治安综合治理委员会办公室在公、检、法三机关配合下执掌刑事被害人救助决定权，并与负责民政救济的民政局保持工作联系；三是乡镇、街道综治机构没有与其对应的政法部门，不宜赋予其决定权，但在协助上级综治机构开展救助工作方面可以发挥作用。

（二）人民检察院内设专门机构

有学者认为，可以考虑在检察机关内部设立专门的刑事被害人国家补偿委员会，具体负责刑事被害人救助工作，其主要理由为：第一，检察机关拥有一定的调查取证权，能够对需要进行国家补偿的刑事案件以及被害人的损失情况进行调查；第二，检察机关对所办理的刑事案件较为了解，能够妥善处理被害人的申请与犯罪行为的关系；第三，检察机关作出对刑事被害人进行救助的决定并不具有最终裁决的性质，先给付被害人补偿金并不意味着对案件的最终定性。①

（三）人民法院内设专门机构

有学者则认为，根据我国司法实际，可以考虑在各级人民法院内部设立刑事被害人救助的专门机构，具体负责刑事被害人救助工作，其理由为：第一，对于刑事被害人救助的审查必然涉及对刑事损害赔偿情况、被害人的损害情况以及过错程度等的确定，而法院通过对刑事案件的审理，已对案情有了充分了解；第二，有利于方便诉讼文书和案卷材料的移送和接收，从而提高救助效率；第三，法院天然的上下级审级设置，有利于对关于救助的裁判进行监督并对错误裁判进行救济；第四，法院系统内部已设立了国家赔偿委员会并开展工作多年，而刑事被害人救助案件和国家赔偿案件有着诸多相似之处，这样有助于将办理国家赔偿案件的业务经验顺利移植到国家补偿案件中，大大减少办案业务培训的难度；第五，法院作为国家的审判机关，对于刑事被害人救助作出裁判也具有社会公信力，这是其他任何机关不可比拟的

① 张波．论刑事被害人国家补偿制度的构建．求实，2012（1）．

优势；第六，在法院系统内部设立独立的刑事被害人救助机构，职能相对独立，业务范围明确，有利于集中、高效地开展工作。①

（四）司法行政机关

还有学者认为，应当由司法行政机关来具体负责刑事被害人救助工作，其理由主要为：第一，我国司法行政机关是协调处理各项司法行政事务的机关，其行政职能包括了指导监督法律援助以及有关监狱管理之事务；第二，犯罪被害人国家救助不是司法行为，而是一种行政行为，不应由司法机关作为管理机构，由司法行政机关主管符合其属性。②

（五）政府民政部门

有学者建议，由政府民政部门来履行刑事被害人救助的相关职责。其主要基于以下理由：其一，各级政府民政部门作为管理有关救助性质的专门机关，工作经验比较丰富，能够较好地把握刑事被害人救助的标准和范围，可以更好地履行救助职责；其二，司法程序比行政程序烦琐复杂，如果由司法机关作为救助机构的负责主体，对于身心已经遭受严重伤害的被害人来讲，有违设立被害人救助制度的初衷；其三，民政部门的救助程序周期比司法机关要短，可以更好地保障刑事被害人救助时效的实现，也有助于减轻司法机关的职能压力；③ 其四，如果被害人不服民政机关作出的补偿决定，可以通过复议、复核和向人民法院提起行政诉讼的方式获得相应救济。④

（六）专门的刑事被害人救助机关

还有学者认为，从长远的视角来看，通过设立专门机关或者部门来具体负责对被害人救助的审查与决定，既可以缓解办案机关的工作压力，也便于被害人救助工作的开展，是较为理性的选择。⑤

综上分析，各位学者的建议都具有一定的可行之处，但是，笔者认为，结合我国司法的具体实践，应明确司法行政机关为刑事被害人救助工作的主责机关，统一履行被害人救助的管理职责。这主要是基于以下考量：

① 黄华生．刑事被害人国家补偿法立法研究．中国政法大学出版社，2014：182.
② 韩红兴．论我国犯罪被害人国家补偿制度的构建．中国人民公安大学学报（社会科学版），2012（2）：69.
③ 曲涛．刑事被害人国家补偿制度研究．法律出版社，2008：250.
④ 罗大华，孙政．论刑事被害人国家补偿制度．河南司法警官职业学院学报，2004（1）：30.
⑤ 宋英辉．特困刑事被害人救助实证研究．现代法学，2011（5）：108.

第一，刑事被害人救助工作具有浓厚的行政色彩，这与司法机关的职责性质和定位大相径庭，不利于司法机关依法行使司法权。[①] 而司法行政机关是围绕司法活动而开展各种保障和服务的国家专门机关，[②] 这样的职责属性与被害人救助工作具有高度的契合性，其具有法律专业的优势，因为被害人救助的决定涉及犯罪事实与被害结果之认定、被害人可归责事由、被害人的不当性与被害结果之间特殊的因果关系等一系列具有刑事司法专业性质的问题。[③]

第二，刑事被害人救助法律制度将促使各个司法机关在各个阶段（侦查、审查起诉、审判等）加强保护刑事被害人作用，而刑事案件往往涉及各司法机关，由司法行政机关来统一负责刑事被害人救助工作，能够有效地协调司法机关、犯罪嫌疑人或者犯罪人、被害人之间的关系。[④] 这样既可以有效克服“九龙治水”的弊端，最大限度地整合分散在公安司法机关的司法救助资源，形成强大的资源聚集效应；又有利于方便刑事被害人或其近亲属申请救助，避免“多头求助”的问题，从而能够在很大程度上提升救助工作的整体效益，防止有限的救助资源被浪费，实现刑事被害人救助资源的优化配置。

第三，由司法行政部门统一负责刑事被害人救助工作，也有助于在很大程度上减轻公安司法机关的办案压力，使得公安司法机关更加聚焦自己的主责主业。尤其是当前我国司法体制改革正在深入推进，本轮司法体制改革的主要目标之一就是缓解“案多人少”的突出问题，保障优秀的法官、检察官留在办案一线，更好地履行司法办案职责。因此，由司法行政部门履行刑事被害人救助职责，也与本轮司法体制改革的目标和要求具有高度的契合性。

第四，这也符合当前我国“政府牵头抓总、民政统筹负责、部门分工配合”的社会救助体系构造，即司法行政机关作为主管司法行政事务的政府组成部门，可以密切与民政机关的联系和沟通，将刑事被害人救助与其他的社会救助统筹起来，综合运用、协调处理，促使刑事被害人救助与社会救助实现有效衔接，使得对刑事被害人的整体救助效益得以充分显现。

第五，司法行政机关和财政机关均为政府的重要组成部分，在救助金发

---

① 陈彬，李昌林．论建立刑事被害人救助制度．政法论坛，2008（4）：62.
② 王向君．论构建我国的刑事被害人司法救助制度．安庆师范学院学报（社会科学版）．2014（5）：87.
③ 董文蕙．犯罪被害人国家补偿制度基本问题研究．中国检察出版社，2012：288.
④ 孙谦．构建我国刑事被害人国家补偿制度之思考．法学研究，2007（2）：61.

放的日常沟通方面更为密切和便捷，有助于统一救助金发放的标准尺度和监督管理等工作，更加畅通救助金的发放渠道，从而有助于刑事被害人救助工作的高效开展。

第六，司法行政机关是负责法律援助工作的主管部门，而刑事被害人救助与法律援助工作在具体的操作层面存在不同程度的交叉。由司法行政机关负责刑事被害人救助工作，有助于实现刑事被害人救助与法律援助之间的协调对接问题，更好地维护被害人权益和促进司法公正。

笔者建议，可在全国四级司法行政机关内部设立“刑事被害人救助委员会办公室”，作为从事刑事被害人救助工作的具体办事机构。中华人民共和国司法部作为司法行政事务的最高主管部门，主要从事指导、监督、管理和协调全国刑事被害人救助工作；各省级及其以下的三级司法行政部门主要负责本地区范围内的刑事被害人救助工作。

二、增强救助工作实效

丰富刑事被害人救助的具体措施。

刑事被害人救助的具体措施并不仅仅是发放刑事被害人救助金，而且要从心理和精神层面上对刑事被害人实施救助，从而增强救助工作实效。

（一）发放刑事被害人救助金

发放刑事被害人救助金是刑事被害人救助的最基本也是最主要的方式之一，其能够有效缓解刑事被害人面临的生活困难，帮助刑事被害人摆脱困境，进而获得发展的机会。

有学者建议，刑事被害人救助金应当主要包括医疗费救助金和生活费救助金两种。医疗费救助金主要用于刑事被害人所需而家庭无力承担的医疗费用以及必要的后续治疗费用。生活费救助金主要用于为被害人及其近亲属提供为期一年的最低生活保障，它以刑事被害人的家庭生活水平因被害人重伤或者死亡而低于其户籍所在地最低生活水平为前提。[①] 笔者认为，刑事被害人救助金除了医疗费救助金和生活费救助金之外，还可包括精神损害救助金、生存发展救助金。其中，精神损害救助金主要用于赔偿刑事被害人或者其近亲属精神所遭受的创伤；生存发展救助金主要用于被害人及其家庭恢复

① 陈彬，李昌林．论建立刑事被害人救助制度．政法论坛，2008（7）：60.

生产能力和自身发展能力。

（二）开展心理疏导和治疗

心理疏导和治疗主要是指对刑事被害人因遭受犯罪侵害而产生的心理创伤进行抚慰以及心理问题进行矫正。心理疏导和治疗是对传统刑事被害人救助措施的一种深化和拓展，是对刑事被害人受损精神层面领域的救助，也符合国际发展的趋势。例如，2002 年 6 月 10 日，日本大阪教育大学附属池田小学发生恶性伤害案件，一名犯罪人共杀害 8 名小学生并刺伤 23 名小学生。案发后，当地政府立即邀请心理、精神专家，对那些受到犯罪行为强烈刺激而精神不稳定的孩子开展心理恢复治疗。①

对刑事被害人进行心理疏导和治疗已被我国部分规范性文件所采纳。2015 年中央政法委等六部委发布的《关于建立完善国家司法救助制度的意见（试行）》规定，“国家司法救助以支付救助金为主要方式。同时，与思想疏导、宣传教育相结合，与法律援助、诉讼救济相配套，与其他社会救助相衔接。有条件的地方，积极探索建立刑事案件伤员急救“绿色通道”、对遭受严重心理创伤的被害人实施心理治疗、对行动不便的受害人提供社工帮助等多种救助方式，进一步增强救助效果”。《最高人民检察院关于全面加强未成年人国家司法救助工作的意见》中明确规定，“对遭受性侵害、监护侵害以及其他身体伤害的，进行心理安抚和疏导；对出现心理创伤或者精神损害的，实施心理治疗”。但是，上述规范性文件中对于心理疏导和治疗这一救助措施的规定相对比较笼统，从立法的角度而言，需要予以进一步的细化和完善。笔者认为，心理疏导和治疗应当实现专业化的运作，具体来说：第一，司法行政机关负责救助的工作人员对刑事被害人进行日常的心理疏导，帮助其解决浅层次的心理问题。第二，司法行政机关可以通过购买社会服务的方式，聘请专业人员来向刑事被害人提供心理咨询和服务，解决刑事被害人较为深层次的心理问题。第三，对于因犯罪而造成严重心理疾病的刑事被害人，则需要实施有针对性的心理康复治疗。

（三）进行社区关照和帮扶

社区关照和帮扶，是指由社区为刑事被害人一方提供必要的关怀和照

---

① 田思源．犯罪被害人的权利与救济．法律出版社，2008：202.

顾，促使刑事被害人一方积极融入社区和社会之中。此项措施不仅着眼于刑事被害人救助的物质层面，而且着眼于其精神层面，有助于刑事被害人一方能够获得继续生活和生存的能力。

其实，许多发达国家均非常重视社区在刑事被害人救助方面所发挥的重要作用，并探索设立刑事被害人救助的社区机构。结合我国实际，笔者建议，在我国东部经济发达地区可以试点建立刑事被害人救助社区工作站，探索刑事被害人救助的社区帮扶模式，充分整合基层政府资源和民间资源，形成救助合力，共同做好刑事被害人救助的社区关照和帮扶工作。

三、便捷救助工作开展

确定刑事被害人救助的管辖事宜。

从已有的实践经验来看，刑事被害人救助的管辖基本上可分为两种模式：一种是刑事被害人住所地或者居住地模式，如德国《暴力行为被害人赔偿法》规定，“被害人的住所地或者经常居住地在某州的，由该州的机构执行”。奥地利《刑事被害人救助法》规定，“申请人应当向住所地联邦事务局提出申请。没有住所地的，应当向居住地提出申请”。[①] 另一种就是刑事案件承办地模式，我国现有的规范性文件基本都采用这种管辖模式。根据2015年中央政法委等六部委发布的《关于建立完善国家司法救助制度的意见（试行）》规定，“对符合救助条件的当事人，不论其户籍在本地或外地，原则上都由案件管辖地负责救助”。

笔者认为，结合我国现有的法律规定和司法体制情况，可采取“以刑事案件立案管辖地为主、以刑事被害人住所地或者居住地为辅的原则”。具体来讲，刑事被害人救助的管辖首先应由刑事案件立案管辖地的司法行政机关负责，提升管辖效率；若刑事被害人住所地或者居住地的司法行政机关管辖更为适宜的，可以由刑事被害人住所地或者居住地的司法行政机关管辖。由刑事被害人住所地或者居住地的司法行政机关管辖主要是从更好地保障刑事被害人的利益出发予以确定，其主要有两种情况：其一，刑事案件立案管辖地的司法行政机关需要回避的；其二，刑事案件立案管辖地的救助金标准低于刑事被害人住所地或者居住地的。这样有助于更好地保障刑事被害人的救助权益。

① 黄华生．刑事被害人国家补偿法立法研究．中国政法大学出版社，2014：183.

四、增强救助工作主动性

有效落实刑事被害人救助的权利告知。

从国家公权力机关的角度而言，刑事被害人救助权利的告知主要是指公安司法机关在办理刑事诉讼案件过程中，发现被害人及其近亲属符合国家救助条件的，应当依法及时告知其享有被救助的权利，这是刑事被害人救助权利得以有效落实的前提和基础。

从刑事被害人角度而言，则要求其知悉权得到保障和落实。知悉权又被称为知情权、了解权，其基本含义是指公民有权知道他应当知道的事情，国家应最大限度地确认保障公民知悉、获取信息，尤其是政务信息的权利。[①]知悉权的主体是与公权力相对的公民（包括自然人和法人），而国家和政府对这一权利的实现负有以合理的方式提供信息并加以保障的义务。[②]1983 年《欧洲暴力犯罪被害人补偿公约》就明确规定："每个成员国应当采取适当措施保证潜在的申请人知悉关于方案的信息。"

笔者建议，在刑事被害人救助法律制度的构建中应明确规定公安司法机关在侦查、审查起诉、审判阶段应当依法告知被害人及其近亲属符合法定条件可以向国家机关申请刑事被害人救助，从而变"选择性告知"为"普遍性告知"，真正将国家公权力机关的告知义务落到实处，[③]切实保障被害人对于获得救助的知悉权。

五、引入司法化程序构造

构建被害人救助审查的听证规则。

有学者提出，刑事被害人救助程序的审查应遵循"书面审查为主、听证审查为辅"的原则，即在书面审查不足以判断是否救助的情形下，则可以根据需要来组织听证程序。听证程序只适用于申请人提出的申请事实和理由，或者申请的补偿数额存在较大争议的情形，并且听证程序的发动主体原则上只能是申请人。出于对国家秘密和个人隐私的保护以及对未成年人的照顾，对于涉及国家秘密、个人隐私以及未成年人案件，不得组织听证程序。具体

① 黄娟．论民事诉讼中当事人的知情权．法学评论，2004（1）：35.
② 孙长永．犯罪嫌疑人的权利保障研究．法律出版社，2011：308.
③ 张云霄，蒋小平．浅析我国刑事被害人救助程序之构建．中国司法，2018（6）：68.

理由如下：第一，刑事被害人救助从性质上讲主要是一种行政行为，其不具备诉讼程序必备的“两造对立、居中裁判”的三方格局；第二，书面审查具有程序的迅捷性优势；第三，书面审查有利于防止刑事被害人遭受“二次被害”；第四，书面审查为域内外刑事被害人国家救助程序所一般采用的审查方式。①

但是，还有观点认为，“为了确保国家救助客观公正，在作出数额较大的救助决定前可以应救助申请人的申请举行听证程序。听证程序应由刑事被害人救助委员会的1—2名成员主持，主持人为与本案无利害关系的非本案调查人员。人员包括调查取证人员、救助申请人、委托代理人以及其他相关人员等。主持人应听取各方的陈述意见，审查各方提出的事实、证据，并组织各方进行辩论与质证，在此基础上查明事实。刑事被害人救助委员会应当根据听证笔录作出公平合理的处理决定”。②

综合上述研究观点，笔者认为，刑事被害人救助的审查应当打破封闭环路，增加其公开性和透明性，即“以听证程序为原则，以书面审查为例外”。其理由如下：第一，刑事被害人救助的审查在属性上不能简单地界定为一种行政行为，其带有明显的司法特性，因此不能简单地采用行政命令式的方式去操作，而是需要注重运用司法的思维、手段和方式去解决。第二，引入调查和听证程序，能够有效打破目前我国刑事被害人救助审查程序的“封闭性”问题，不断促进审查程序的适度公开化，防止出现“暗箱操作”，进一步促使国家机关更充分地履行刑事被害人救助的法定职责。第三，有助于刑事被害人或其近亲属更加充分有效地参与到审查程序之中，“自己为自己发声”，更好地保障自身的合法权益，进一步增强程序的民主性。第四，听证程序并不直接意味着救助效率的降低，相反，通过对听证程序进行合理化的构建，达成“面对面”解决问题的效果，既有助于提升救助工作的效率，也有助于促进被害人及其近亲属情绪的疏导，从而有助于社会秩序的稳定。

具体而言，第一，建立健全刑事被害人救助的调查程序，即在法定的期

① 比如，江西省委政法委员会、江西省高级人民法院、江西省人民检察院、江西省公安厅等八个机关联合发布的《关于开展刑事被害人救助工作的实施办法（试行）》规定，受理救助申请的办案机关应当在7日内进行书面审查，必要时可以采用听证程序对有关事实进行调查。黄华生．刑事被害人国家补偿法立法研究．中国政法大学出版社，2014：193.

② 柳建华，李炳烁．权利视野下的基层司法实践——刑事被害人救助制度研究．江苏大学出版社，2010：160.

限内由司法行政部门组织工作人员统一负责对被害人的家庭成员信息、家庭财产收入、缴纳社会保险等进行客观中立的调查，初步听取刑事被害人及其近亲属、所在辖区（包括街道社区居民委员会和村民委员会）公众的相关意见，并由司法行政部门出具相应的调查意见。第二，建立健全刑事被害人救助的听证程序，即在法定的期限内，由司法行政机关主持，邀请案件管辖的公安司法机关及其工作人员、被害人或者其近亲属（包括被害人或者其近亲属委托的代理律师）等共同参加，就刑事被害人救助的问题举行听证会。原则上当场作出是否提供救助的决定，或者在听证完毕之后五个工作日内作出是否予以救助的决定，并将决定以书面方式告知被害人或者其近亲属。在例外情形下，可以采取书面审查的方式来对刑事被害人救助进行审查。这种例外情形主要包括：一是涉及国家秘密、个人隐私以及未成年人案件的；二是被害人由于生命安全问题急需医疗救助的；三是其他不适合采取听证程序进行审查的。

六、保障被害人权利的落实

明确被害人享有相应的救济权。

有两条著名的法谚，“无救济则无权利”和“救济先于权利”。《世界人权宣言》第八条规定：“任何人当宪法或法律所赋予他的基本权利遭受侵害时，有权由合格的国家法庭对这种侵害行为作有效的补救。”无论是在公法领域，还是在私法领域，公民的基本权利都面临着随时被侵害的现实风险。现实也表明，侵害现象一直未曾中断。为了使宪法性基本权利能够真正得以实现，国家除了消极不作为（不得侵犯）外，还有积极的作为义务，即采取一定的措施，使权利在遭受侵害后能够得到恢复、修复、补偿或者赔偿，这是基本权利的保护义务。基本权利的保护义务，在性质上好比是要求国家积极作为的给付权。[①] 正如有学者所言，“如果存在公民不能获得救济的领域，那就意味着为公民权利保障撕开了一个可怕的缺口，也意味着宪法和法律上的人权可能随时会遭受突如其来的打击而又无法予以防御；如果权利不能得到国家救济权的最终认可和保障，那就不是真实的权利，而只是一种纯粹的道德宣言或者是一种哲学上的概念而

① 孙长永等．犯罪嫌疑人的权利保障研究．法律出版社，2011：351.

已”。[①]此外，“以权利制约权力”是人民主权思想的一种应然性的逻辑推导，即政治权力基于人民权利而产生，权力也应当被权利所约束。但这一理论预设要成为现实，必须通过制度的设计与转化，而为公民提供权利救济的有效途径和方法则是主要方法之一。[②]在刑事被害人工作中，国家机关掌握着大量的救助资源，对刑事被害人实施救助实质上是一项国家职权的履行。既然是一项公权力，其在具体运行中也可能存在乱作为或者不积极作为的情形。一旦发生，将会对刑事被害人获得救助的权利再次造成伤害，甚至会让刑事被害人失去对社会、对法律、对未来的信心，而这种伤害是比遭受犯罪的伤害更加深层次的伤害，其危害后果可想而知。

从目前来看，刑事被害人救助的救济途径主要可概括为三种模式：第一种是“司法救济模式”，即刑事被害人认为有关公权力机关没有履行或者不当履行救助责任，直接向法院提起诉讼，以寻求救济；第二种是“申请复议救济模式”，即刑事被害人认为有关公权力机关没有履行或者不当履行救助责任，直接向该公权力机关的上一级机关申请行政复议，以寻求救济；第三种是“先复议后诉讼救济模式”，即刑事被害人认为有关公权力机关没有履行或者不当履行救助责任，先向该公权力机关的上一级机关申请复议，如果上级机关不同意复议申请的，可以向人民法院提起诉讼，以寻求最后救济。

为此，笔者认为，应从法律层面明确赋予被害人及其近亲属享有相应的救济权，并且分两步来予以实现。从近期来看，应以“申请复议救济模式”为主，具体而言，在被害人及其近亲属向司法行政机关申请被害人救助被拒后，可向上一级司法行政机关提出关于救助的复议申请，上一级司法行政机关接收到申请后，应当在法定期限内作出复议决定，并将复议的结果和理由以书面的形式向被害人或者其近亲属告知。若上一级司法行政机关不同意复议申请，则被害人救助程序即告终结；若上一级司法行政机关同意复议申请，则要求案件管辖的司法行政机关在法定期限内履行救济职责。这样也符合程序效率的原则，避免陷入烦琐的程序泥淖之中。从长远视角来看，笔者建议采取“先复议后诉讼救济模式”，即刑事被害人对于行政复议决定不服的，可以通过司法渠道来寻求最终的救济之道，这也有助于最大限度地保障刑事被害人的权利以及增强司法的权威和公信力。

---

① 苗连营．公民司法救济权的入宪问题之研究．中国法学，2004（5）：98.

② 公丕祥．当代中国的法治现代化．法律出版社，2017：119.

第三节 刑事被害人救助法律制度构建的配套机制

我们常说“良法善治”。“良法”要实现“善治”，必须具有可操作性，而可操作性往往就涉及配套机制层面的建设。一套完整的法律体系必须有相应的配套机制作为补充，方能在具体的实践中实现良好运行，否则再好的法律也无法有效实施。对于我国刑事被害人救助法律制度构建而言，同样如此。

一、刑事被害人信息调查机制建设

刑事被害人信息调查机制，是指由国家机关在特定时间内对全国刑事被害人的信息进行科学的调查和分析的制度规范。对刑事被害人信息进行调查能够获得刑事被害人个人及其家庭的真实情况，能够为刑事被害人救助提供真实的“一手资料”和相关参考依据。因此，世界上许多国家都开展了刑事被害人信息调查工作。例如，英国从1982年起开始了定期的犯罪被害实际情况的调查（British Crime Survey），该调查对一年间犯罪被害的实际情况（犯罪被害的种类、程度等）采取抽样的方式，并通过和被害人家庭代表面谈进行。1992年以后，犯罪被害调查隔年进行。又如，日本通过法务综合研究所组织，并通过全国的地方检察厅实施了对1997年1月1日至1999年3月3日的有罪判决案件的264名被害人的特别调查，以便了解刑事被害人的实际情况、被害恢复情况以及刑事被害人对刑事司法机关的相关建议。[①]

为此，笔者建议，我国可以考虑建议由司法行政部门牵头的关于刑事被害人救助联合调查组，每年通过科学的方法对我国刑事被害人情况以及救助情况等进行全面摸底和排查，为刑事被害人救助工作的开展提供实证参考依据。

二、刑事被害人救助信息共享机制建设

刑事被害人救助信息共享机制，是指涉及刑事被害人救助工作的国家机关在关于刑事被害人救助信息方面实现互通有无、协同发展的制度规范。刑事被害人救助涉及众多的国家公权力机关，虽然司法行政机关是主要负责机关，但是公安机关、司法机关以及民政机关都是重要的参与者和实施者。因此，这些公权力机关之间关于刑事被害人救助信息应当实现共建共享，避免因“信息阻隔”或者“信息中断”而导致刑事被害人救助的失效。

为此，笔者建议，可以由司法行政机关作为牵头机关，联合其他公权力机关开展刑事被害人救助信息库建设，其内容主要包括：第一，刑事被害人的基本情况，即刑事被害人的姓名、年龄、性别、民族、家庭情况等；第二，刑事被害人救助的进展情况，即刑事被害人救助的受理机关、救助事宜、救助方式、救助进度、救助结果等。在此基础上，进一步实现刑事被害人救助信息资源的共建共享，从而进一步提升刑事被害人救助工作的质效。

三、刑事被害人救助基金建设机制

刑事被害人救助基金建设机制，是指刑事被害人救助基金的设立、募集、管理、监督和使用等制度规范。刑事被害人救助工作普遍面临的主要难题之一就是经费问题。从现有的实践经验来看，刑事被害人救助基金是解决刑事被害人救助经费短缺问题的重要途径之一。笔者建议，可由司法部统一规划和指导全国刑事被害人救助基金建设工作，设立专门的刑事被害人救助基金会，并制定相应的规范性文件，规范刑事被害人救助基金的设立、募集、运行和监督工作，实现此项工作的专业化，以更好地解决刑事被害人救助经费问题。

① 田思源．犯罪被害人的权利与救济．法律出版社，2008：190.

从目前学术界研究的情况来看，刑事被害人救助金的来源主要包括：（1）专项财政拨款；（2）法院依裁判对犯罪人收取的一定比例的罚金以及没收的一定比例的财产；（3）社会无偿捐赠。但是，对于依法提取的监狱中罪犯一定比例的劳动收入是否可以成为刑事被害人救助金的来源问题存在一定的争议。持反对意见者主要有两点考虑：其一，当前我国刑事被害人救助工作主要是由公安司法机关来负责，而监狱的主管机关是司法行政机关，将罪犯一定比例的劳动收入作为救助金来源会触动司法行政机关和监狱的利益，使他们产生"为他人做嫁衣"的感觉，[①]因而在实践中可能会产生巨大阻力。其二，将罪犯一定比例的劳动收入作为救助资金来源，也会影响到罪犯的改造意愿，造成其社会复归之困难。[②]

笔者认为，将罪犯在监狱中的一定比例的劳动收入作为刑事被害人救助金的来源具有正当性和可行性。第一，由司法行政机关作为刑事被害人救助的责任主体，同时也是监狱的管理机构，因而司法行政机关就可以将刑事被害人救助工作和监狱管理工作统一部署和谋划，实现两项工作的良好衔接，因而将罪犯一定比例的劳动收入作为刑事被害人救助资金来源并不会在实践中产生巨大的阻力。第二，将罪犯一定比例的劳动所得作为救助金的来源，有助于教育和引导罪犯正视自己的犯罪行为，这也正是罪犯积极悔罪并愿意接受改造的集中体现，从而在一定程度上有助于刑罚目的的实现，有助于罪犯的社会复归。[③]第三，域外国家也已经有了相关的实践基础，美国刑事被害人救助金的来源，除政府税收以外，还包括额外征收之罚金及监狱劳作金等加害人之所得或者缴纳之财产。而各州之补偿经费，除联邦政府补助的40%份额外，其他经费还包括州政府税收、罚金、附加罚金、假释后工作收入、监狱作业成品所得及犯罪人出售有关犯罪情节及犯罪动机等文字或者影片之所得及保释金。[④]

① 黄华生．刑事被害人国家补偿法立法研究．中国政法大学出版社，2014：210.
② 谢协昌．犯罪被害人体系保护之研究．中国政法大学博士学位论文，2007.
③ 董文蕙．犯罪被害人国家补偿制度基本问题研究．中国检察出版社，2012：249.
④ 许启义．犯罪被害人保护法之实用权益．台北永然文化出版公司，2001：43.

第六章　刑事被害人救助法律制度体系的多维度衔接

中国社会科学院法学所刘仁文教授在《立体刑法学》一书中指出："随着学科分工越来越细，学科间日渐形成壁垒，学术研究'碎片化'的现象越来越严重。我国法学也不例外，各种专业性的学会、教研室纷纷筑起自己的围城，对外来'入侵者'有意无意地加以排斥，而围城里的同行也逐渐习惯了自己圈内的思维方式和视野，不轻易地对外张望。"于是，他提出了"立体刑法学"的学术思想，即刑法学研究要前瞻后望（前瞻犯罪学、后望行刑学），左顾右盼（左顾刑事诉讼法、右盼其他部门法），上下兼顾（上对宪法和国际公约、下对治安管理处罚法），内外结合（对内加强对刑法的解释、对外重视刑法的运作）。笔者受此启发，认为在我国刑事被害人救助法律制度的构建中也应当有一种"立体化"的思维和视角，"跳出刑事被害人救助看刑事被害人救助"，将其置于中国特色社会主义法治体系之中去考虑，打破部门法的界限，实现部门法的贯通，实现与刑事法、社会法等部门法律制度的有效衔接，真正构建起中国特色的刑事被害人救助法律制度体系。

第一节　刑事被害人救助法律制度与宪法法律制度的衔接

宪法被称为“法律中的法律”，是一国之根本大法，具有最高的法律效力和法律地位。宪法的重要功能之一就是保障公民权益，因而被誉为“公民权利的保障书”。法治越发达，宪法对于公民权益的保障越充分，反之亦然。刑事被害人作为遭受犯罪行为侵害的公民，其合法权利理应得到宪法的尊重和保障。

刑事被害人救助法律制度的构建实质上就是宪法条文和精神的具体落实和兑现。从世界范围来看，包括刑事被害人救助在内的刑事被害人权利呈现出宪法化的趋势，越来越多的国家在其本国宪法中直接规定了对刑事被害人救助的相关条文表述，以示对刑事被害人权益保障的高度重视。例如，在美国，1982 年以后通过修改州宪法来规定刑事被害人的权利的动向在各州蔓延，到 1999 年年底已有 31 个州实现了州宪法的修改，规定了刑事被害人的权利，其中就包括对刑事被害人予以救助和补偿。此外，韩国《宪法》中也增加了刑事被害人的救济权，其第三十条规定：“因他人的犯罪行为而受到生命和人身被害的国民，均得依据法律的规定，有权从国家得到救济。”还有，1987 年泰国《宪法》明确规定：“因犯罪而死亡或者因犯罪而遭受身体、精神痛苦的被害人，或者丧失亲人的家庭成员，都有权利得到国家补偿。”[①] 因此，从宪法这一高度来对刑事被害人救助作出相关规定，无疑会对刑事被害人救助法律制度构建以及刑事被害人合法权益保障起到根本的促

① 黄华生．刑事被害人国家补偿法立法研究．中国政法大学出版社，2014：98.

进作用。

从目前我国《宪法》的规定内容来看，我国刑事被害人救助法律制度构建的宪法依据主要包括以下内容：其一，第三十三条第三款规定："国家尊重和保障人权。"显然，这其中包括对刑事被害人人权的尊重和保障，而对特定的刑事被害人进行救助正是尊重和保障其人权的典型体现。其二，第十四条第四款规定："国家建立健全同经济发展水平相适应的社会保障制度。"其三，第四十五条规定："中华人民共和国公民在年老、疾病或者丧失劳动能力的情况下，有从国家和社会获得物质帮助的权利。国家发展为公民享受这些权利所需要的社会保险、社会救济和医疗卫生事业。国家和社会保障残疾军人的生活，抚恤烈士家属，优待军人家属。国家和社会帮助安排盲、聋、哑和其他有残疾的公民的劳动、生活和教育。"这条被视为我国当前对刑事被害人救助的直接规定，但是从条文内容上看，也并没有"刑事被害人救助"的直接表述。

法律明确性原则基本内涵是指明确的法律能为人们提供较为确定的指引，告知民众什么是禁止的，何种行为是允许的，一般人才可以根据法律所确定的权利义务作出特定行为，充分了解法律内容，从而据以主张权利，也可以有效约束国家机关依照法律规定，降低滥用职权的可能性。[①] 笔者认为，为了更好地体现国家对刑事被害人救助的重视并推动刑事被害人救助的开展，使得刑事被害人救助有宪法上的直接依据，建议在我国《宪法》中增加如下表述："国家充分保障刑事被害人的合法权益，在必要的情况下实施救助。"如此一来，我国刑事被害人救助法律制度的构建则具有坚实的宪法法律基础，真正做到名正言顺，有助于从根本上推动刑事被害人救助的立法和执法工作的顺利和深入开展。

① 刘仁文等．立体刑法学．中国社会科学出版社，2018：327，336.

第二节　刑事被害人救助法律制度与刑事法律制度的衔接

正如前文所论，刑事被害人救助是一项带有强烈刑事司法色彩的社会问题，刑事被害人救助和刑事案件之间有着千丝万缕的联系，刑事案件的每一个阶段都将直接或者间接地影响到刑事被害人救助。这就决定了刑事被害人救助法律制度在构建过程中必然和刑事法律制度具有天然的关联性，需要实现内在的衔接。

一、刑事被害人救助法律制度与刑事诉讼法律制度的衔接

我国《刑事诉讼法》明确规定："尊重和保障人权，保护公民的人身权利、财产权利、民主权利和其他权利。"但是，关于作为当事人之一的被害人的权利保障的法律条文却寥寥无几。增加关于刑事被害人救助的有关规定有助于将我国《刑事诉讼法》的原则性规定落到实处。

（一）明确公安司法机关对刑事被害人救助权利的告知义务

刑事诉讼法律制度应当明确公安司法机关在办理刑事案件过程中，应当向刑事被害人及其近亲属送达权利义务告知书，将刑事被害人救助作为法定事项之一予以告知，即刑事被害人有权向司法行政机关提出救助申请，切实依法保障刑事被害人及其近亲属的知情权。

（二）明确公安司法机关对刑事被害人救助的协助配合义务

笔者认为，刑事诉讼法律制度应当明确公安司法机关有协助司法行政机关共同履行好刑事被害人救助的义务，避免在司法实践中各部门之间的推诿扯皮现象，依法保障司法行政机关能够及时依法了解案件相关信息（需要保密的除外）等与救助有关的事项，及时开展救助工作。

（三）明确被害人在无法获得民事赔偿之情形下的救助权

笔者建议，应当对我国《刑事诉讼法》第七章“附带民事诉讼”的相关制度予以完善，增加刑事被害人救助的相关内容，即被害人通过附带民事诉讼程序但无法获得相应的赔偿且陷入生活困难情境的，国家应当予以救助。这样有助于将《刑事诉讼法》总则中关于“尊重和保障人权，保护公民的人身权利、财产权利、民主权利和其他权利”的规定具体化，以便和刑事被害人救助法律制度相衔接。

二、刑事被害人救助法律制度与刑法法律制度的衔接

我国《刑法》中明确规定：“由于犯罪行为而使被害人遭受经济损失的，对犯罪分子除依法给予刑事处罚外，并根据情况判处赔偿经济损失。”为了强化刑法对刑事被害人救助的支持力度，笔者建议，可以在上述法条内容上增加“国家应当对符合相关条件的被害人予以救助”这一表述。

第三节 刑事被害人救助法律制度与社会法法律制度的衔接

从总体来看，我国社会法法律制度虽然发展较晚，但是发展迅速，在较短的时间内形成了较为完备的体系规范，在保障公民社会权利、维护社会秩序安定、防范和化解社会风险以及促进社会长远发展等方面均发挥着重要作用。刑事被害人救助法律制度作为社会法法律制度的重要组成部分，与其他社会法法律制度均体现了社会成员间的社会互助之责任与风险共担之精神，[①]这就决定了刑事被害人救助法律制度需要与其他社会法法律制度实现有效衔接。

一、刑事被害人救助法律制度与社会救助法律制度的衔接

刑事被害人救助法律从本质上讲属于社会法这一部门法的范畴；而以城乡低保制度为核心的社会救助法律也为社会法重要组成部分。两者的共同功能都在于对不同主体利益、不同社会力量和社会秩序予以整合，并在实现利益合理配置、社会秩序和谐的同时，实现被救助主体的权益。[②]这就必然涉及刑事被害人救助法律制度与社会救助法律制度的衔接问题。

早在2009年中央政法委等八部门联合发布的《关于开展刑事被害人救助工作的若干意见》中就明确提出，“对于暂时未纳入救助范围的刑事被害人或者实施救助后仍然面临生活困难的，要通过社会救助途径解决其生

① 董文蕙．犯罪被害人国家补偿制度基本问题研究．中国检察出版社，2012：280.
② 蒋悟真，詹国旗．“结构—功能”视角下社会救助法的救济功能．社会科学研究，2013（5）：99.

活困难”。2015年，中央政法委等六部门共同发布的《关于建立完善国家司法救助制度的意见（试行）》也明确规定，“对于未纳入国家司法救助范围或者实施国家司法救助后仍然面临生活困难的当事人，符合社会救助条件的，办案机关协调其户籍所在地有关部门，纳入社会救助范围”。此外，《最高人民法院关于加强和规范人民法院国家司法救助工作的意见》中规定，“对未纳入国家司法救助范围或者获得国家司法救助后仍面临生活困难的救助申请人，符合社会救助条件的，人民法院通过国家司法救助与社会救助衔接机制，协调有关部门将其纳入社会救助范围”。可见，在具体的司法实践中，有关国家机关已关注到包括刑事被害人救助在内的司法救助与社会救助的衔接问题。但是，两者的具体衔接问题还有待从法律层面上予以进一步明确。

（一）明确刑事被害人救助和社会临时救助的关系

社会救助中的临时救助主要是针对“意外事件”所引起的救助，而这种“意外事件”主要是指因客观因素所引发的现象，其并不包括“犯罪”这一特殊行为而引发的现象。国务院《社会救助暂行办法》第四十七条规定：“国家对因火灾、交通事故等意外事件，家庭成员突发重大疾病等原因，导致基本生活暂时出现严重困难的家庭，或者因生活必需支出突然增加超出家庭承受能力，导致基本生活暂时出现严重困难的最低生活保障家庭，以及遭遇其他特殊困难的家庭，给予临时救助。”此外，2014年《浙江省社会救助条例》也作出了类似的规定，其第三十八条规定：“对因特殊原因导致基本生活暂时出现严重困难但不属于本条例规定的其他社会救助范围，或者已接受其他社会救助但基本生活仍然困难的家庭，给予临时救助。有下列情形之一的家庭，可以申请临时救助：（一）因火灾、交通事故等意外事故，或者家庭成员突发大病等原因，导致基本生活暂时出现严重困难的家庭；（二）因生活必需支出突然增加超出家庭承受能力，导致基本生活暂时出现严重困难的最低生活保障家庭和最低生活保障边缘家庭；（三）县级以上人民政府规定的其他遭遇特殊困难的家庭。”

为此，笔者认为，应当明确刑事被害人救助与社会救助中的临时救助之间是相互独立的，而非包含关系。两者所针对的救助对象有着明确指向且各不相同。正如有学者所论，“刑事被害人救助与社会救助中的‘临时救助’

制度在制度构造方面具有大量的相异之处，‘临时救助’是难以及时、准确地满足救助刑事被害人的特别需求的”。[①]因此，应当明确以刑事被害人救助为优先选择。

（二）明确刑事被害人救助和社会专项救助的关系

从目前我国社会救助的实践来看，社会救助中的专项救助主要包括：（1）最低生活保障，即对共同生活的家庭成员人均月收入低于当地最低生活保障标准，且符合当地最低生活保障家庭财产状况规定的家庭，给予最低生活保障。（2）特困人员供养，即国家对无劳动能力、无生活来源且无法定赡养、抚养、扶养义务人，或者法定赡养、抚养、扶养义务人为无赡养、抚养、扶养能力的老年人、残疾人以及未满16周岁的未成年人，给予特困人员供养。（3）医疗救助，即通过建立医疗救助制度，保障救助对象获得基本医疗卫生服务的需求。（4）教育救助，即国家根据不同教育阶段需求，采取减免相关费用、发放救助金、给予生活补助、安排勤工助学等方式方法，以保障救助对象的学习需求。[②]（5）住房救助，即国家通过配租公共租赁住房、发放住房租赁补贴、农村危房改造等方式，对符合住房困难标准的救助对象予以住房安置帮助。[③]（6）就业救助，即国家通过贷款贴息、社会保险补贴、岗位补贴、培训补贴、费用减免、公益性岗位安置等办法，对最低生活保障家庭中有劳动能力并处于失业状态的成员协助就业。上述这些专项救助均涉及民生领域，关乎着救助对象的生存、生活以及发展的重大事项，相比较刑事被害人救助而言，其具有根本性和长远性的特点。

笔者认为，在当事人申请刑事被害人救助之后，若其还需要社会专项救

---

① 董文蕙．犯罪被害人国家补偿制度基本问题研究．中国检察出版社，2012：233.

② 例如，2017年《浙江省社会救助条例》对于教育救助的具体方式予以明确规定：（1）对学前教育儿童给予生活费补助；（2）对义务教育学生给予生活费补助；（3）对普通高中学生给予国家助学金、减免学杂费或者课本费，残疾学生免学杂费或者课本费；（4）对中等职业教育（含技工教育）学生给予国家助学金、免学费，残疾学生免学杂费或者课本费；（5）对普通高效学生给予国家助学金、提供国家助学贷款、勤工助学或者大学新生资助；（6）对不能入学接受义务教育的残疾儿童，提供送教上门、远程教育或者其他适合残疾儿童特点的教育服务。

③ 例如，2017年《浙江省社会救助条例》规定，城镇住房救助通过配租公共租赁住房、发放住房租赁补贴等方式实施。以发放住房租赁补贴方式予以住房救助的，按照与公共租赁住房实物配租利益相当的原则进行折算。农村住房救助通过发放新建（购）住房补贴、农村危房改造补贴、提供建房技术服务等方式实施。县级以上人民政府可以结合扶贫异地搬迁、农村危房改造、移民和生态建设等工程项目，实施农村住房救助。鼓励村集体经济组织出资新建住房、收购改建空置住房，提供给农村住房救助对象居住。

助且符合社会专项救助的标准和条件，则可以继续申请医疗救助、教育救助、住房救助和就业救助等专项救助。因此，这就涉及刑事被害人救助与社会专项救助之间的衔接事宜。具体而言，一是明确刑事被害人救助和社会专项救助的主体衔接，即司法行政部门在实施刑事被害人救助之后，认为被害人仍需要救助且符合社会专项救助的标准和条件的，直接将救助事宜转交民政部门，由其依法受理；刑事被害人也有权直接向民政部门申请社会专项救助，从而实现刑事被害人救助向社会专项救助转变的无缝对接。二是明确刑事被害人救助和社会专项救助的标准互认机制，即司法行政部门对于刑事被害人生活困难且需要采取救助的标准认定之后，民政部门无须再对是否符合社会专项救助的标准进行认定，即“一救助不二审”，只需对司法行政部门所转交的救助材料进行形式上的审查即可，这样有助于进一步缩短救助实施的时间，节省救助成本，提升救助效率，优化救助资源配置，最大限度地保障刑事被害人后续的生活和发展需求。

二、刑事被害人救助法律制度与法律援助法律制度的衔接

党的十八大以来，我国法律援助制度体系正在加速构建并形成规模。我国法律援助的主要方式之一就是为刑事被害人提供刑事代理服务，帮助特定的被害人（主要是经济困难的被害人）有效地参与到刑事诉讼活动中来，而在这一过程中，就有可能涉及刑事被害人救助事项。因为从本质上讲，刑事被害人救助与法律援助都是国家对社会弱势群体的帮扶，使其能够在诉讼活动中有机会来维护自身的合法权益，为此，刑事被害人救助法律制度与法律援助法律制度应当实现有效的衔接。其实，在我国部分地区的具体实践中已经开始积极探索刑事被害人救助法律制度与法律援助制度的衔接问题，如 2014 年 3 月 20 日，四川省第十二届人民代表大会常务委员会第八次会议修订了《四川省法律援助条例》，其第二十七条就明确规定：“申请人依法先行申请司法救助获得准许的，人民法院应当告知其可以依法向法律援助机构申请法律援助；申请人依法先行申请法律援助获得准许的，法律援助机构应当告知其可以依法向人民法院申请司法救助。申请人以人民法院给予司法救助的决定为依据申请法律援助的，法律援助机构对符合本条例规定情形的，应当作出给予法律援助的决定。受援人以给

予法律援助的决定为依据，向人民法院申请司法救助的，人民法院应当作出给予司法救助的决定。”笔者认为，可以吸收借鉴四川省的相关经验做法，具体而言，刑事被害人救助法律制度与法律援助法律制度的衔接应当做好以下两个方面的工作：

（一）建立健全刑事被害人救助与法律援助经济困难标准互认制度

从现有的规范制度来看，我国刑事被害人救助申请的条件之一就是刑事被害人在生活或者经济上陷入困难，但是却没有明确相应的标准。而我国多地对申请法律援助的经济困难标准作出了明确规定，如《江苏省关于完善法律援助制度的实施意见》就明确指出，“公民申请法律援助的经济困难标准，苏南地区不低于最低生活保障标准的2倍，苏中苏北地区不低于最低社会保障标准的1.5倍”。此外，《广东省法律援助条例》第三条明确规定：“省人民政府应当规定法律援助经济困难标准，并根据本身国民经济和社会发展、法律援助的资源和需求，以及公民支付法律服务费用的能力等因素适时进行调整。地级以上市、县（市、区）可以根据本行政区域的实际情况，制定优于省标准的法律援助经济困难标准。法律援助经济困难标准应当向社会公布。”笔者建议，申请刑事被害人救助的经济困难标准可以参照申请法律援助经济困难标准执行，这样也有利于两者在具体适用层面的衔接。

（二）建立健全刑事被害人救助与法律援助互告互办制度

基于刑事被害人救助与法律援助在具体实践中的紧密关系，笔者建议，若刑事被害人或者其近亲属首先申请并获得法律援助的，法律援助人员应当告知其有权向司法行政部门申请司法救助，并依法协助其办理救助的相关事宜。若刑事被害人或者其近亲属首先获得司法救助的，司法行政部门应当告知其拥有获得法律援助的权利，并为此提供必要的便利。

三、刑事被害人救助法律制度与其他社会法法律制度的衔接

针对社会特定人群的权益保障问题，我国已经先后制定了《中华人民共和国残疾人保障法》（以下简称《残疾人保障法》）、《中华人民共和国未成年人保护法》（以下简称《未成年人保护法》）、《中华人民共和国妇女权益保障法》（以下简称《妇女权益保障法》）以及《中华人民共和国老年

人权益保障法》（以下简称《老年人权益保障法》）等法律。[①] 上述法律成为我国社会法制度体系的重要组成部分。当残疾人、未成年人、妇女以及老年人等特定人群身份与刑事被害人这一身份相重叠的时候，就会产生上述社会法法律制度与刑事被害人救助法律制度的衔接。

《残疾人保障法》在第八章中明确了“关于对残疾人的司法救助”的规定，即“对有经济困难或者其他原因确需法律援助或者司法救助的残疾人，当地法律援助机构或者人民法院应当给予帮助，依法为其提供法律援助或者司法救助”。但是，有两个问题值得关注：第一，《残疾人保障法》是于2008年4月24日第十一届全国人民代表大会常务委员会第二次会议修订的，该法所规定的“司法救助”还主要是指在民事诉讼或者行政诉讼中通过对当事人缓交、减交或免交诉讼费用，与现在所讲的“司法救助”显然并不是一个概念。第二，从立法技术角度而言，在“法律责任”中规定“司法救助”的内容显然不妥。因此，需要对《残疾人保障法》的相关内容进行适当修改。上述问题同样也存在于《妇女权益保障法》中。[②]

此外，《未成年人保护法》在第五章第五十一条对未成年被害人救助进行了明确规定，即“在司法活动中对需要法律援助或者司法救助的未成年人，法律援助机构或者人民法院应当给予帮助，依法为其提供法律援助或者

① 《中华人民共和国残疾人保障法》于1990年12月28日第七届全国人民代表大会常务委员会第十七次会议通过；2008年4月24日第十一届全国人民代表大会常务委员会第二次会议修订；根据2018年10月26日第十三届全国人民代表大会常务委员会第六次会议《全国人民代表大会常务委员会关于修改〈中华人民共和国野生动物保护法〉等十五部法律的决定》修正。

《中华人民共和国未成年人保护法》于1991年9月4日第七届全国人民代表大会常务委员会第二十一次会议通过；2006年12月29日第十届全国人民代表大会常务委员会第二十五次会议修订；根据2012年10月26日第十一届全国人民代表大会常务委员会第二十九次会议《关于修改〈中华人民共和国未成年人保护法〉的决定》修正。

《中华人民共和国妇女权益保障法》于1992年4月3日第七届全国人民代表大会第五次会议通过；根据2005年8月28日第十届全国人民代表大会常务委员会第十七次会议《关于修改〈中华人民共和国妇女权益保障法〉的决定》第一次修正；根据2018年10月26日第十三届全国人民代表大会常务委员会第六次会议《全国人民代表大会常务委员会关于修改〈中华人民共和国野生动物保护法〉等十五部法律的决定》第二次修正。

《中华人民共和国老年人权益保障法》于1996年8月29日第八届全国人民代表大会常务委员会第二十一次会议通过；根据2009年8月27日第十一届全国人民代表大会常务委员会第十次会议《关于修改部分法律的决定》第一次修正；2012年12月28日第十一届全国人民代表大会常务委员会第三十次会议修订；根据2015年4月24日第十二届全国人民代表大会常务委员会第十四次会议《关于修改〈中华人民共和国电力法〉等六部法律的决定》第二次修正。

② 《中华人民共和国妇女权益保障法》第五十二条规定：“妇女的合法权益受到侵害的，有权要求有关部门依法处理，或者依法向仲裁机构申请仲裁，或者向人民法院起诉。对有经济困难需要法律援助或者司法救助的妇女，当地法律援助机构或者人民法院应当给予帮助，依法为其提供法律援助或者司法救助。”

司法救助”。涉及刑事被害人救助的条款还有两项：其一，第五十条规定：“公安机关、人民检察院、人民法院以及司法行政部门，应当依法履行职责，在司法活动中保护未成年人的合法权益。”其二，第五十六条规定，“公安机关、人民检察院、人民法院办理未成年人遭受性侵害的刑事案件，应当保护被害人的名誉”。这些规定无疑对推动未成年被害人救助工作的开展起着重要作用。但是，客观而言，这样规定有着两个问题：第一，对于未成年被害人救助的规定比较笼统而且较为分散，既没有系统性，也缺乏可操作性，从立法技术的角度而言需要进一步完善；第二，未成年被害人救助显然已经不是人民法院一家之责，而是涉及检察机关、公安机关以及司法行政机关等，显然这样的规定已经滞后于实际的需求。

笔者建议，对于《未成年人保护法》涉及刑事被害人的保护和救助内容进行系统的整合和适当的修改，并进行专门规定，体现对未成年被害人的特殊关照，以实现与刑事被害人救助法律制度的有效衔接。此外，《残疾人保障法》、《妇女权益保障法》以及《老年人权益保障法》也可效仿《未成年人保护法》的规定，分别对涉及残疾被害人救助、女性被害人救助和老年被害人救助予以专门规定，以实现与刑事被害人救助法律制度的有效衔接，真正形成法律制度合力。

参考文献

一、论文类

［1］白宁芳．和谐社会视野下刑事被害人救助制度的本土构建．和田师范专科学校学报（汉文综合版），2009（2）．

［2］北京市顺义区人民检察院课题组．检察机关司法救助工作实证分析——以完善被害人司法救助运作机制为视角．人民检察，2016（5）．

［3］蔡国芹．论犯罪被害人国家补偿制度的构建．江西社会科学，2002（5）．

［4］蔡金荣．社会管理创新法治化的基本问题研究．四川警察学院学报，2014（3）．

［5］蔡元培．刑事司法改革的试点模式及其未来．烟台大学学报（哲学社会科学版），2016（2）．

［6］车浩．复数法益下的被害人同意——“优势法益说”之提倡．中国刑事法杂志，2008（9）．

［7］陈彬，薛竑．刑事被害人国家补偿制度价值取向研究．现代法学，2008（5）．

［8］陈步雷．社会法的部门法哲学反思．法制与社会发展，2012（4）．

［9］陈步雷．社会法的功能嬗变、代际更替和中国社会法的定位与建构．现代法学，2012（3）．

［10］陈光中，张益南．推进刑事辩护法律援助全覆盖问题之探讨．法

学杂志，2018（3）.

［11］陈国栋.作为社会权的受教育权——以高等教育领域为论域.苏州大学学报（哲学社会科学版），2015（3）.

［12］陈海嵩.经济法与社会法关系之我见.中南民族大学学报（人文社会科学版），2003（3）.

［13］陈谦信.刑事科学各要素视野中的被害人学研究的意义.福建警察学院学报，2008（4）.

［14］陈瑞华.刑事附带民事诉讼的三种模式.法学研究，2009（1）.

［15］陈瑞华.刑事诉讼的私力合作模式.中国司法，2006（5）.

［16］陈卫东.当前司法改革的特点和难点.湖南社会科学，2016（2）.

［17］陈卫东.构建中国特色刑事特别程序.中国法学，2011（6）.

［18］陈永生.刑事法律援助的中国问题与域外经验.比较法研究，2014（1）.

［19］程荣斌.从保障人权的高度规定被害人的诉讼权利.政法论坛，1996（4）.

［20］邓晓霞.试论犯罪被害人补偿制度之价值.法商研究，2002（4）.

［21］丁玉明，杨睿森.我国刑事被害人司法救助制度研究.公民与法，2009（12）.

［22］董红民，麻伟静.刑事审前程序法律援助工作实证研究.中国司法，2018（2）.

［23］董士昙.犯罪被害人权利保护的理论与实践.法学论坛，2005（2）.

［24］董士昙.我国刑事损害补偿制度的价值追问.中共济南市委党校学报，2005（1）.

［25］董文蕙.论刑事被害人国家补偿制度的构造及属性.贵州社会科学，2013（5）.

［26］杜鹏，谢立黎.中国老年公平问题：现状、成因与对策.中国人民大学学报，2017（2）.

［27］段美枝.关于社会救助制度中“家庭调查”的思考.经济论坛，2011（7）.

［28］樊学勇.关于对刑事被害人建立国家补偿制度的构想.中国人民

大学学报，1997（6）.

［29］冯祥武．法律援助程序的价值目标与价值形态．前沿，2011（11）.

［30］冯祥武．实施《社会保险法》应解决的十四个问题．中国劳动，2011（8）.

［31］付子堂．关于法律功能实现的若干思考．法学评论，1999（5）.

［32］付子堂．社会学视野中的法律功能问题．郑州大学学报，1999（9）.

［33］甘运丽．刑事被害人国家救济制度研究．河南牧业经济学院学报，2016（6）.

［34］高峰，毛德龙．刑事被害人司法救助程序刍议．人民司法，2008（23）.

［35］高秦伟．社会保障行政的法理与课题．华东政法大学学报，2010（5）.

［36］高新华，徐新．公诉案件中被害人地位评析．南京师大学报（社会科学版），1999（1）.

［37］公丕祥．冲突与融合：地域法律文化与中国法制现代化．法律科学，1991（2）.

［38］公丕祥．新发展理念：中国法治现代化的战略引领．法治现代化研究，2017（1）.

［39］谷青．英国被害人参与刑事司法程序概述．中国司法，2006（3）.

［40］顾烈驹．检察环节被害人救助的实证考察和制度构建．国家检察官学院学报，2008（5）.

［41］顾敏康．保护被害人的权利：刑事司法改革的新里程．法学，2007（6）.

［42］顾永忠，李逍遥．论我国值班律师的应然定位．湖南科技大学学报，2017（4）.

［43］顾永忠．我国刑事法律援助的实施现状与对策建议——基于2013年《刑事诉讼法》施行以来的考察与思考．法学杂志，2015（4）.

［44］顾永忠．追根溯源：再论值班律师的应然定位．法学杂志，2018（9）.

［45］关保英．社会管理法治一体化研究．法学论坛，2013（1）.

[46] 关今华. 中国特色社会主义社会法理论的发展与创新. 温州大学学报（社会科学版），2017（6）.

[47] 关信平. 完善我国综合性社会救助体系的基本原则和主要议题. 中国人民大学学报，2010（5）.

[48] 广东省东莞市中级人民法院课题组. 论建立统一的刑事被害人司法救济制度. 法律适用，2010（1）.

[49] 郭建安. 论刑事被害人国家补偿制度. 河南省政法管理干部学院学报，2007（1）.

[50] 郭京燕，黄松涛，张华. 日本刑事程序被害人救济措施研究及借鉴. 法律适用，2007（7）.

[51] 郭云忠. 试论刑事被害人国家补偿制度. 法学家，2000（11）.

[52] 韩大元. 完善人权司法保障制度. 法商研究，2014（3）.

[53] 韩国学，刘淑艳，刘震. 我国刑事诉讼对被害人的程序保护制度. 法学与实践，1997（5）.

[54] 韩流. 论被害人诉权. 中外法学，2006（3）.

[55] 韩喜平. 整体把握共享发展理念的四个向度. 社会科学家，2016（12）.

[56] 韩忠伟. 略谈刑事诉讼法对被害人的保护. 国家检察官学院学报，1996（4）.

[57] 何慧超. 可行能力视野下的中国城市贫困治理理念的重构. 湖北社会科学，2008（11）.

[58] 贺海仁. 法律援助：政府责任与律师义务. 环球法律评论，2005（6）.

[59] 贺红强. 我国被害人司法救助制度的实用倾向和路径选择. 内蒙古社会科学（汉文版），2018（3）.

[60] 贺江华. 再论以检察院为中心刑事被害方救助机制之构建——以台湾地区被害人保护制度为启示. 湖北民族学院学报（哲学社会科学版），2017（3）.

[61] 洪大用. 社会救助的目标与我国现阶段社会救助的评估. 甘肃社会科学，2007（4）.

[62] 胡斐斐. 小议被害人学. 重庆文理学院学报（社会科学版），

2011（6）.

［63］胡铭．刑事被害人人权保障之再思考．法治论丛，2005（4）.

［64］胡正昌，李云林．公民图像：基本权利立法保障的返视、反思与展望——纪念我国1982年宪法颁布30年．政治与法律，2012（12）.

［65］黄东东．法律援助案件质量：问题、制约及其应对——以C市的调研为基础．法商研究，2015（4）.

［66］黄渝景．刑事被害人国家救助制度刍议．政治与法律，2007（3）.

［67］黄真伟．社会正义与我国司法救助制度的完善．河南师范大学学报（哲学社会科学版），2002（4）.

［68］黄震．建立刑事被害人国家补偿制度初探——刑事附带民事执行难的另一种解决机制．人民司法，2003（4）.

［69］季卫东．法律程序的意义——对中国法制建设的另一种思考．中国社会科学，1993（1）.

［70］江必新．关于完善人权司法保障的若干思考．中国法律评论，2014（2）.

［71］江树革，［瑞典］比约恩·古斯塔夫森．国外社会救助的经验和中国社会救助的未来发展．经济社会体制比较，2007（4）.

［72］江苏省南京市江宁区人民法院课题组．对开展司法救助的调查与思考．人民司法，2009（1）.

［73］江苏省无锡市中级人民法院课题组．刑事被害人国家救助制度的理性构建．人民司法，2009（11）.

［74］姜峰．权利宪法化的隐忧——以社会权为中心的思考．求是学刊，2010（5）.

［75］姜明安．论法治国家、法治政府、法治社会建设的相互关系．法学杂志，2013（6）.

［76］姜伟．全面深化改革与全面推进依法治国关系论纲．中国法学，2014（6）.

［77］蒋悟真，汪湖泉．社会救助法的程序价值及其法律机制完善——兼论社会救助法《征求意见稿》程序规定之不足．首都师范大学学报（社会科学版），2013（2）.

［78］蒋悟真，尹迪．社会救助法与社会保险法的衔接与调适．法学，

2014（4）.

［79］金昌俊 . 韩国新的犯罪被害人保护制度及其启示——以实质性保护犯罪被害人为视角 . 河北法学，2011（11）.

［80］金鑫，唐锴 . 犯罪被害人救助制度立法问题思考 . 中国检察官，2009（1）.

［81］景天魁 . 底线公平与社会保障的柔性调节 . 社会学研究，2004（6）.

［82］鞠成伟 . 论社会权利保障的理论基础及制度创新 . 求是学刊，2014（1）.

［83］康伟，柳建华 . 刑事被害人救助社会福利说之提倡 . 河北法学，2009（12）.

［84］蓝山 . 可持续发展立法两大支柱：经济法与社会化 . 河北法学，1999（4）.

［85］劳东燕 . 被害人视角与刑法理论的重构 . 政法论坛，2006（5）.

［86］劳东燕 . 公共政策与风险社会的刑法 . 中国社会科学，2007（3）.

［87］劳东燕 . 事实与规范之间：从被害人视角对刑事实体法体系的反思 . 中外法学，2006（3）.

［88］雷萌 . 刑事被害人司法救济途径探讨 . 太原师范学院学报（社会科学版），2015（3）.

［89］冷必元 . 论刑事被害人刑法地位变迁 . 法治研究，2011（10）.

［90］黎建飞，傅珊 . 城乡统筹下的社会救助法制化 . 黑龙江社会科学，2013（2）.

［91］黎伟华 . 让被害人沐浴司法阳光 . 民主与法制，2006（8）.

［92］李炳安，汤鹏 . 论社会法的产生 . 法学杂志，2013（6）.

［93］李步云，邓成明 . 论宪法的人权保障功能 . 中国法学，2002（3）.

［94］李丹 . 不捕不诉案件被害人权利保障困境 . 犯罪研究，2008（4）.

［95］李建明 . 权利保障：现代刑事诉讼法制的追求——兼论我国新刑事诉讼法对公民权利保障的强化 . 江苏社会科学，1998（1）.

［96］李林 . 依法治国与推进国家治理现代化 . 法学研究，2014（5）.

［97］李林 . 中国语境下的文化与法治文化概念 . 中国党政干部论坛，2012（6）.

[98] 李凌燕 . 日本的法律移植与比较法研究 . 外国法译评，1996（4）.

[99] 李明 . 论被害人法律地位之变迁 . 国家检察官学院学报，1997（2）.

[100] 李宁 . 社会学视野下的社会法研究 . 南京社会科学，2008（9）.

[101] 李适时 . 不断完善以宪法为核心的中国特色社会主义法律体系 . 中国法律评论，2016（1）.

[102] 李婉琳 . 基层法律援助的困境及理念重塑 . 思想战线，2017（3）.

[103] 李文华，王文鑫 . 试论我国司法救助之价值及其实现 . 经济与社会发展，2006（2）.

[104] 李学宽，胡玉霞 . 现代法律援助制度中的国家责任 . 现代法学，2001（5）.

[105] 李勇 . 论台湾地区犯罪被害人保护法对大陆立法的借鉴意义 . 黑龙江省政法管理干部学院学报，2009（2）.

[106] 梁高峰 . 积极推动和发展农村法律援助的路径选择 . 西北工业大学学报（社会科学版），2009（4）.

[107] 梁玉霞 . 刑事被害补偿刍议 . 法商研究，1998（4）.

[108] 梁云宝，孟红 . 交通肇事罪刑事被害人国家补偿制度探疑 . 南京大学学报（哲学·人文科学·社会科学版），2011（6）.

[109] 廖健，宋汝冰 . 加强党对立法工作领导的路径分析 . 红旗文稿，2015（5）.

[110] 廖中洪 . 论刑事附带民事诉讼制度的立法完善——从被害人民事权益保障视角的思考 . 现代法学，2005（1）.

[111] 林钿 . 关于我国司法救助制度改革的思考 . 山东审判，2014（2）.

[112] 林来梵，季彦敏 . 人权保障：作为原则的意义 . 法商研究，2005（4）.

[113] 刘昂 . 试论被害人知情权在我国刑事诉讼中的缺失与建构 . 法学杂志，2007（2）.

[114] 刘翠霄 . 社会保障制度是经济社会协调发展的法治基础 . 法学研究，2011（3）.

[115] 刘东根 . 犯罪被害人地位的变迁及我国刑事立法的完善 . 中国人民公安大学学报，2007（2）.

[116]刘冬梅.社会法范畴的界定——从历史研究和词义分析的视角.北大法律评论，2017（18）.

[117]刘方权.中国需要什么样的刑事法律援助制度.福建师范大学学报（哲学社会科学版），2014（1）.

[118]刘根菊.法律援助的几个问题.政法论坛，2001（1）.

[119]刘光华.社会救助：理论界定与中国的实践展开.兰州大学学报（社会科学版），2008（4）.

[120]刘合华等.《关于加强和规范人民法院国家司法救助工作的意见》的理解和适用.人民司法，2017（1）.

[121]刘恒志.未成年人犯罪的社会原因探析.犯罪与改造研究，2004（2）.

[122]刘计划.我国刑事被害人权利体系的完善.人民司法，2006（5）.

[123]刘继同.中国特色“社会政策框架”与“社会立法”时代的来临.社会科学研究，2011（2）.

[124]刘洁辉.对刑事被害人诉讼地位的再认识.社会科学，2005（2）.

[125]刘洁辉.刑事被害人权利保障分析.政治与法律，2003（4）.

[126]刘蕾.儿童被害人保护初探.山西青年管理干部学院学报，2006（1）.

[127]刘琳.社会救助：现代社会的国家责任.公法研究，2011（2）.

[128]刘梅湘.刑事被害人的知情权探析.现代法学，2006（4）.

[129]刘深甲，田丹威.和谐社会背景下司法救助制度之完善.法律适用，2008（6）.

[130]刘烁玲.试论我国司法救助制度的构建.江西社会科学，2012（3）.

[131]刘万奇.刑事被害人论纲.法制与社会发展，2001（1）.

[132]刘晓梅.韩国犯罪被害人保护制度及其对我国的启示.江苏警官学院学报，2008（3）.

[133]刘泽朋，何康.试论社会法的基本理念.湖北警官学院学报，2013（6）.

[134]刘志健.司法正义语境下被害人救助的实证考察与制度构建.法治论坛，2013（3）.

［135］龙宗智．被害人作为公诉案件诉讼当事人制度评析．法学，2001（4）．

［136］卢建平．加强对民生的刑法保护——民生刑法之提倡．法学杂志，2010（12）．

［137］卢映洁．论被害人补偿制度中排除条款的适用问题——以德国法为说明．法学论丛，2002（3）．

［138］卢志刚．社会救助的权利救济——兼论《社会救助法（草案）》权利救济程序规定之不足．贵州社会科学，2014（1）．

［139］吕世伦，马金芳．社会法的几个基本理论问题研究．北方法学，2007（6）．

［140］吕小平．对社会法概念的思考．西部法学评论，2012（5）．

［141］吕学静．日本社会救助制度的最新改革及对中国的启示．苏州大学学报，2016（3）．

［142］孟红．刑事被害人救助制度之救助对象范围略论．东南大学学报（哲学社会科学版），2011（6）．

［143］莫洪宪．论女性被害人之权益救济．法学评论，2000（6）．

［144］聂鑫．宪法社会权及其司法救济——比较法视角．法律科学，2009（4）．

［145］聂元芳．建立祖国大陆被害人国家补偿制度的构想．长治学院学报，2008（6）．

［146］宁黎黎．浅谈构建我国刑事被害人国家救助制度问题．人权，2007（2）．

［147］牛向阳．检察机关开展刑事案件受害人国家救助制度的路径选择．法学杂志，2010（9）．

［148］潘高峰．试论构建我国服务型社会的法治保障．法学杂志，2011（8）．

［149］潘屹．社会政策全球性复归．中国社会保障，2009（8）．

［150］钱继磊．大陆法系社会法研究之回顾与反思．温州大学学报（社会科学版），2017（6）．

［151］乔晓阳．党的十八大以来立法工作新突破．求是，2017（11）．

［152］秦华，任大鹏．公民法律意识的量表测量：一个基于调查数据的

分析．法学家，2009（5）．

［153］秦前红，宦吉娥．从收容遣送到社会救助制度变迁的法理学分析．武汉大学学报（哲学社会科学版），2005（1）．

［154］邱景辉．检察环节被害人救助工作探索与对策分析．人民检察，2008（6）．

［155］邱兴隆．撩开惩罚的面纱——刑罚功能论．法学研究，1998（6）．

［156］任宗理．关于加强司法救助与法律援助衔接与配合问题的思考．河北法学，2005（6）．

［157］桑宁．法律援助发展中结构性矛盾和瓶颈问题研究．中国司法，2012（1）．

［158］桑宁．论中国法律援助的创新与发展．中国司法，2013（10）．

［159］山东省滨州市人民检察院理论研究课题组．刑事被害人救助机制的构建．法学杂志，2010（9）．

［160］上官丕亮．论宪法上的人格尊严．江苏社会科学，2008（2）．

［161］申小红，唐淑艳．我国刑事被害人救助制度的理论构建．当代教育理论与实践，2012（6）．

［162］沈丽飞．构建和完善我国被追诉人刑事法律援助制度的思考．法学杂志，2010（3）．

［163］沈威，陈宇．论检察环节刑事被害人司法救助制度的完善——基于两岸实务的比较．现代法治研究，2017（3）．

［164］沈志先，徐世亮．贯彻司法为民　彰显人文关怀——关于刑事被害人救助制度若干问题研究．犯罪研究，2009（6）．

［165］宋浩波．犯罪被害人与犯罪被害预防．湖南公安高等专科学校学报，2004（4）．

［166］宋英辉，许身健．恢复性司法程序之思考．现代法学，2004（3）．

［167］宋英辉．两大法系国家刑事诉讼改革中的趋同性．人民检察，2010（11）．

［168］宋英辉．刑事程序中被害人权利保障问题研究．法学，1996（11）．

［169］苏喜民，曹向荣．检察环节被害人参与刑事诉讼的实证分析．人民检察，2009（15）．

［170］孙彩虹．建构我国犯罪被害人国家补偿制度的设想．河南师范大学学报（哲学社会科学版），2004（1）．

［171］孙彩虹．日本犯罪被害人保护法制度及其对我们的启示．河南社会科学，2004（5）．

［172］孙彩虹．亚洲犯罪被害人补偿法律制度比较研究．河北法学，2004（7）．

［173］孙洪坤．建构我国刑事被害人国家补偿制度之设想．政法论丛，2003（8）．

［174］孙洪坤．刑事被害人法律援助论纲．广东行政学院学报，2006（6）．

［175］孙平凡．法律援助经济困难标准辨析．中国司法，2012（5）．

［176］孙永生，柴春元．犯罪被害人国家补偿制度新探．人民检察，2007（19）．

［177］汤黎虹．论社会法的价值及其取向．行政与法，2008（10）．

［178］汤黎虹．社会法的生成与体系定位．温州大学学报（社会科学版），2013（7）．

［179］汤黎虹．社会法论纲——基于社会法历史逻辑和理论逻辑的辨考．福州大学学报（哲学社会科学版），2014（1）．

［180］汤黎虹．社会法特征之我见．法治研究，2009（11）．

［181］唐芳．恢复性司法的困境及其超越．法律科学（西北政法大学学报），2006（4）．

［182］唐钧，李敬．探索社会组织参与公共法律服务提供的有效途径——对中国法律援助基金会组织实施彩票公益金法律援助项目的讨论．中国司法，2013（12）．

［183］滕宏庆，段颖．我国人权司法保障制度的法理与实践．人权杂志，2013（6）．

［184］田思源．构建犯罪被害人补偿制度框架的基本设想——关于制定我国《犯罪被害人补偿法》的提案．法学杂志，2001（6）．

［185］田思源．韩国犯罪被害人保护法律制度概说．犯罪与改造研究，2004（2）．

［186］田思源．论犯罪被害人的社会支援．法制与社会发展，2002（4）．

［187］田晓辉，吕洪民．刑事被害人权利保障的若干设想．法律适用，2007（5）．

［188］万毅．刑事被害人诉讼权利保障若干问题研究．兰州学刊，2016（12）．

［189］汪厚冬．实践 VS 理论：《无锡市刑事被害人特困救助条例》——论刑事被害人国家救济制度之路径选择．研究生法学，2009（5）．

［190］汪习根．论法治中国的科学含义．中国法学，2014（2）．

［191］王波．关于建立我国国家补偿被害人制度的若干思考．黑龙江省政法管理干部学院学报，2001（4）．

［192］王道春．论我国刑事被害人社会援助制度的构建．时代法学，2006（9）．

［193］王恩界，汪新建，严俊．犯罪受害人的应激障碍及其干预．医学与哲学，2005（4）．

［194］王广彬．社会法基础的多视角论证．当代法学，2014（1）．

［195］王广彬．什么是社会法．中国社会科学院研究生院学报，2011（6）．

［196］王建民．试论被害人陈述．政法论坛，1987（4）．

［197］王将军．司法救助制度的运行审视与机制优化．湖南科技学院学报，2018（4）．

［198］王将军．我国司法救助的正当性依据及其完善——以实用主义价值为视角．三峡大学学报（人文社会科学版），2018（1）．

［199］王晋，刘志远．刑事被害人救助制度基本问题研究．法学杂志，2009（11）．

［200］王丽华，卢建平．我国被害人学研究的回顾与展望．河北法学，2009（5）．

［201］王丽华．刑事被害人国家救助制度探析．社会科学论坛，2007（8）．

［202］王利明．建立和完善多元化的受害人救济机制．中国法学，2009（4）．

［203］王琳．被害人国家补偿制度的路径选择．法治论坛，2007（2）．

［204］王牧．建立刑事被害人国家补偿制度的必要性与可行性．人民检

察，2006（17）.

［205］王秋隆．刑事被害人救助制度研究——以襄阳市近三年刑事案件抽样调查为基础．湖北大学学报（哲学社会科学版），2015（6）.

［206］王瑞．社会救助立法的瓶颈和对策．人民论坛，2013（11）.

［207］王瑞金，李亮，陈泊潭．刑事被害人国家补偿的本土化——被害人国家补偿实践尝试和理念认识的调研．甘肃政法学院学报，2009（6）.

［208］王若阳．刑事被害人制度之比较．外国法评析，1999（2）.

［209］王素芬．非营利组织参与社会保障的理论基础与实现路径．当代法学，2012（3）.

［210］王霞．关于刑事被害人国家救助制度几个问题的探讨．辽宁行政学院学报，2012（10）.

［211］王显勇．社会保障国家：法治国家的新蓝图．现代法学，2011（1）.

［212］王向君．建立我国刑事被害人国家补偿制度的构想．社会科学战线，2004（5）.

［213］王晓蓓，郭星华．法律执行的社会学模式——对法律援助过程的法社会学分析．江苏社会科学，2007（6）.

［214］王新，白金刚．问题与制度设计：检察机关开展被害人司法救助研究．法学杂志，2009（6）.

［215］王玉国．由依法治国看改革方式的重大转变．改革与开放，2015（7）.

［216］王志强．女性被害问题的实证分析．江西公安专科学院学报，2007（3）.

［217］魏彤．欧美国家犯罪被害人在刑事诉讼中的地位．中外法学，1996（4）.

［218］魏治勋．全面有效实施宪法须加快基本权利立法．法学，2014（8）.

［219］吴春雷，刘颖．刑事被害人救助地方立法之比较——兼论刑事被害人国家救助制度的建议．政法学刊，2014（1）.

［220］吴德帅．消解与重构：社会福利权历史流变及启示．理论月刊，2017（11）.

[221] 吴迪莱 . 我国的司法救助制度：现状、缺陷与改革 . 法学杂志，2012（9）.

[222] 吴宏耀，郭勇 . 完善我国刑事法律援助制度的思考 . 中国司法，2016（2）.

[223] 吴加明，李飞 . 刑事被害人救助工作规范与扩展 . 湖北警官学院学报，2012（7）.

[224] 吴四江 . 刑事诉讼中的人权保护探索 . 内蒙古社会科学（汉文版），2005（2）.

[225] 吴威志 . 台湾犯罪被害补偿法制中申请人资格与补偿项目之探讨 . 月旦法学杂志，2011（12）.

[226] 吴玉玲，杨志刚 . 难以承受之重：论审判权在涉诉信访中的限度 . 华南师范大学学报（社会科学版），2011（1）.

[227] 武玉红 . 对建立我国刑事被害人补偿制度的思考 . 犯罪研究，2007（6）.

[228] 肖中华，马渊杰 . 当代中国社会变迁中的刑法发展 . 贵州大学学报（社会科学版），2011（4）.

[229] 熊秋红 . 审判中心视野下的律师有效辩护 . 当代法学，2017（6）.

[230] 许建添 . 建立刑事被害人国家补偿制度之多视角分析 . 东华大学学报（社会科学版），2007（1）.

[231] 许琳，薛许军 . 论我国社会救助的多元主体 . 中国软科学，2002（8）.

[232] 许志 . 建立我国刑事被害人国家补偿制度的立法构想 . 西北大学学报（哲学社会科学版），2007（4）.

[233] 薛国骏 . 刑事被害人救助制度研究 . 河北法学，2008（11）.

[234] 薛然巍 . 论社会弱势群体的法律保护 . 行政论坛，2009（4）.

[235] 闫永黎 . 论国家刑事补偿制度的构建——兼论我国司法救助之不足 . 北京警察学院学报，2013（5）.

[236] 杨光辉，肖宏未 . 关于建立刑事案件被害人检察环节国家救助制度的思考 . 法学杂志，2009（4）.

[237] 杨建顺 . 行政法视野中的社会管理创新 . 中国人民大学学报，2011（1）.

[238] 杨蕾．刑事被害人的权利保护．山西省政法管理干部学院学报，2006（3）．

[239] 杨思斌，田文利．论社会救助立法的伦理基础．河北法学，2010（7）．

[240] 杨思斌．论社会救助法中的国家责任原则．山东社会科学，2010（1）．

[241] 杨旺年．论刑事被害人的诉讼地位——诉讼权利及其保障．法律科学，2002（6）．

[242] 杨正万．论被害人诉讼地位的理论基础．中国法学，2002（4）．

[243] 杨志琼．刑事被害人救助制度疑难问题研究．广西职业技术学院学报，2011（12）．

[244] 杨治．执行救助制度的实践与合理建构．人民司法，2010（5）．

[245] 姚俐衡．法律援助制度"困境"与"觉醒"——从弱势群体权益公法保护的视角．成都行政学院学报，2016（5）．

[246] 姚莉．认罪认罚程序中值班律师的角色与功能．法商研究，2017（6）．

[247] 叶姗．论社会风险应对中财政责任的限度．社会科学，2012（2）．

[248] 易小明．论差异性正义与同一性正义．哲学研究，2006（8）．

[249] 尹伊君．建立适合中国国情的被害补偿制度．人民检察，2006（17）．

[250] 雍自元，唐胜．性犯罪被害人司法救助研究．安徽师范大学学报（人文社会科学版），2010（6）．

[251] 于安．论社会行政法．现代法学，2007（4）．

[252] 于安．论我国社会行政法的构建．法学杂志，2007（3）．

[253] 于建嵘．当前压力维稳的困境与出路——再论中国社会的刚性稳定．探索与争鸣，2012（9）．

[254] 于晓青．论刑事被害人之精神损害赔偿．政治与法律，2004（7）．

[255] 余少祥．论社会法的限制所有权原则．法学论坛，2016（6）．

[256] 俞小海．刑事被害人救助制度的价值选择及现实意义．宁夏党校学报，2010（12）．

[257] 虞浔，李鹏．论我国刑事被害人国家补偿制度的建立．犯罪研

究，2004（1）.

[258] 袁钢 . 科学有序推动国家司法救助立法 . 中国审判，2016（19）.

[259] 袁钢 . 试论人民法院国家司法救助的法治化——最高人民法院《关于加强和规范人民法院司法救助工作的意见》. 山东审判，2016（5）.

[260] 袁金彪，陈绍斌 . 刑事被害人救助地方立法探索 . 国家检察官学院学报，2009（3）.

[261] 翟海峰，孙晓飞 . 刑事被害人司法救助机制研究 . 河北师范大学学报（哲学社会科学版），2010（2）.

[262] 张东 . 论社会法体系构建的新路径 . 法学论坛，2017（2）.

[263] 张建荣 . 被害人与犯罪者之间的相互关系 . 青少年犯罪研究，1996（8）.

[264] 张龙，郭晓钰 . 我国刑事被害人救助制度的现状与完善 . 中国司法，2015（11）.

[265] 张鹏 . 权利理论与权利立法 . 河北法学，2013（4）.

[266] 张守文 . 社会法论略 . 中外法学，1996（6）.

[267] 张文显 . 法治化是国家治理现代化必由之路 . 法制与社会发展，2014（5）.

[268] 张文显 . 建设中国特色社会主义法治体系 . 法学研究，2014（6）.

[269] 张文显 . 全面推进法制改革，加快法治中国建设——十八届三中全会精神的法学解读 . 法制与社会发展，2014（1）.

[270] 张翔 . 基本权利的受益权功能与国家的给付义务 . 中国法学，2006（1）.

[271] 张旭，王晓滨 . 符合互动理论视野下的仇恨犯罪原因探析 . 山东警察学院学报，2014（3）.

[272] 张训，任成 . 如何安放被害人——刑事错案纠正之后 . 江苏警官学院学报，2016（1）.

[273] 张颖，胡渝 . 检察环节刑事被害人救助制度研究 . 四川理工学院学报（社会科学版），2009（1）.

[274] 章杰 . 论审查起诉阶段刑事被害人救助 . 黑龙江省政法管理干部学院学报，2015（6）.

[275] 赵钢，朱建敏 . 关于完善我国司法救助的几个基本问题——以修

订《民事诉讼法》为背景所进行的探讨．中国法学，2005（3）．

［276］赵国玲，常磊．中国犯罪被害人研究的兴起与发展．山东警察学院学报，2009（3）．

［277］赵国玲，徐然．被害人救助的公众认知与立法选择．国家行政学院学报，2014（6）．

［278］赵国玲．被害人补偿立法的理论与实践．法制与社会发展，2002（3）．

［279］赵丽．论刑事被害人救助制度的完善——基于《宁夏回族自治区刑事被害人困难救助条例》实施情况考察．中共银川市委党校学报，2012（5）．

［280］赵宋明．检察环节刑事被害人救助机制的基本原则．韶关学院学报，2010（7）．

［281］赵文经．论被害人诉讼地位的程序公正价值．烟台大学学报（哲学社会科学版），2002（3）．

［282］赵幼鸣．从诉讼的公正性论刑事被害人的权利保护．长沙理工大学学报，2006（1）．

［283］郑秉文．法国高度“碎片化”社保制度及对我国的启示．天津社会保险，2008（3）．

［284］郑秉文．经济理论中的福利国家．中国社会科学，2003（1）．

［285］郑尚元．社会法语境与法律社会化——“社会法”的再解释．清华法学，2008（3）．

［286］郑尚元．我国社会保险制度历史回眸与法制形成之展望．当代法学，2013（2）．

［287］郑自文，郭婕．探索建立中国特色的法律援助值班律师制度．中国司法，2006（12）．

［288］钟花．完善我国民事司法救助制度的思考．海南师范大学学报（社会科学版），2011（2）．

［289］周常志．我国刑事被害人的权利保障制度及完善．中国刑事法杂志，2007（5）．

［290］周国均，宗克华．刑事诉讼中被害人法律地位之研讨．河北法学，2003（1）．

［291］周建华．论我国犯罪被害人国家补偿制度的构建．华东政法大学学报，2004（5）．

［292］周世雄，段启俊，王国忠．刑事被害人救助机制研究．政法论丛，2010（5）．

［293］周欣，袁荣林．美国刑事被害人补偿制度概览．中国司法，2005（2）．

［294］周欣．刑事被害人国家补偿制度初探．中国人民公安大学学报，2005（2）．

［295］朱春奎，毛万磊．议事协调机构、部际联席会议和部门协议：中国政府部门横向协调机制研究．行政论坛，2015（6）．

［296］竹林君．比较法视野中的法律创新与借鉴——从如何救济刑事被害人谈起．人民检察，2006（7）．

［297］竺效．关于“社会法”概念探讨之探讨．浙江学刊，2004（1）．

［298］竺效．祖国大陆学者关于“社会法”语词之使用考．现代法学，2004（4）．

［299］卓泽渊．和谐社会与法治社会的双向构建．南京社会科学，2006（4）．

［300］左卫民，何永军．政法传统与司法理性——以最高法院信访制度为中心的研究．四川大学学报（哲学社会科学版），2005（1）．

［301］左卫民．背景与方略：中国《刑事诉讼法》第三次修改前瞻——基于全面依法治国战略的思考．现代法学，2015（4）．

［302］左卫民．中国应当构建什么样的刑事法律援助制度．中国法学，2013（1）．

［303］［日］太田达也．刑事被害人救助与刑事被害人权利在亚洲地区的发展进程．武小凤译．环球法律评论，2009（3）．

二、著作类

［1］白建军．犯罪学原理．现代出版社，1992.

［2］曹艳春．我国城乡社会救助系统建设研究．上海世纪出版集团，2009.

［3］车承军．职务犯罪控制论．法律出版社，2003.

［4］陈桂明．程序理念与程序规则．中国法制出版社，1999.

［5］陈国钧．社会政策与社会立法．三民书局，1984.

［6］陈瑞华．问题与主义之间——刑事诉讼基本问题研究．中国人民大学出版社，2003.

［7］陈新民．中国行政法学原理．中国政法大学出版社，2002.

［8］陈兴良．当代中国刑法新境域．中国政法大学出版社，2002.

［9］储槐植．刑事一体化与关系刑法论．北京大学出版社，1997.

［10］崔永东．中西法律文化比较．北京大学出版社，2004.

［11］董保华．社会法原论．中国政法大学出版社，2001.

［12］付子堂．发展中法治论：当代中国转型期的法律与社会研究．北京大学出版社，2013.

［13］高桂金．利益衡量与刑法之犯罪判断．元照出版有限公司，2003.

［14］公丕祥．当代中国的司法改革．法律出版社，2012.

［15］公丕祥．法制现代化的理论逻辑．中国政法大学出版社，1999.

［16］宫晓冰，杨勇．外国法律援助制度简介．中国检察出版社，2003.

［17］龚稼立．以审判为中心的诉讼制度改革问题研究．法律出版社，2016.

［18］郭建安．犯罪被害人学．北京大学出版社，1997.

［19］韩春晖．社会管理的法治思维．法律出版社，2013.

［20］韩德培．人权的理论与实践．武汉大学出版社，1995.

［21］何平等．城市贫困群体社会保障政策与措施研究．中国劳动社会保障出版社，2006.

［22］黄富源，张平吾．被害者学新论．台湾铭传大学出版社，2008.

［23］黄荣坚．刑罚的极限．元照出版有限公司，1999.

［24］季卫东．法治秩序的构建．中国政法大学出版社，1999.

［25］金耀基．从传统到现代．中国人民大学出版社，1999.

［26］康树华．犯罪学——历史、现状、未来．群众出版社，1998.

［27］康树华．犯罪学通论．北京大学出版社，1992.

［28］李海东．刑法原理入门（犯罪论基础）．法律出版社，1998.

［29］李洪雷．行政法释义学：行政法学理的更新．中国人民大学出版

社，2014.

［30］李林．立法理论与制度．中国法制出版社，2005.

［31］李培林．农民工：中国进城农民工的经济社会分析．社会科学文献出版社，2003.

［32］李心鉴．刑事诉讼构造论．中国政法大学出版社，1992.

［33］梁根林．刑事政策研究系列．法律出版社，2004.

［34］梁志平．法辨：中国法的过去、现在与未来．贵州人民出版社，1992.

［35］梁治平．寻求自然秩序中的和谐．中国政法大学出版社，1997.

［36］林嘉．社会保障法的理念、实践与创新．中国人民大学出版社，2002.

［37］林嘉．社会保障法学．北京大学出版社，2012.

［38］林莉红，孔繁华．社会救助法研究．法律出版社，2008.

［39］林闽钢．社会救助通论．科学出版社，2017.

［40］刘强．美国犯罪学研究概要．中国人民公安大学出版社，2002.

［41］刘荣军．程序保障的理论视角．法律出版社，1999.

［42］卢希起．刑事被害人国家补偿制度研究．中国检察出版社，2008.

［43］麻国安．被害人援助论．上海财政大学出版社，2003.

［44］麻国安．青少年被害人援助论．中国人民公安大学出版社，2005.

［45］麻国安．中国的流动人口与犯罪．中国方正出版社，2000.

［46］马克昌．比较刑法原理：外国刑法学总论．武汉大学出版社，2002.

［47］马克昌．犯罪通论．武汉大学出版社，2003.

［48］孟军．犯罪嫌疑人权利救济研究——以刑事侦查为中心．中国人民大学出版社，2008.

［49］莫洪宪．刑事被害救济理论与实务．武汉大学出版社，2004.

［50］宁骚．公共政策学．高等教育出版社，2003.

［51］齐延平．人权与法治．山东人民出版社，2003.

［52］屈学武．刑法总论．中国社会科学出版社，2015.

［53］曲新久．形势政策的权力分析．中国政法大学出版社，2002.

［54］邵晓顺．犯罪与罪犯统计研究．中国法制出版社，2004.

［55］沈宗灵．现代西方法理学．北京大学出版社，1992.

［56］时正新，廖鸿．中国社会救助体系研究．中国社会科学出版社，2002.

［57］司法部法律援助中心．各国法律援助理论研究．中国方正出版社，1999.

［58］宋英辉，吴宏耀．刑事审判前程序研究．中国政法大学出版社，2002.

［59］宋英辉．刑事诉讼目的论．中国政法大学出版社，1995.

［60］苏力．法治及其本土资源．中国政法大学出版社，2004.

［61］孙立平．断裂——20 世纪 90 年代以来的中国社会．社会科学文献出版社，2004.

［62］孙笑侠．法的现象与观念．群众出版社，1995.

［63］孙长永．探索正当程序——比较刑事诉讼法专论．中国法制出版社，2005.

［64］孙长永．侦查程序与人权．中国方正出版社，2000.

［65］汤黎虹．社会法学．中国人民公安大学出版社，2014.

［66］汤啸天，任克勤．刑事被害人学．中国政法大学出版社，1989.

［67］唐文胜．犯罪损害赔偿研究．中国人民公安大学出版社，2010.

［68］王桂明．互动之中的犯罪与被害——刑法领域中的被害人责任研究．北京大学出版社，2007.

［69］王建芹．法治的理性——西方法文明的理性主义溯源．中国政法大学出版社，2018.

［70］王立峰．法治中国．人民出版社，2014.

［71］王禄生．刑事诉讼的案件过滤机制．北京大学出版社，2014.

［72］王牧．新犯罪学．高等教育出版社，2010.

［73］王兆鹏．美国刑事诉讼法．北京大学出版社，2005.

［74］吴四江．被害人保护法研究：以犯罪被害人权利为视角．中国检察出版社，2011.

［75］夏勇．走向权利的时代．中国政法大学出版社，1995.

［76］谢晖．法律的意义追问——诠释学视野中的法哲学．商务印书馆，2003.

[77] 谢望原，卢建平 . 中国刑事政策研究 . 中国人民大学出版社，2006.

[78] 许福生 . 刑事政策学 . 中国民主法制出版社，2006.

[79] 许永强 . 刑事法治视野中的被害人 . 中国检察出版社，2003.

[80] 杨思斌 . 中国社会救助立法研究 . 中国工人出版社，2009.

[81] 杨正万 . 刑事被害人问题研究——从诉讼角度的观察 . 中国人民公安大学出版社，2002.

[82] 姚建宗 . 法律发展研究导论 . 吉林大学出版社，1998.

[83] 俞可平 . 推进国家治理与社会治理现代化 . 当代中国出版社，2014.

[84] 张耕 . 法律援助制度比较研究 . 法律出版社，1998.

[85] 张鸿巍等 . 刑事被害人保护问题研究 . 人民法院出版社，2007.

[86] 张剑秋 . 刑事被害人权利问题研究 . 中国人民公安大学出版社，2009.

[87] 张晋藩 . 中华法制文明的演进 . 中国政法大学出版社，1999.

[88] 张军 . 统筹城乡社会救助制度建设研究 . 西南财经大学出版社，2013.

[89] 张明楷 . 刑法格言的展开 . 法律出版社，2003.

[90] 张平吾 . 被害者学 . 三民书局，1996.

[91] 张文显 . 二十世纪西方法学哲学思潮研究 . 法律出版社，1996.

[92] 张中 . 弱势群体的法律援助：法律援助服务及其质量研究 . 中国人民公安大学出版社，2008.

[93] 赵国玲 . 中国犯罪被害人研究综述 . 中国检察出版社，2009.

[94] 赵可 . 被害者学 . 中国矿业大学出版社，1989.

[95] 赵可，周纪兰，董新臣 . 一个被轻视的社会群体——犯罪被害人 . 群众出版社，2002.

[96] 郑功成 . 论中国特色的社会保障制度 . 武汉大学出版社，1997.

[97] 郑功成 . 中国社会保障改革与发展战略 . 人民出版社，2011.

[98] 中共中央文献研究室 . 习近平关于全面推进依法治国论述摘编 . 中央文献出版社，2015.

[99] 朱景文 . 法社会学专题研究 . 中国人民大学出版社，2010.

［100］左卫民，周长军 . 刑事诉讼的理念 . 法律出版社，1999.

［101］［德］阿图尔・考夫曼 . 法律哲学 . 刘幸义等译 . 法律出版社，2011.

［102］［德］哈特穆特・毛雷尔 . 行政法学总论 . 高家伟译 . 法律出版社，2000.

［103］［德］卡尔・拉仑茨 . 法学方法论 . 陈爱娥译 . 商务印书馆，2005.

［104］［德］克劳斯・罗克辛 . 刑事政策与刑法体系（第二版）. 蔡桂生译 . 中国人民大学出版社，2011.

［105］［德］马克斯・韦伯 . 经济与社会 . 林荣远译 . 商务印书馆，1997.

［106］［法］古斯塔夫・勒庞 . 乌合之众——大众心理研究 . 冯克利译 . 广西师范大学出版社，2007.

［107］［法］亨利・莱维布律尔 . 法律社会学 . 许钧译 . 上海人民出版社，1987.

［108］［法］皮埃尔・勒鲁 . 论平等 . 王允道译 . 商务印书馆，1961.

［109］［法］让・雅克・卢梭 . 社会契约论 . 何兆武译 . 红旗出版社，1997.

［110］［美］H.W. 埃尔曼 . 比较法律文化 . 贺卫方，高鸿钧译 . 清华大学出版社，2002.

［111］［美］R.M. 昂格尔 . 现代社会中的法律 . 吴玉章等译 . 中国政法大学出版社，1994.

［112］［美］菲利克斯・罗格斯 . 公民与国家——民族、部族与族属身份 . 王建娥，魏强译 . 新华出版社，2003.

［113］［美］富兰克林・E. 齐姆林 . 美国少年司法 . 高维俭译 . 中国人民公安大学出版社，2010.

［114］［美］富勒 . 法律的道德性 . 郑戈译 . 商务印书馆，2005.

［115］［美］理查德・A. 波斯纳 . 法律与文学 . 李国庆译 . 中国政法大学出版社，2002.

［116］［美］罗伯特・J. 桑普森，约翰・H. 劳布 . 犯罪之形成：人生道路及其转折点 . 汪明亮等译 . 北京大学出版社，2006.

［117］［美］罗纳德·J. 博格，小马文·D. 弗瑞，帕特里克亚·瑟尔斯 . 犯罪学导论：犯罪、司法与社会 . 刘仁文等译 . 清华大学出版社，2009.

［118］［美］罗纳德·德沃金 . 认真对待权利 . 信春鹰，吴玉章译 . 中国大百科全书出版社，1998.

［119］［美］塞缪尔·P. 亨廷顿 . 变化社会中的政治秩序 . 王冠华，刘为等译 . 上海人民出版社，2008.

［120］［美］威廉姆·H. 怀特科，罗姆斯·C. 费德里科 . 当今世界的社会福利 . 解俊杰译 . 法律出版社，2003.

［121］［美］乌戈·马太，劳拉·纳德 . 西方的掠夺——当法治非法时 . 苟海莹译 . 社会科学文献出版社，2012.

［122］［美］夏洛特·托尔 . 社会救助学 . 郗庆华，王慧荣译 . 生活·读书·新知三联书店，1992.

［123］［美］约翰·罗尔斯 . 正义论 . 何怀宏等译 . 中国社会科学出版社，1988.

［124］［美］约翰·罗尔斯 . 作为公平的正义——正义新论 . 姚大志译 . 三联书店，2002.

［125］［日］大谷实 . 刑事政策学 . 黎宏译 . 中国人民大学出版社，2009.

［126］［日］大须贺明 . 生存权论 . 林浩译 . 法律出版社，2001.

［127］［日］山根清道 . 犯罪心理学 . 张增杰等译 . 群众出版社，1984.

［128］［日］西原春夫 . 刑法的根基与哲学 . 顾肖荣等译 . 法律出版社，2004.

［129］［意］恩里科·菲利 . 犯罪社会学 . 郭建安译 . 中国人民公安大学出版社，2004.

［130］［英］边沁 . 道德与立法原理导论 . 时殷弘译 . 商务印书馆，2001.

［131］［英］丹宁勋爵 . 法律的正当程序 . 李克强等译 . 法律出版社，1999.

［132］［英］弗里德里希·冯·哈耶克 . 经济、科学与政治——哈耶克思想精粹 . 冯克利译 . 江苏人民出版社，2000.

［133］［英］戈登·休斯 . 解读犯罪预防——社会控制、风险与后现

代．刘晓梅，刘志松译．中国人民公安大学出版社，2009.

［134］［英］莫里斯·罗奇．重新思考公民身份——现代社会中的福利、意识形态和变迁．郭忠华译．吉林出版集团有限责任公司，2010.

［135］［英］威廉·韦德．行政法．徐炳等译．中国大百科全书出版社，1997.

［136］［英］韦恩·莫里森．理论犯罪学：从现代到后现代．刘仁文等译．法律出版社，2004.

三、报纸类

［1］华政．问题少年谁之过．法制日报，2001-06-23（5）.

［2］傅剑锋．最高检力推被害人补偿立法．南方周末，2007-01-18（1）.

［3］李有军，郑娜．国家救助："法律白条"有望兑现．人民日报（海外版），2007-01-19（4）.

［4］蔡小伟．福州4类刑事被害人可获司法救助，救助金额最高2万元．人民日报，2007-01-25（6）.

［5］张建升，周文英．尽快建立刑事被害人国家补偿制度．检察日报，2007-08-10（3）.

［6］田雨．最高法：积极开展刑事被害人国家救助．新华每日电讯，2007-09-15（3）.

［7］殷国安．应将刑事被害人补偿确定为政府责任．检察日报，2008-07-23（2）.

［8］立法救助被害人．检察日报，2009-05-25（5）.

［9］李明耀，袁丹，张建如．刑事被害人救助：无锡检察的"三个三"．检察日报，2009-09-25（5）.

［10］袁定波．中国刑事被害人救助从无到有已步入制度化轨道．法制日报，2010-01-11（3）.

［11］河南省高级人民法院课题组．当前涉诉信访存在的困境及其出路——关于河南省涉诉信访问题的调研报告．人民法院报，2010-02-25（5）.

［12］刘金林．救助被害人：一枝一叶总关情．检察日报，2010-03-05（3）.

［13］潘从武．全国首部救助刑事被害人省级立法初见成效．法制日报，

2010-03-12（4）.

［14］周芬棉.陈俊平代表：应当制定刑事被害人补偿法.法制日报，2010-03-13（6）.

［15］屠春技，关兰.宁波市江东区检察院：细化刑事被害人救助工作.检察日报，2010-11-27（2）.

［16］周崇华.救助有法、法有温度——写在宁夏刑事被害人救助条例实施一周年之际.人民法院报，2011-01-21.

［17］孙春英，李恩树.刑事被害人救助工作在全国范围陆续开展　一大批被害人获救助感受司法温暖.法制日报，2011-02-10（6）.

［18］肖荣.刑事被害人救助：有效化解矛盾，实现均衡保护.检察日报，2011-02-28（3）.

［19］崔洁，肖水金，程梅.刑事被害人救助，物质心理双管齐下.检察日报，2011-05-06（4）.

［20］马岳君，赵彦龙.刑事被害人救助亟待立法摆脱“应急”状态.法制日报，2011-08-05（1）.

［21］陈丽平.设立刑事被害人国家救济基金.法制日报，2012-01-02（3）.

［22］卢志坚，唐颖.工作走向法制化、方式实现多样化、申请审批规范化——江苏去年救助1228名刑事被害人.检察日报，2012-02-03（1）.

［23］宋世民.江苏检方刑事被害人救助走出新路径.江苏法制报，2012-02-03（1）.

［24］陈菲.让受伤的心灵在关爱中回暖——检察机关积极开展刑事被害人救助制度，彰显司法人文关怀.检察日报，2012-03-02（1）.

［25］张辉，赵国勤.各地检察机关积极探索多元救助方式——两年救助刑事被害人11236人.检察日报，2012-03-13（13）.

［26］王亦君.全国人大常委会委员：希望尽快制定社会救助法.中国青年报.2012-10-28（2）.

［27］郑赫南.2013年检察关键词：刑事被害人救助彰显司法人文关怀.检察日报，2014-02-27（1）.

［28］马怀德.立法民主化科学化的具体途径.学习时报，2014-09-29（1）.

［29］信春鹰.深入推进科学立法民主立法.光明日报，2014-10-31（1）.

［30］刘锐.科学立法、民主立法的着力点.光明日报，2014-11-10（3）.

［31］汤媛媛．司法救助工作存在的问题及应对措施．人民法院报，2015-01-07（6）．

［32］莫洪宪．如何让司法救助资金更充裕．人民法院报，2015-03-30（2）．

［33］袁定波．完善法律援助制度保障公平正义——对话司法部法律援助工作司司长孙剑英．法制日报，2015-04-25（5）．

［34］杨克勤．在“四个全面”中把握全面依法治国．人民日报，2015-05-13（7）．

［35］许辉．法律援助有广度更要有深度．法制日报，2015-07-01（7）．

［36］阮占江，唐红．嘉禾法院“1+X”救助刑事被害人．法制日报，2015-10-13（5）．

［37］陶凯元．深化改革　推进司法救助制度法治化．人民法院报，2015-11-18（5）．

［38］梅传强．完善司法救助立法的构想．法制日报，2016-07-06（9）．

［39］王志道．“三化”提升刑事司法救助工作质效．检察日报，2017-11-10（1）．

［40］韩旭．科学定位值班律师功能．检察日报，2017-11-30（3）．

［41］赵文．《关于检察机关国家司法救助融入脱贫攻坚工作的实施办法（试行）》正式施行　防止刑事被害人家庭因案返贫致贫．四川法制报，2018-06-08（1）．

四、英文文献

［1］Donald P.Kommers. The Constitutional Jurisprudence of the Federal Republic of Germany. Duke University Press 1997.

［2］Wallace Harvey.Victimology: Legal， Psychological， and Social Perspectives. Boston， Allyn and Bacon 1998.

［3］Sara，Faherty.Victims and Victims' Rights. Philadelphia，PA:Chelsea House Publishers 1999.

［4］Hagan， Frank. Research Methods in Criminal Justice and Criminology.Needham， MA: Allyn and Bacon 2000.

［5］Tobolowsky Peggy . Crime Victim Rights and Remedies.

Durham， NC: Carolina Academic Press 2001.

[6] Farrel Graham， Ken Pease Repeat Victimization. New York:Criminal Justice Press 2001.

[7] Garland，D.. The Culture of Crime Control:Crime and Social Order in Contemporary Society. Oxford University Press 2001.

[8] Strang Heather.Pepair or Revenge:Victims and Restorative Justice. New York:Oxford 2002.

[9] Maguire Mike，Rob Morgan and Robert Reiner. The Oxford Handbook of Criminology. London， UK: Oxford University Press 2002.

[10] Andrew Karmen.Crime Victim：An Introduction to Victimology. Belmont，CA:Wadsworth 2004.

附 录

山西省刑事被害人救助实施办法（试行）

（中共山西省委政法委员会、山西省人民法院、山西省人民检察院、山西省公安厅、山西省民政厅、山西省财政厅、山西省人力资源和社会保障厅）

第一章 总则

第一条 为有效化解矛盾纠纷，促进社会和谐稳定，切实保障刑事被害人的合法权益，规范刑事被害人救助工作，根据中央政法委员会、最高人民法院、最高人民检察院、公安部、民政部、司法部、财政部、人力资源和社会保障部联合下发的《关于开展刑事被害人救助工作的若干意见》（法发〔2009〕10号），结合我省实际，制定本办法。

第二条 刑事被害人救助应当坚持实事求是的原则，救助标准要与社会经济发展水平相适应。

第三条 刑事被害人救助应当坚持以解决刑事被害人生活面临急迫困难的原则，确保有限的救助资金用于最需要救助的对象。

第四条 刑事被害人救助应当坚持一次性救助的原则，同一案件同一刑事被害人只能接受一次救助，一般不重复救助。

第五条 刑事被害人救助应当坚持公正、便捷、及时的原则，以利于刑事被害人困难的及时解决。

第六条 本办法所称的刑事被害人救助，是指在刑事被害人遭受犯罪行为侵害，无法及时获得有效赔偿的情况下，由国家给予适当的经济资助，帮助其解决基本生活方面的突出困难。

第七条 本办法所称的办案机关，是指办理刑事案件的公安机关、人民检察院、人民法院。

第二章 救助范围

第八条 符合下列条件之一的，应当进行刑事被害人救助：

（一）因严重暴力犯罪造成严重残疾，无法通过诉讼及时获得赔偿，生活困难的刑事被害人。

（二）刑事被害人因遭受严重暴力犯罪侵害已经死亡，与其共同生活或者依靠其收入作为重要生活来源，无法通过诉讼及时获得赔偿，生活困难的近亲属。

第九条 因过失犯罪或者不负刑事责任的人（如精神病人、不满刑事责任年龄的人）实施的不法行为，导致严重伤残或者死亡，生活困难又无法通过诉讼及时获得赔偿的刑事被害人或者其近亲属，可以参照本办法予以救助。

第十条 有下列情形之一的，一般不予刑事被害人救助：

（一）已获民事赔偿或者保险赔付的；

（二）已通过社会救助途径解决生活困难的；

（三）已获涉法涉诉信访救助的；

（四）已获刑事被害人救助后再次提出救助申请的；

（五）采取转移家庭财产、隐瞒经济收入或者提供虚假证明材料等手段骗取救助的；

（六）法律、法规规定的其他情形。

第三章 救助程序

第十一条 受理刑事案件的办案机关负责提出救助申请。

第十二条 具有下列情形之一的，办案机关应当提出救助申请：

（一）人民法院对于被告人及其他赔偿义务人无力履行赔偿义务，或因证据不足宣告被告人无罪的案件中，认为刑事被害人或其近亲属符合救助条件的；

（二）人民检察院对于不起诉案件中，认为刑事被害人或者其近亲属符合救助条件的；

（三）公安机关对于无法移送检察机关追究刑事责任，或者正在侦办的尚未抓获犯罪嫌疑人的案件中，认为刑事被害人或者其近亲属符合救助条件的。

第十三条 办案机关决定提出刑事被害人救助申请时，应当责成刑事被害人或者其近亲属如实提供以下证明材料，并在15个工作日内进行实质性审查：

（一）刑事被害人或者其近亲属的身份证明；

（二）刑事被害人的伤残鉴定或者死亡证明；

（三）刑事被害人家庭经济状况、经济来源证明；

（四）生活困难证明；

（五）犯罪嫌疑人、被告人及其他赔偿义务人无力赔偿证明；

（六）是否获得其他形式的救助证明；

（七）能够证明确实需要救助的其他相关材料。

刑事被害人或者其近亲属提供上述材料确有困难的，办案机关可以协助取证。

第十四条 符合救助条件的刑事被害人或者其近亲属，也可以向办案机关提出书面申请，并如实提供身份、家庭经济状况和经济来源、生活困难、刑事被害人实际损害后果、是否已获得其他形式的救助、被告人及其他赔偿义务人确实无力赔偿等相关证明材料。办案机关收到刑事被害人或者其近亲属书面申请和相关证明材料后，应当在15个工作日内进行实质审查，并将审查决定告知刑事被害人或者其近亲属。

第十五条 办案机关案件承办人对刑事被害人或者其近亲属提供的相关证明材料进行实质审查后，认为符合救助条件的，填写《山西省刑事被害人救助资金申请审批发放表》（一式四份），由2个或2个以上的承办人注明救助理由，提出拟救助金额，经承办部门负责人审核签字后，报分管领导和主要领导批准，加盖公章，报同级党委政法委审批。

第十六条 同级党委政法委在收到办案机关救助申请后，应当在10个工作日内，由执法检查部门对相关证明材料进行形式审查后，报分管领导和主要领导作出决定，在《山西省刑事被害人救助资金申请审批发放表》中签批意见，加盖公章。

第十七条 同级党委政法委决定救助的，将《山西省刑事被害人救助资金申请审批发放表》送同级财政部门。决定不予救助的，将不予救助的理由填写在《山西省刑事被害人救助资金申请审批发放表》中发回办案机关，由办案机关告知刑事被害人或者其近亲属。

第十八条 财政部门收到同级党委政法委的救助决定，应当在5个工作日内将救助资金直接拨付给提出救助申请的办案机关，并将拨付情况填写在《山西省刑事被害人救助资金申请审批发放表》中后，一并送办案机关。

第十九条 办案机关在收到拨付救助资金后，应当在5个工作日内将救助资金发放给刑事被害人或者其近亲属。刑事被害人或者其近亲属收到救助资金后，应当在《山西省刑事被害人救助资金申请审批发放表》中签字。

第二十条 刑事被害人或者其近亲属签收后，办案机关应当在3个工作日内将《山西省刑事被害人救助资金申请审批发放表》，一份返回同级党委政法委备查；一份返回财政部门作为财务入账依据，其余两份作为办案机关财务部门入账依据和案件承办部门入卷备查。

第二十一条 刑事被害人或者其近亲属获得救助后，如果被告人或者其他赔偿义务人有能力履行民事赔偿义务的，办案机关应当依法向其追偿。

第四章 救助数额

第二十二条 对刑事被害人或者其近亲属的救助数额，以案件管辖地上一年度职工月平均工资为基准，根据实际情况，每人可以按照6个月、12个月、18个月、24个月数额酌情资助，最高数额控制在36个月总额之内。

第二十三条 确定救助数额时，办案机关、审批机关应当综合考虑刑事被害人遭受犯罪侵害所造成的实际损害后果，犯罪嫌疑人、被告人及其他赔偿义务人实际民事赔偿能力，刑事被害人对案件发生有无过错以及过错大小，刑事被害人丧失劳动能力、家庭经济状况和经济来源，刑事被害人或者近亲属是否已获得民事赔偿、保险赔付、社会救助、涉法涉诉救助，维持刑事被害人居住地基本生活水平所必需的最低支出等情况。

第五章 救助资金的管理和监督

第二十四条 省、市、县（市、区）人民政府应当统筹安排刑事被害人救助专项资金，列入本级政府预算，分级设立，分级管理，单独核算，专款专用。

第二十五条 同级财政部门负责刑事被害人救助专项资金的预算编制、管理和核拨工作。

办案机关应当每一预算年度向同级财政部门提出刑事被害人救助专项资金预算，并在年度终了向同级财政部门报送当年发放救助资金的明细情况。

第二十六条 审计部门负责监督刑事被害人救助专项资金的使用，对办案机关的使用情况进行审计。

对于截留、侵占、私分或者挪用救助资金的单位或者个人，要按照有关规定，给予相关人员党纪政纪处理；构成犯罪的，依法追究刑事责任。

对于隐瞒真实情况、提供虚假证明骗取救助资金的刑事被害人或者其近亲属，构成犯罪的，依法追究刑事责任。同时，发放救助资金的办案机关应当予以追缴，并上缴财政部门。

对于因审查不严，导致不该救助而获得救助的，要严肃追究相关人员的责任；如发现相关人员与刑事被害人或者其近亲属内外勾结，骗取救助资金的，要按照有关规定，给予相关人员党纪政纪处理；构成犯罪的，依法追究刑事责任。同时，发放救助资金的办案机关应当追缴，并上缴财政部门。

第六章 附则

第二十七条 鼓励企业事业单位、社会团体、其他组织和个人对刑事被害人救助工作进行捐助或者探索设立刑事被害人救助专项基金。

第二十八条 对于暂时未纳入救助范围的刑事被害人或者实施救助后仍然面临生活困难的，可以通过社会救助途径解决其生活困难；符合城乡低保、农村五保条件的刑事被害人或者其近亲属，其户籍所在地的民政部门要及时将其纳入低保、农村五保范围；对于参加社会养老、工伤、医疗保险的刑事被害人或者其近亲属，其参保地的社会保险经办机构应当按照规定及时向其支付社会保险待遇。对于生活困难、符合司法救助或者法律援助条件的刑事被害人就人身损害或财产损失另行提起的民事诉讼，人民法院应当依法及时审理并减免相关诉讼费用，司法行政部门所属法律援助机构应当依法及时向其提供法律援助。

第二十九条 相关部门应当按照档案管理规定，建立规范的刑事被害人救助工作档案。

第三十条 涉法涉诉救助的救助程序、资金管理和监督参照本办法执行。

第三十一条 本办法自下发之日起施行。

（中共山西省委政法委员会 2011 年 3 月 28 日印发）

河南省关于建立完善国家司法救助制度的实施意见（试行）

（中共河南省委政法委员会、河南省财政厅、河南省高级人民法院、河南省人民检察院、河南省公安厅、河南省司法厅）

为贯彻落实中央政法委、财政部、最高人民法院、最高人民检察院、公安部、司法部六部委《关于建立完善国家司法救助制度的意见（试行）》，结合河南省实际，制定本实施意见。

一、重要意义

开展国家司法救助是中国特色社会主义司法制度的内在要求，是改善民生、健全社会保障体系的重要组成部分，是深化贯彻落实党的十八大和十八届三中、四中全会精神，深入推进司法体制改革，完善人权司法保障制度的重要举措。实现国家司法救助工作的制度化、规范化，既彰显党和政府的民生关怀，又有利于实现社会公平正义，促进社会和谐稳定，维护司法的权威和公信。

二、基本原则

（一）辅助性救助原则。国家司法救助是对遭受犯罪侵害或民事权益受到侵害，无法通过诉讼获得有效赔偿的当事人，采取的辅助性救助措施。重点解决符合条件的特定案件当事人面临的急迫和突出困难，既不对各类案件当事人进行普遍救济，也不包揽解决当事人的全部困难。对同一案件的同一当事人只进行一次性救助。对于能够通过诉讼获得赔偿、补偿的，一般应当通过诉讼渠道解决。

（二）公正救助原则。严格把握救助标准和条件，规范救助程序，兼顾当事人实际生活困难情况和同类案件救助额，做到公平、公正、合理救助，防止因救助不公引发新的矛盾。

（三）及时救助原则。对符合救助条件的当事人，办案机关应根据当事人申请或者依据职权及时提供救助，确保及早化解社会矛盾。

（四）属地救助原则。对符合救助条件的当事人，不论其户籍在本地或外地，原则上由案件管辖地负责救助。

三、救助对象

（一）对下列人员提出国家司法救助申请的，应当予以救助：

1. 刑事案件被害人受到犯罪侵害，致使重伤或严重残疾，因案件无法侦破造成生活困难的；或者因加害人死亡或没有赔偿能力，无法经过诉讼获得赔偿，造成生活困难的；

2. 刑事案件被害人受到犯罪侵害危及生命，急需救治，无力承担医疗救助费用的；

3. 刑事案件被害人受到犯罪侵害而死亡，因案件无法侦破造成依靠其收入为主要来源的近亲属生活困难的；或者因加害人死亡或没有赔偿能力，依靠被害人收入为主要生活来源的近亲属无法经过诉讼获得赔偿，造成生活困难的；

4. 刑事案件被害人受到犯罪侵害，致使财产遭受重大损失，因案件无法侦破造成生活困难的；或者因加害人死亡或没有赔偿能力，无法经过诉讼获得赔偿，造成生活困难的；

5. 举报人、证人、鉴定人因举报、作证、鉴定受到打击报复，致使人身受到伤害或财产重大损失，无法经过诉讼获得赔偿，造成生活困难的；

6. 追索赡养费、扶养费、抚育费等，因被执行人没有履行能力，造成申请执行人生活困难的；

7. 对于道路交通事故等民事侵权行为造成人身伤害，无法经过诉讼获得赔偿，造成生活困难的；

8. 党委政法委和政法各有关单位根据实际情况，认为需要救助的其他人员。

（二）可参照执行的情况：

1.涉法涉诉信访人，其诉求具有一定合理性，但通过法律途径难以解决，且生活困难，愿意接受国家司法救助后息诉息访的；

2.政法机关在执法办案过程中存在一定过错或瑕疵，对当事人造成损失，但当事人根据当前法律、政策又不符合国家赔偿规定，其他社会救助又难以落实，造成生活困难的。

（三）申请国家司法救助人员，具有下列情形之一的，一般不予救助：

1.对案件发生具有重大过错的；

2.无正当理由，拒绝配合查明犯罪事实的；

3.故意作虚伪陈述或者伪造证据，妨害刑事诉讼的；

4.在诉讼中主动放弃民事赔偿请求或拒绝加害责任人及其近亲属赔偿的；

5.生活困难非案件原因导致的；

6.通过社会救助措施，已得到合理补偿、救助的。

（四）对社会组织、法人，不予救助。

四、救助方式和标准

（一）救助方式。国家司法救助以支付救助金为主要方式。同时，与思想疏导、宣传教育相结合，与法律援助相配套，与其他社会救助相衔接。有条件的地方，积极探索建立刑事案件伤员急救“绿色通道”，对遭受严重心理创伤的被害人实施心理治疗、对行动不便的受害人提供社工帮助等多种救助方式，进一步增强救助效果。

（二）救助标准。各市、县应根据当地经济社会发展水平制定具体救助标准，以案件管辖地上一年度职工月平均工资为基准，一般在36个月的工作总额之内。救助应当按照损失程度分档进行。一般损失，按（上一年度职工月平均工资）12个月工资总额救助；中等损失，按24个月救助；最高损失，按36个月救助。损失特别重大、生活特别困难，需适当突破救助限额的，应严格审核控制，救助金额不得超过人民法院依法应当判决的赔偿数额。

（三）救助金额。确定救助金具体数额，要综合考虑救助对象实际遭受的损害后果、有无过错以及过错大小、个人及其家庭经济状况、维持当地基本生活水平所必需的最低支出以及赔偿义务人实际赔偿情况等。

五、救助程序

使用国家司法救助资金应当严格遵循相关程序，做到手续完备、审批规范、程序严谨、高效便捷。

（一）告知。人民法院、人民检察院、公安机关、司法行政机关在办理案件、处理涉法涉诉信访问题过程中，对符合救助条件的当事人，应当告知其有权提出救助申请。各级党委政法委在工作中发现对符合国家司法救助条件的当事人急需救助的，可以协调有关办案机关启动国家司法救助程序。

（二）申请。救助申请由当事人向办案机关提出；当事人直接提出申请困难的，可以委托其近亲属提出申请；刑事案件被害人死亡的，由符合条件的近亲属提出。申请一般采用书面形式。确有困难，不能提供书面申请的，可以采用口头方式，对口头申请的应制作申请笔录。当事人及其近亲属接受国家司法救助后再次以相同事实和理由申请救助的，政法机关不予受理。

申请人应当向办案机关提交以下材料：

1. 国家司法救助申请书；

2. 本人真实身份证明、实际损害后果证明材料，刑事案件被害人应提供医疗机构或法医鉴定机构关于本人伤情的证明材料；

3. 是否获得其他赔偿等相关证明材料；

4. 申请人为刑事案件被害人近亲属的，应提供与被害人的关系证明材料；

5. 当地民政部门或乡镇政府（街道办事处）出具的当事人低于当地最低生活保障标准的证明材料；

6. 申请人委托他人提出申请的，应当提供授权委托书；

7. 办案机关认为其他需要提供的相关材料。

（三）审批。办案机关应当认真核实申请人提供的申请材料，综合相关情况，在 10 个工作日内作出是否给予救助和具体救助金额的审批意见。决定不予救助的，及时将审批意见告知当事人，并做好解释说明工作。

（四）发放。

1. 对批准同意的，财政部门应当及时将救助资金拨付办案机关，办案机关在收到拨付款后 2 个工作日内，通知申请人领取救助资金。申请人领取救助资金，应当办理签收手续；

2. 对急需医疗救助等特殊情况，办案机关可以依据救助标准，先行垫付救助资金，救助后及时补办审批手续；

3. 救助资金发放完毕后，办案机关应建立救助工作档案，健全完善相关文书材料，以存档备查。

（五）追偿。当事人接受国家司法救助并不免除赔偿义务人的赔偿责任，办案机关应继续加大工作力度进行追偿。追偿金补足当事人应当获得的赔偿或者补偿款后，余款补充为国家救助的资金，由同级财政部门管理。

六、资金筹集

（一）坚持政府主导、社会广泛参与的资金筹措方式，分级筹集，分级管理。省、市、县三级国家司法救助资金分别列入同级政府财政预算，统筹安排，并建立动态调整机制。

（二）已经建立的刑事被害人救助资金、涉法涉诉信访救助资金等专项资金，统一合并为国家司法救助资金。

（三）省财政通过政法转移支付，对地方所需国家司法救助资金予以适当补助。同时，各级要采取切实有效的政策措施，积极拓宽救助资金来源渠道，鼓励个人、企业和社会组织捐助国家司法救助资金。

（四）各级党委、政府应建立社会公众捐赠资金奖励制度，对积极捐赠资金的个人、企业和社会组织，从税收政策、社会评价等方面给予嘉奖，鼓励社会公众积极参与国家司法救助工作。

七、资金管理和监督

（一）各级政府财政部门严格资金管理，确保管好、用好救助资金。政法各单位在年度终了一个月内，向同级国家司法救助领导小组和财政部门报送当年发放救助资金的明细情况，接受纪检、监察、财政和审计部门监督，确保专款专用。对个人、企业和社会组织捐助救助资金的，应定期向社会公开，并将救助具体对象告知捐赠人，确保资金使用的透明度和公正性。

（二）各省辖市、省直管县（市）党委政法委、财政局自 2015 年起，每年 2 月 15 日前，将本地上一年度执行国家司法救助情况，分别报省委政法委、省财政厅。

（三）违反本办法，有下列情形之一的，严格依纪依法追究责任，并追回救助资金：

1. 截留、侵占、私分或者挪用国家司法救助资金的；

2. 违反规定发放国家司法救助资金，造成重大损失的；

3. 采取虚报、隐瞒、伪造等手段，骗取国家司法救助资金的；

4. 泄露在工作中知悉的公民个人信息，造成不良后果的；

5. 在国家司法救助工作中存在其他违法违纪行为的。

八、救助工作的组织协调

（一）加强组织协调。省市县要分别成立由政法委牵头，财政和政法各单位共同参与的国家司法救助领导小组，负责研究制定国家司法救助的制度规范和配套措施，测算资金需求，定期检查各单位工作落实情况。各有关部门要各司其职，相互配合，形成合力。政法各有关单位按照职责范围和案件管辖分工，分别对救助申请进行审批。案件需移送下一办案环节或其他政法单位的，办案机关应将国家司法救助的有关材料随案卷一并移送，并在案卷中专门作出说明。各级党委政法委要加强统筹协调工作，积极协调解决办案机关在国家司法救助工作中遇到的困难和问题。

（二）建立衔接机制。各级党委政法委要加强与有关部门的协调，把国家司法救助制度与社会救助制度、法律援助制度有机结合起来，充分体现司法的人文关怀。对于符合国家司法救助条件的当事人就人身伤害或财产损失提出民事诉讼的，人民法院应当依法及时审查并减免诉讼费用，司法行政部门应当依法及时提供法律援助，保障困难群众充分行使诉讼权利。对于未纳入国家司法救助范围或者实施国家司法救助后仍然面临生活困难的当事人，符合社会救助条件的，办案机关应协调其户籍所在地有关部门，纳入社会救助范围。

（三）严格督导检查。各级党委政法委要加强对国家司法救助工作的督导检查，指导各地各部门建立完善国家司法救助制度，落实工作责任，规范国家司法救助资金的管理、使用和监督，确保国家司法救助工作有章可循、有据可依，公开透明、公平公正，充分发挥救助效能。

各省辖市、省直管县（市）要根据本办法，结合工作实际，制定本地国家司法救助工作的具体细则，并在实践中不断总结完善。各省辖市、省直管县（市）制定的具体细则，在本办法下发 3 个月之内，报省委政法委、省财政厅、省高级人民法院、省人民检察院、省公安厅、省司法厅备案。

本办法自下发之日起实施。

（中共河南省委政法委员会办公室　2015 年 1 月 15 日印发）

广州市关于建立完善国家司法救助制度的实施办法

（中共广州市委政法委员会、广州市中级人民法院、广州市人民检察院、广州市公安局、广州市司法局、广州市财政局）

第一章　总则

第一条　为规范我市司法救助管理工作，切实在执法司法过程中对弱势群体进行平等保护，维护社会公平正义，根据国家有关法律、法规规定和中央文件精神，按照中共广东省委政法委员会、广东省高级人民法院、广东省人民检察院、广东省公安厅、广东省司法厅、广东省财政厅《关于建立完善国家司法救助制度的实施意见》（粤政法〔2014〕6 号）的要求，结合我市实际，制定本实施办法。

第二条　国家司法救助是指政法机关在执法司法办案过程中，为解决案件当事人的特殊困难，维护人民群众的合法权益，对特困当事人给予经济救助的保障制度。

第三条　国家司法救助以支付救助金为主要方式，同时与思想疏导、宣传教育相结合，与法律援助、诉讼救济相配套，与其他民政救济、社会保障、公益救助相互衔接。

第四条　司法救助金的使用坚持适度辅助、公正公开、救急救困、属地管理、一次性救助为原则。

第五条　对政法机关各类司法救助资金进行整合，将现有的涉法涉诉信访救助金、刑事被害人救助金、执行申请人救助金等统一合并为国家司法救助资金，其他形式司法救助资金不再单独设立。

第二章　救助主体和救助对象

第六条　司法救助的主体为市直各政法机关，司法救助对象为各政法机关办理的刑事、民事、行政和执行案件的当事人或其近亲属。

第七条 司法救助对象仅限于自然人，不包括企事业单位等法人及其组织。凡符合下列情形的，应当予以司法救助：

（一）刑事案件被害人受到犯罪侵害，致重伤、严重残疾或者财产遭受重大损失，因案件无法侦破造成生活困难的；或者因加害人死亡或没有赔偿能力，无法经过诉讼获得赔偿，造成生活困难的。

（二）刑事案件被害人受到犯罪侵害危及生命，急需救治，无力承担医疗救治费用的。

（三）刑事案件被害人受到犯罪侵害而死亡，因案件无法侦破造成依靠其收入为主要生活来源的近亲属生活困难的；或者因加害人死亡或没有赔偿能力，依靠被害人收入为主要生活来源的近亲属无法经过诉讼获得赔偿，造成生活困难的。

（四）举报人、证人、鉴定人因举报、作证、鉴定受到打击报复，致使人身受到伤害或财产受到重大损失，无法经过诉讼获得赔偿，造成生活困难的。

（五）申请执行人追索赡养费、扶养费、抚育费，因被执行人没有履行能力，造成申请执行人生活困难的。

（六）因道路交通事故等民事侵权行为造成人身伤害或财产重大损失，无法经过诉讼获得赔偿，造成生活特别困难的。

（七）党委政法委和各政法机关根据实际情况，认为需要救助的其他人员。

涉法涉诉信访案件当事人不服处理而长期上访，反映的问题有一定的合理性，但通过法律途径难以解决，且发生严重生活困难，信访人愿意接受救助并息诉罢访的，可参照执行。

第三章 救助标准和程序

第八条 救助标准以上一年度职工月平均工资为基准，分梯次确定，一般在 36 个月的工资总额范围内。损失特别重大、生活特别困难，需突破救助限额的，应严格审核控制，救助金额不得超过人民法院依法应当判决的赔偿数额。

第九条 确定救助金具体数额，要综合考虑救助对象实际遭受的损害后果、有无过错、过错大小、个人及其家庭经济状况、维持当地基本生活水平所必需的最低支出，以及赔偿义务人实际赔偿情况等。

第十条 司法救助资金的申请、审核、核拨、发放严格按照以下程序：

（一）告知。政法机关应当把司法救助作为一项权利主动告知当事人，以保证符合条件的当事人在知情的前提下决定是否申请司法救助，保障自身合法权利的实现。各政法机关在办理案件过程中，应当主动了解当事人家庭生活状况，对符合救助条件的当事人，不论其户籍在本地或外地，均应主动了解当事人家庭生活状况。对符合救助条件的涉法涉诉信访人，也应根据规定及时提供救助。

（二）申请。救助申请由当事人向承办案件的政法机关提出；刑事被害人死亡或民事、行政案件被侵权人死亡的，由符合条件的近亲属提出。申请人应当如实提供本人真实身份、实际损害后果、生活困难、是否获得其他赔偿等相关证明材料。申请材料不齐全或者不符合要求的，受理申请的政法机关应当在收到救助申请材料的当日，告知申请人及时补正。

（三）审批。受理申请的政法机关应当认真核实申请人提供的申请材料，综合相关情况，在10个工作日内作出是否给予救助和具体救助金额的审批意见。决定不予救助的，及时将审批意见告知当事人，并说明理由，做好解释工作。

（四）发放。对批准同意的，受理申请的政法机关在2个工作日内，通知申请人领取救助资金，申请人凭身份证到受理申请的政法机关一次性领取司法救助资金。对于涉法涉诉信访案件可建议当事人承诺在领取救助金后息诉罢访。对急需医疗救治等特殊情况，受理申请的政法机关可以依据救助标准，先行垫付救助资金，救助后及时补办审批手续。

（五）备案。政法机关在批准并发放救助金后，应在5个工作日内将司法救助的审批表、款项签收证明材料报市委政法委、市财政部门备案。

第十一条 司法救助申请一般采取书面形式。确有困难，不能提交书面申请的，也可以采用口头方式；口头申请的，受理机关应当记录申请人的申请时间、具体救助请求、主要事实和理由。申请人申请救助应提交以下材料：

（一）救助申请书；

（二）有效身份证明；

（三）刑事被害人医疗救治或者死亡证明；

（四）家庭财产和收入情况证明；

（五）家庭生活严重困难情况证明材料；

（六）司法救助涉及案件生效的法律文书；

（七）其他与申请司法救助有关的材料。

司法救助申请人应当对申请材料的真实性负责。

第十二条 家庭生活严重困难情况证明材料包括：

（一）居民提交由当地民政、劳动和社会保障部门发放的享受最低生活保证金证明，或领取失业保险金证明，农民提交由村委会出具的其本人及其家庭成员的经济状况在当地农村属特困户、救济户的材料；

（二）孤寡老人、孤儿和农村“五保户”提交由申请人所在居委会、村委会等组织及街道办事处或乡镇人民政府出具的证明材料；

（三）残疾人提交残疾证，患有严重疾病的人须提交市级以上医院近期的诊断证明和病历，并由申请人所在村（居）委会等组织及街道办事处或乡镇人民政府出具困难证明材料；

（四）国家规定的优抚、安置对象由申请人所在组织出具足以证明其确有经济困难的证明材料；

（五）交通事故、医疗事故、工伤事故、产品质量事故或者其他人身伤害事故的受害人需提交事故认定书，医院的诊断证明和病历，并由申请人所在单位、村（居）委会等组织及街道办事处或乡镇人民政府出具困难证明材料；

（六）其他严重生活困难证明材料应由司法救助申请人户籍所在地的村（居）委会或所在单位出具，并由乡镇基层人民政府或街道办事处核实、签署意见。

第十三条 司法救助申请有下列情形之一，并有证据证实的，一般不予救助：

（一）对案件发生造成自己损害有重大过错的；

（二）无正当理由，拒绝配合查明犯罪事实的；

（三）故意作虚伪陈述或者伪造证据，妨害刑事诉讼的；

（四）在诉讼中主动放弃民事赔偿请求或拒绝加害责任人及其近亲属赔偿的；

（五）生活困难非案件原因所导致的；

（六）已从保险公司获得赔偿或通过社会救助措施得到合理补偿、救助的（不包括已领取由政府发放的最低生活保障救济金和失业救济等）；

（七）司法救助申请已由其他政法机关受理尚未办结或因同一事由已经领取过司法救助资金的；

（八）其他不属于救助范围的情形。

第十四条 受理机关对救助申请材料有疑义或认为有必要的，可向救助对象所在地有关部门和群众进行调查，了解其实际困难，必要时可采取公示方式公开核实的有关情况，并根据单笔救助金最高限额、申请人涉及案件标的额等因素从严掌握。

第四章 救助资金管理和使用

第十五条 司法救助资金来源包括：

（一）财政投入。司法救助资金主要由市财政预算安排解决。

（二）社会捐赠、赞助。积极拓宽资金的筹集渠道，借助社会慈善机构的力量和帮助，鼓励社会组织和个人捐助，扩大资金规模总量。

第十六条 市财政部门根据各政法机关司法救助的实际需求，在政法机关每年预算范围内拨付司法救助专项资金。

第十七条 司法救助资金属财政投入的部分按照国库集中支付管理，每年以授权支付额度方式下达各政法机关，上一年结转、结余的资金按照国务院财政部门的规定办理；司法救助资金属社会捐赠的部分，按财政代管资金模式管理，独立核算、专款专用，结余资金全额转入下年度继续使用，不得用于平衡财政预算。

第十八条 市委政法委、市财政局负责对救助经费进行监管，市直政法各部门应在年度终了 1 个月内向市委政法委、市财政局报送本年度本单位司法救助专项资金使用情况总结。资金使用和救助情况每年应依法向社会公告。

第十九条 司法救助资金使用实行专项档案管理。各实施救助责任单位应将救助资金使用的相关材料、凭证及时整理归档，以备查阅，自觉接受纪检、监察和审计监督。

第五章　组织领导和部门职责

第二十条　设立广州市国家司法救助领导小组，负责研究制定我市司法救助的具体规范和配套措施，科学测算资金需求，定期检查各单位资金使用及工作落实情况，及时发现和研究解决司法救助工作。

领导小组由市委政法委牵头，市法院、市检察院、市公安局、市司法局、市财政局为成员单位。领导小组办公室设在市委政法委，负责司法救助的日常管理工作。

第二十一条　各政法机关按照职责范围和案件管辖分工，分别对当事人的救助申请进行审批：

（一）刑事案件因案件久侦未破或无法移送人民检察院追究刑事责任（含检察院依法不批准逮捕案件），被害人符合司法救条件的申请，由市公安局受理。

（二）刑事案件不起诉的，被害人符合司法救助条件的申请，由市检察院受理。

（三）刑事案件因证据不足宣告被告人无罪以及对已生效的刑事附带民事判决、一般民事执行案件经依法采取各种措施仍不能执行，依法裁定中止或终结执行，符合司法救助条件的申请，由市法院受理。

（四）刑事案件当事人向检察机关申诉，民事、行政案件当事人向检察机关申请监督的，符合司法救助条件的，也可以由市检察院受理。前述案件，当事人同时向市检察院和市法院申请的，由先受理的单位办理。

（五）案件在办理过程中有过错或者瑕疵，但当事人根据目前的法律、政策无法获得国家赔偿，且生活困难确需救助的以及涉法涉诉信访案件符合条件应当给予司法救助的申请，由原办案单位受理。

（六）举报人、证人、鉴定人符合司法救助条件的申请，由市司法救助领导小组办公室协调有关政法部门受理。

不同政法机关因救助受理发生争议的，应协商解决；协商不成，报请市司法救助领导小组办公室指定办理。

第二十二条　市直政法各部门应指定专门机构和人员，负责本单位的司法救助管理工作，并根据本办法的要求，制定本系统、本部门的司法救助资金使用的具体管理规定和审批流程规范。

第二十三条 各政法部门在司法救助案件办理过程中应加强协调、沟通，实现有效衔接，案件需移送下一办案环节或其他政法单位的，应连同司法救助相关材料随案卷一并移送，并作必要告知。案件救助办理信息应于发放救助资金后五个工作日内录入全市涉法涉诉信访工作信息管理系统，确保信息联通共享，避免重复救助。

第二十四条 各政法部门应与人大、信访、民政等单位相互配合、形成合力，开展形式多样的救助帮扶工作，最大程度实现司法救助化解社会矛盾，促进社会和谐的功能作用。

第二十五条 对于未纳入国家司法救助范围或者救助后仍生活困难的当事人，政法机关应协调困难当事人户籍所在地的有关部门，通过社会保障机制，解决实际存在的问题，保护弱势群体合法权益不受损害。

第二十六条 市国家司法救助领导小组办公室将加强对救助案件的检查监督，每半年对案件进行抽查一次，抽查案件数不低于救助案件总量的15%。

第六章 法律责任

第二十七条 司法救助申请人以隐瞒家庭财产、经济收入等有关情况或者提供虚假材料等欺骗手段取得司法救助金的，由受理机关予以追缴；构成犯罪的，依法追究刑事责任。

第二十八条 在司法救助资金的使用中，相关单位的承办人及责任人应当严格遵守规定，规范操作。有下列行为之一的，由其所在单位对直接责任人给予相应的纪律处分；构成犯罪的，依法追究刑事责任：

（一）滥用职权，违规审批、发放救助金的；

（二）虚报、克扣救助金的；

（三）贪污、截留、挪用救助金的；

（四）其他违法违纪行为的。

第七章 附则

第二十九条 国家赔偿、法律援助、见义勇为救助、缓减免诉讼费用，以及道路交通事故社会救助基金等法律、法规、规章明确规定的各类救助，依照有关规定办理，不适用本办法规定。

第三十条　本实施办法自颁布之日起施行。各区（县级市）可参照本实施办法建立本级司法救助制度。

第三十一条　本实施办法由广州市国家司法救助领导小组办公室负责解释。

（中共广州市委政法委员会　2015年2月印发）

无锡市刑事被害人特困救助条例

（2009年4月29日无锡市第十四届人民代表大会常务委员会第十一次会议制定，2009年5月20日江苏省第十一届人民代表大会常务委员会第九次会议批准）

第一条　为了规范刑事被害人特困救助活动，缓解刑事被害人的家庭生活困难，维护社会和谐稳定，根据宪法和有关法律、法规，结合本市实际，制定本条例。

第二条　本市行政区域内的刑事被害人特困救助活动适用本条例。

第三条　本条例所称刑事被害人特困救助，是本市有关国家机关对符合本条例规定的救助申请人给予的一次性经济救助。

第四条　刑事被害人特困救助应当遵循以下原则：

（一）与经济社会发展水平相适应；

（二）与社会保障和其他救济相结合；

（三）公正、公开、救急、便捷。

第五条　本市人民法院、人民检察院、公安机关负责刑事被害人特困救助申请的受理、审查、提出救助意见和救助金发放。

民政、劳动和社会保障、卫生、金融等部门应当支持和配合人民法院、人民检察院、公安机关做好特困救助申请的调查核实等相关工作。

第六条　市、县级市、区人民政府应当设立刑事被害人特困救助专项资金，列入本级财政预算，实行分级统筹、分级管理，单独核算，专款专用。

财政、审计部门负责监督同级刑事被害人特困救助专项资金的使用、管理。

第七条　刑事被害人应当通过主张刑事附带民事赔偿、工伤赔偿、保险赔付以及申请其他救助等途径，缓解医疗救治和家庭生活困难。

第八条 鼓励和支持基层组织、社会团体、企业事业单位、其他组织和个人开展刑事被害人社会捐助活动。

第九条 刑事被害人符合本条例规定条件的，可以提出救助申请。

刑事被害人因受到犯罪行为侵害致死的，依靠其收入作为主要生活来源的被赡养人、被扶养人或者被抚养人，也可以依照本条例的规定提出救助申请。

第十条 申请救助应当同时具备下列条件：

（一）刑事被害人在本市行政区域内遭受犯罪行为侵害；

（二）刑事案件属于本市管辖；

（三）犯罪行为侵害造成刑事被害人人身重大伤害或者死亡；

（四）无法及时获得加害人赔偿、工伤赔偿、保险赔付；

（五）因刑事被害人医疗救助等原因造成家庭生活陷入严重困境。

第十一条 具有下列情形之一的，不予救助：

（一）刑事被害人的不法侵害直接导致加害行为的；

（二）救助申请人隐瞒家庭财产、经济收入等有关情况或者提供虚假材料申请救助的；

（三）法律、法规规定的其他情形。

第十二条 救助申请应当在刑事诉讼期间内向下列案件承办机关提出：

（一）刑事案件处于立案侦查阶段的，向公安机关提出；

（二）刑事案件处于提起公诉阶段的，向人民检察院提出；

（三）刑事案件处于审判阶段的，向人民法院提出。

刑事附带民事诉讼案件，救助申请应当在审判和执行期间内，向人民法院提出。

第十三条 申请救助应当采用书面形式，特殊情况也可以口头申请。口头申请的，承办机关应当做好记录。

第十四条 申请救助应当提交下列材料：

（一）救助申请书；

（二）有效身份证明；

（三）刑事被害人医疗救治或者死亡证明材料；

（四）家庭财产和收入情况说明；

（五）家庭生活困难情况证明材料；

（六）其他与申请救助有关的材料。

救助申请人应当对申请材料的真实性负责。

第十五条 救助申请属于本机关受理，申请材料齐全、符合要求的，承办机关应当受理。

申请材料不齐全或者不符合要求的，承办机关应当在收到救助申请材料的当日，告知申请人补正。

第十六条 救助申请有下列情形之一的，不予受理：

（一）已经获得本条例规定的一次性救助的；

（二）救助申请已由其他机关受理尚未办结的；

（三）未在本条例第十二条规定的期间内提出救助申请的。

决定不予受理的，承办机关应当在收到申请材料之日起三个工作日内告知申请人并说明理由。

第十七条 人民法院、人民检察院、公安机关应当综合考虑刑事被害人遭受犯罪行为侵害所造成的实际损害后果、医疗费用、家庭实际困难等情况，提出救助意见和救助金额。

救助金一般不超过一万元，特殊情况下不超过本市上一年度职工年平均工资的三倍。

前款所称的特殊情况是指：

（一）刑事被害人医疗救助费用特别巨大的；

（二）刑事被害人完全丧失劳动能力的；

（三）刑事被害人死亡，救助申请人无劳动能力或者患有严重疾病且没有其他经济来源的；

（四）救助申请人陷入其他特别严重困境的。

第十八条 承办机关应当在受理救助申请之日起十个工作日内提出救助意见，并办理相关的审批手续。经审批决定给予救助的，应当在收到决定之日起三个工作日内一次性发放救助金；不予救助的，应当及时告知救助申请人并说明理由。

财政部门应当根据审批决定，及时核拨救助金。

第十九条 符合本条例规定的条件但未提出救助申请的，人民法院、人民检察院、公安机关根据案件具体情况，也可以直接提出救助意见和救助金额，并办理相关的审批手续。

第二十条 公安机关、人民检察院、人民法院应当将刑事被害人特困救助情况的书面材料随案移交。

第二十一条 刑事被害人特困救助情况应当定期向社会公布。

第二十二条 救助申请人依照本条例规定取得的救助金不纳入其家庭收入核算范围。

第二十三条 救助申请人以隐瞒家庭财产、经济收入等有关情况或者提供虚假材料等欺骗手段获得救助金的，由救助金发放机关予以追缴；构成犯罪的，依法追究刑事责任。

第二十四条 从事刑事被害人特困救助工作的人员违反本条例规定的，由主管部门依法给予行政处分；构成犯罪的，依法追究刑事责任。

第二十五条 本条例自2009年10月1日起施行。

宁夏回族自治区刑事被害人困难救助条例

（2009年11月19日宁夏回族自治区第十届人民代表大会常务委员会第十四次会议通过）

第一条 为了帮助刑事被害人及其近亲属解决特殊生活困难，维护社会稳定，促进社会和谐，结合自治区实际，制定本条例。

第二条 在自治区行政区域内因严重暴力刑事案件的被害人或者近亲属需要给予困难救助的，适用本条例。

第三条 本条例所称刑事被害人困难救助，是指因严重暴力犯罪造成被害人严重伤残或者死亡，刑事被告人无力支付赔偿，刑事被害人或者由其赡养、抚养、扶养的近亲属（以下简称近亲属）无能力维持最低生活水平所必需的支出，确有特殊生活困难，给予的一次性临时救助。

本条例所称的办案机关是指办理刑事案件的公安机关、人民检察院和人民法院。

第四条 各级财政部门应当将刑事被害人困难救助资金列入本级财政年度预算，专项管理，专款专用。

自治区人民政府财政部门应当安排一定的专门资金，作为向贫困县（市、区）刑事被害人困难救助资金的预算补助。

提倡和鼓励企业、事业单位、社会团体和公民为有特殊困难的刑事被害人提供捐助。

第五条 符合本条例第三条第一款救助条件的刑事被害人或者其近亲属，可以向办案机关提出困难救助申请。

第六条 刑事被害人或者近亲属申请困难救助，应当向办案机关提交救助申请书，并如实提供有效身份，实际损害后果，未获得民事赔偿、保险机构赔偿、社会保障机构救助情况和特殊生活困难的证明。

特殊生活困难证明由刑事被害人户籍所在地的县（市、区）民政部门出具。

第七条 刑事被害人或者其近亲属申请困难救助，办案机关应当在受理困难救助申请之日起十个工作日内提出是否给予救助的意见，并对决定给予救助的，办理相关的审批手续。

对已经获得一次性救助或者困难救助申请已由其他机关受理尚未办结的，不予受理。

对不予受理的，办案机关应当在五个工作日内书面通知救助申请人。

第八条 刑事被害人有下列情形之一的，不予救助：

（一）已获得民事赔偿、保险机构赔偿、社会保障机构救助的；

（二）刑事被害人实施不法侵犯直接导致加害行为的；

（三）犯罪嫌疑人、被告人及其他赔偿义务人自愿赔偿受害人损失，但刑事被害人拒绝的。

第九条 救助金额应当根据刑事被害人实际损害后果和犯罪嫌疑人、被告人及其他赔偿义务人实际赔偿情况以及刑事被害人的家庭经济状况、维持最低生活水平所必需的支出等情况确定。

救助金额一般不超过一万元。极其特殊困难的，最高救助金额不超过五万元。

第十条 经审查决定给予救助的，本级人民政府财政部门应当在接到给予救助决定书十个工作日内，向办案机关拨付困难救助资金。

办案机关应当自收到困难救助资金后五个工作日内，将困难救助资金发放给被救助人。

第十一条 刑事被害人获得救助后，办案机关发现犯罪嫌疑人、被告人或者其他赔偿义务人有能力履行民事赔偿义务的，应当依法向其追偿。

追偿的资金除用于补充救助资金外，超过刑事被害人已获得救助额的部分，应当支付给刑事被害人。

第十二条 对决定给予救助的，应当对被救助人、救助资金等在救助申请人户籍所在地或者现居住地村（居）民委员会予以公示，接受社会监督。

第十三条 审计部门应当每年度对刑事被害人困难救助资金的拨付、发放情况进行审计。

第十四条 各级人民政府、人民法院、人民检察院应当每年向本级人民代表大会常务委员会报告一次本条例实施情况。

第十五条 办案机关和有关部门及其工作人员违反本条例规定，有下列情形之一的，对直接负责的主管人员和其他直接责任人员依法给予处分，限期追缴救助资金；构成犯罪的，依法追究刑事责任：

（一）为不符合救助条件的人员提供救助的；

（二）故意刁难或者无正当理由推诿拒绝为符合救助条件的人员提供救助的；

（三）截留、挤占、挪用、私分、收取财物、贪污专项救助资金的；

（四）出具虚假证明的；

（五）应当依法追偿而不追偿的。

第十六条 本条例自2010年1月1日起施行。

包头市刑事被害人困难救助条例

（2011年12月27日包头市第十三届人民代表大会常务委员会第三十一次会议通过 2012年5月30日内蒙古自治区第十一届人民代表大会常务委员会第二十九次会议批准）

第一条 为了帮助刑事被害人或者其赡养、抚养、扶养的近亲属（以下简称近亲属）解决特殊生活困难，规范刑事被害人救助工作，促进社会和谐稳定，根据宪法和有关法律、法规，结合本市实际，制定本条例。

第二条 在本市行政区域内的刑事被害人或者其近亲属生活困难需要予以救助的，适用本条例。

第三条 本条例所称刑事被害人救助，是指因受犯罪行为侵害造成被害人严重伤残或者死亡，被害人或者其近亲属无法及时获得赔偿，确有生活困难，给予的一次性经济救助。

本条例所称办案机关是指办理刑事案件的公安机关、检察机关和审判机关。

第四条 刑事被害人救助应当遵循以下原则：

（一）与经济社会发展水平相适应；

（二）与社会保障和其他社会救济相结合；

（三）公正、公开、及时、便捷。

第五条 市和旗区人民政府应当将刑事被害人困难救助资金列入本级年度财政预算，分级筹集、专项管理，专款专用。财政部门负责刑事被害人救助资金的审核、管理、拨付和监督。审计部门负责监督同级刑事被害人困难救助资金的使用、管理。

第六条 提倡和鼓励国家机关、企业事业单位、社会团体和公民开展刑事被害人捐助活动。

第七条 办案机关负责刑事被害人困难救助申请的受理、审查和救助金的发放。

民政、人力资源和社会保障、卫生、金融保险等部门，嘎查村民委员会、居民委员会等基层组织应当配合办案机关的调查核实工作。

第八条 刑事被害人或者其近亲属申请救助应当具备以下条件：

（一）刑事案件属于本市管辖；

（二）刑事被害人因犯罪行为侵害造成重伤害或者死亡，近亲属与其共同生活或者依靠其收入作为主要生活来源；

（三）犯罪行为非由刑事被害人实施不法行为直接导致；

（四）未放弃提起刑事附带民事诉讼的权利；

（五）无法通过诉讼获得赔偿；

（六）无法获得工伤赔偿、保险赔付；

（七）未接受过涉法涉诉和社会救助；

（八）因犯罪行为造成刑事被害人家庭生活水平低于本市最低生活保障线；

（九）在刑事诉讼期间内。

第九条 申请救助应当向下列办案机关提出：

（一）刑事案件处于立案侦查阶段，无法移送检察机关追究刑事责任或者正在侦办尚未抓获犯罪嫌疑人的，向公安机关提出；

（二）刑事案件处于审查起诉阶段不起诉的，向检察机关提出；

（三）刑事案件处于审判阶段或者刑事附带民事诉讼案件处于执行阶段，被告人及其他赔偿义务人无力履行赔偿义务或者因证据不足宣告被告人无罪的，向审理案件的审判机关提出。

第十条 申请救助应当采用书面形式，特殊情况也可以口头申请。口头申请的，受理申请的办案机关应当记录在案。

第十一条 申请救助应当提交下列材料：

（一）救助申请书；

（二）有效身份证明；

（三）刑事被害人的医疗救治材料、司法鉴定结论或者死亡证明；

（四）由刑事被害人居住地嘎查村民委员会或者居民委员会出具的家庭生活困难证明；

（五）其他与申请救助有关的材料。

第十二条 刑事被害人或者其他近亲属在办案机关受理其救助申请期间或者已经获得本条例规定的一次性救助的，不得再提起救助申请。

第十三条 救助申请属于本办案机关受理，申请材料齐全，符合要求的，办案机关应当受理。

申请材料不齐全或者不符合要求的，办案机关应当在收到救助申请材料的当日，告知申请人补正。

第十四条 办案机关应当对救助申请及时审查，并在受理救助申请之日起十个工作日内，作出给予救助或不予救助的决定并告知申请人，对疑难复杂的救助案件，至迟不得超过三十日。决定不予救助的，办案机关应当向申请人说明理由。

办案机关决定给予救助的，同级人民政府财政部门应当在决定之日起七个工作日内，向办案机关拨付救助金。

办案机关在收到救助金之日起五个工作日内，应当将救助金一次性发放给刑事被害人或者其近亲属。

第十五条 刑事被害人或者其近亲属不服不予受理、不予救助决定或者对救助金额有异议，可以向办案机关申请复议一次。办案机关应当自收到复议申请之日起十个工作日内答复申请人。

第十六条 救助金额应当根据刑事被害人遭受犯罪侵害所造成的实际后果和犯罪嫌疑人、被告人及其他赔偿义务人实际赔偿情况、刑事被害人家庭经济收入状况和维持最低生活水平所必需的支出等情况确定。

救助金额一般不超过决定给予救助时本市上一年度职工月平均工资十二个月的总额。有下列特殊困难情形之一的，可以适当增加救助资金，但是一次性救助的金额不超过给予救助时本市上一年度职工月平均工资的三十六个月的总额：

（一）刑事被害人医疗救治费用为家庭年收入三倍以上的；

（二）刑事被害人完全丧失劳动能力的；

（三）刑事被害人死亡，救助申请人无劳动能力或者患有严重疾病且没有其他经济来源的。

第十七条 符合本条例规定的救助条件，由于刑事被害人或者其近亲属因无民事行为能力、限制行为能力或者其他原因没有提出救助申请的，办案机关可以根据案件的具体情况，决定给予救助。

第十八条 刑事被害人或者其近亲属获得救助后，办案机关发现犯罪嫌疑人、被告人或者其他赔偿义务人有能力履行民事赔偿义务的，应当依法向犯罪嫌疑人、被告人或者其他赔偿义务人追偿。追偿的资金应当扣除救助资金。

第十九条 救助申请人以隐瞒家庭财产、经济收入等有关情况或者提供虚假材料等欺骗手段获得救助金的，由办案机关予以追缴；构成犯罪的，依法追究刑事责任。

第二十条 办案机关应当将刑事被害人救助情况的材料随案移送，已经结案的应当归档。

第二十一条 办案机关应当在年终向财政部门报送当年救助资金的发放明细，并接受审计部门的审计。

第二十二条 办案机关和有关部门及其工作人员违反条例规定有下列行为之一的，由主管部门给予行政处分；构成犯罪的，依法追究刑事责任：

（一）滥用职权，为不符合条件的刑事被害人及其近亲属审批、发放救助金的；

（二）虚报、克扣刑事被害人及其近亲属的救助金的；

（三）贪污、挪用救助资金的；

（四）违反本条例规定的其他行为。

第二十三条 本条例自2012年7月1日起施行。

中卫市中级人民法院刑事被害人困难救助工作实施细则（试行）

第一条 为规范刑事被害人困难救助工作，维护刑事被害人合法权益，根据《宁夏回族自治区刑事被害人困难救助条例》，结合本院工作实际，制定本细则。

第二条 刑事被害人困难救助是指在刑事被害人遭受严重暴力犯罪行为侵害，造成被害人或其近亲属生活困难、精神痛苦，无法及时获得有效赔偿的情况下，由人民法院作出救助决定，由本级人民政府财政部门给予适当经济救助，帮助刑事被害人或其近亲属缓解经济困难、舒解精神痛苦的抚慰性救助制度。

第三条 刑事被害人救助工作必须做到公平、公正，救助程序简便快捷，确保刑事被害人困难得到及时解决。

第四条 刑事被害人救助以一次性为原则，即对遭受犯罪侵害的同一刑事被害人或其近亲属只给予一次临时救助，刑事被害人救助工作应以解决刑事被害人及其近亲属生活面临的急迫困难，维持最低生活需求为原则。

第五条 救助金额应在五千元以上一万元以内，生活极其困难的最多不超过五万元。

确定救助金额时，应综合考虑刑事不法行为给申请人造成的实际损失、被害人对案件发生的过错程度、刑事案件侵害人及其他赔偿义务人实际民事赔偿情况、申请人丧失劳动能力程度、家庭经济状况、维持当地基本生活水平所必需的最低支出及其生活实际困难等因素。

第六条 对同时具备下列条件的刑事被害人或其近亲属，可以进行救助：

（一）符合本细则第二条规定的刑事被害人或其近亲属身份；

（二）被害人或其近亲属因他人犯罪行为遭受重大损失；

（三）加害人或其他赔偿责任人未履行赔偿责任，或虽已部分履行，但不足以支付必要的紧急救助费用；

（四）被害人或其近亲属生活、医疗救助等陷入严重困境。

第七条 对具有下列情形之一的刑事被害人或其近亲属应重点进行救助：

（一）因严重暴力犯罪造成严重伤残的刑事被害人；

（二）被害人因遭受严重暴力犯罪侵害已经死亡，与其共同生活或依靠其收入作为重要生活来源的近亲属；

（三）不负刑事责任的人实施的犯罪行为导致严重伤残或死亡的，生活特别困难的刑事被害人或其近亲属。

第八条 刑事被害人或其近亲属有下列情形之一的，应当不予救助：

（一）因参与违法犯罪活动，导致本人生活特别困难的；

（二）参与政府明令禁止的非法组织活动的；

（三）不配合人民法院对其家庭经济状况进行调查，隐瞒家庭财产、经济收入状况或提供虚假材料的；

（四）已获得民事赔偿、保险机构赔偿、社会保障机构救助的；

（五）已经获得过一次性刑事被害人救助的；

（六）法律法规规定的其他情形。

第九条 本院立案庭是开展刑事被害人困难救助工作的主管部门，相关部门应当积极配合，共同做好救助工作。

第十条 对于符合本细则规定救助条件的案件承办部门或承办人应当视情告知刑事被害人或其近亲属、监护人、诉讼代理人有申请救助的权利，并应当告知与救助有关的事宜。

第十一条 申请人应当在告知权利之日起七日内或者刑事案件结案后6个月内向受理案件的人民法院提出救助申请。

第十二条 申请人应当提交以下材料：

（一）《刑事被害人救助申请书》；

（二）被害人或其近亲属居民身份证、户籍证明等有效身份证明；

（三）户籍地街道办事处（乡镇人民政府）、居委会（村委会）等出具的刑事被害人及其近亲属的经济状况或享受最低生活保障救济的证明；

（四）人身受到伤害的须有医疗诊断结论及费用证明。

第十三条 在收到申请人提交的《刑事被害人救助申请书》及相关材料后，由立案庭负责案件审查的承办人员对申请人的身份、提供的材料及家庭经济状况等进行审查，符合立案条件的，报立案庭庭长批准。

第十四条 立案庭决定受理救助申请后，应及时对申请人的生活状况进行核查，向案件承办庭室及承办人了解申请人获得民事赔偿的情况，并提出是否予以救助、救助方式、救助金额等意见。

核查的期限一般不超过十五日，如确有特殊情况，经立案庭负责人批准可予以适当延长。

第十五条 对于符合救助条件的，由立案庭负责人审核，报主管院长批准，上报本院审判委员会讨论决定。

对不符合救助条件的，可作出不予救助的决定。

第十六条 经本院审判委员会决定给予救助的，立案庭应写出刑事被害人困难救助报告提交中卫市政法委员会，由中卫市政法委员会审批决定。

第十七条 经审批给予救助的，立案庭应制作《刑事被害人困难救助决定书》，《刑事被害人困难救助决定书》应包括以下内容：

（一）被害人及其近亲属基本情况；

（二）申请救助的理由及请求；

（三）核查情况及给予救助的理由；

（四）救助决定及金额。

第十八条 经审批决定给予救助的，立案庭应当制作《刑事被害人救助资金发放登记表》，载明救助金额，申请人应亲自到场签字领取，确因特殊情况不能到场的，应当委托代理人到场签字领取，但授权委托书应当经过公证。

第十九条 对于未纳入救助范围，或实施救助后仍陷于生活困难的刑事被害人或其近亲属，立案庭承办人可报请或协调当地党委、政府将其纳入其他政府救助、社会救助、民间互助范围，使其基本生活得到保障。

第二十条 本实施细则由本院院务会负责解释，自发布之日起施行。

（2013 年 4 月 16 日）

海口市中级人民法院
国家司法救助实施细则（试行）

为规范本院国家司法救助工作，切实维护司法权威，彰显司法人文关怀，促进社会和谐稳定，根据中共海口市委政法委员会、海口市财政局、海南省海口市中级人民法院、海南省海口市人民检察院、海南省海口市公安局、海口市司法局《关于进一步做好贯彻执行〈海南省国家司法救助实施办法（试行）〉的通知》精神，结合本院实际，制定本实施细则。

第一条 本细则所称国家司法救助，是指人民法院对遭受犯罪侵害或者民事侵权，无法通过诉讼获得有效赔偿，导致生活困难、迫切需要救助的当事人，采取救助金的形式给予的辅助性救济措施。当事人能够通过诉讼获得赔偿、补偿的，通过诉讼渠道解决。

第二条 本院成立国家司法救助工作小组，负责领导、监督本院国家司法救助工作。工作小组下设办公室，办公室设在立案庭，负责办理国家司法救助日常事务。

第三条 具备下列条件之一的人员，可以申请国家司法救助：

（一）刑事案件被害人受到犯罪侵害，致使重伤或严重残疾，因加害人死亡或没有赔偿能力，无法通过诉讼获得赔偿，造成生活困难的；

（二）刑事案件被害人受到犯罪侵害危及生命，急需救治，无力承担医疗救助费用的；

（三）刑事案件被害人受到犯罪侵害而死亡，因加害人死亡或没有赔偿能力，依靠被害人收入为主要生活来源的近亲属无法经过诉讼获得赔偿，造成生活困难的；

（四）刑事案件被害人受到犯罪侵害，致使财产遭受重大损失，因加害人死亡或没有赔偿能力，无法经过诉讼获得赔偿，造成生活困难的；

（五）证人、鉴定人因作证、鉴定受到打击报复，致使人身受到伤害或财产受到重大损失，无法经过诉讼获得赔偿，造成生活困难的；

（六）追索赡养费、扶养费、抚育费等，因被执行人没有履行能力，造成申请执行人生活困难的；

（七）因道路交通事故等民事侵权行为造成人身伤害，无法经过诉讼获得赔偿，造成生活困难的；

（八）党委政法委和本院根据实际情况，认为需要救助的其他人员。

第四条 申请国家司法救助人员，具有以下情形之一的，一般不予救助：

（一）对案件发生有重大过错的；

（二）无正当理由，拒绝配合查明犯罪事实的；

（三）故意作虚伪陈述或者伪造证据，妨碍刑事诉讼的；

（四）在诉讼中主动放弃民事赔偿请求或拒绝加害责任人及其近亲属赔偿的；

（五）生活困难非案件原因所导致的；

（六）通过社会救助措施，已经得到合理补偿、救助的。

对社会组织、法人，不予救助。

第五条 国家司法救助金为一次性救助资金，对同一案件的同一当事人只进行一次性救助。其他机关已救助的，不再救助。救助金额的确定，以海南省统计局公布的全省上一年度职工月平均工资为基准（案件管辖地所在市县职工月平均工资水平高于全省的，按当地标准确定），一般在36个月的工资总额之内。

第六条 确定救助金额时，应综合考虑救助对象实际遭受的损害后果、有无过错及过错大小、个人及其家庭经济状况、赔偿义务人实际赔偿情况等。生活特别困难的，需要适当突破救助限额的，应严格审核控制，救助金额不得超过人民法院生效判决确定的赔偿数额。

第七条 申请国家司法救助，应当提供以下材料：

（一）司法救助申请书。应写明申请人的基本情况、案由和申请救助的理由；如书写确有困难，可以口头申请，由办案人员制作笔录，申请人在笔录上签名捺印；

（二）生效裁判文书；

（三）身份证明文件；

（四）申请人所在村委会、居委会、街道办事处或有关部门出具的证明其生活困难的材料；

（五）同意息诉罢访的承诺书或相关材料；

（六）其他需要提交的材料。

申请人系当事人近亲属的，还应提供其与当事人之间身份关系的证明材料。

第八条 案件承办法官在收到申请人提交的材料后，应在5个工作日内对申请人提交的材料进行调查核实，认为符合救助条件的，经合议庭评议，报所在部门负责人审核同意后，由承办法官制作司法救助申请报告并填写《海南省国家司法救助资金审批表》，汇总报至本院国家司法救助工作小组办公室。

本院国家司法救助工作小组应在5个工作日内研究、讨论，认为符合司法救助条件的，报分管领导审批。案件重大、需突破救助限额的，报本院审判委员会讨论决定。

第九条 经审批决定给予司法救助的，由申请人、承办法官、本院国家司法救助工作小组和办公室财务科共同办理救助资金发放手续。

第十条 办理救助资金发放手续时，申请人应提供本人有效银行卡或存折的账号和开户行名称。特殊情况下，领款人与申请人不一致的，应提供申请人的授权委托书、领款人与申请人的身份关系证明和领款人的身份证明文件。

发放救助资金，由承办法官、本院国家司法救助工作小组经办人和申请人共同填写《海南省国家司法救助资金发放表》，由本院国家司法救助工作小组经办人备齐相关材料统一送交办公室财务科办理放款手续。

第十一条 对于不符合救助条件的申请人，承办法官应及时告知审批意见，并做好解释说明工作。

第十二条 司法救助资金专门立账，专款专用。

第十三条 给予当事人救助后执行到位的，从执行到的款项中扣留申请人已领取的救助款项，继续用于国家司法救助。

第十四条 救助资金的使用和发放应当公正透明，自觉接受上级法院、同级政府财政部门和审计部门的监督检查。

第十五条 国家司法救助工作小组应对救助对象进行登记造册，做好救助金发放统计和报送工作。对批准同意给予救助的，应在5个工作日内报上级法院和同级国家司法救助领导小组备案，并抄报相关政法单位和部门。救助对象系涉法涉诉信访案件当事人的，还应一并抄报同级信访联席办。

第十六条 对已给予国家司法救助的案件，按年度依序编号，建立台账，并由本院国家司法救助工作小组经办人将司法救助研究讨论过程的会议记录、讨论记录、审批文件、资金发放表及被救助人申请材料等完整立卷归档保存。

第十七条 申请人应如实提供相关证明材料。弄虚作假骗取司法救助金的，人民法院应撤销救助决定并依法追回已发放的救助资金；情节严重的，依法追究相关人员的法律责任。

第十八条 本细则自印发之日起施行，本院以前的规定与本细则不一致的，以本细则为准。

本细则未尽事项，依照《海南省国家司法救助实施办法（试行）》办理。

（2014年10月28日）

杭州市司法行政系统司法救助实施细则

第一章 总则

第一条 为切实做好我市司法行政系统司法救助工作，有效发挥司法救助在帮扶困难群众、保障公平正义、促进社会和谐稳定中的重要作用，根据《浙江省司法救助实施办法》、《浙江省司法厅关于贯彻执行〈浙江省司法救助实施办法〉若干问题的意见》（浙司〔2017〕79号）、《杭州市司法救助实施办法》等有关规定，结合我市司法行政工作实际，制定本实施细则。

第二条 司法救助是指对遭受犯罪侵害或民事侵权，无法通过诉讼获得有效赔偿的当事人，采取的辅助性救济措施。重点解决符合条件的特定案件当事人生活面临的急迫困难。对于能够通过诉讼获得赔偿、补偿的，一般应通过诉讼渠道解决。

第三条 司法救助坚持公正、公平、合理、及时的原则。对同一案件同一当事人一般只进行一次司法救助。

第四条 全市各级司法行政机关、市属各监狱戒毒单位在执行刑罚、戒毒管理及开展其他司法行政管理活动中，对符合司法救助条件，又不存在不予救助情形的当事人或其近亲属，可以进行合理救助。

第五条 本实施细则所称办案机关是指接受申请办理司法救助工作的机关。办案机关的信访部门是司法救助工作的具体承办部门。

第二章 救助条件与管辖

第六条 下列人员提出司法救助申请的，应当予以救助：

（一）刑事案件被害人受到犯罪侵害导致人身伤害，因加害人死亡或没有赔偿能力，无法通过诉讼获得赔偿，造成生活困难的；

（二）刑事案件被害人受到犯罪侵害可能导致严重伤残或危及生命，急需救助，无力承担医疗救助费用的；

（三）刑事案件被害人受到犯罪侵害而死亡，因加害人死亡或没有赔偿能力，被害人的近亲属无法通过诉讼获得赔偿，造成生活困难的；

（四）刑事案件被害人受到犯罪侵害，致使财产遭受重大损失，因加害人死亡或没有赔偿能力，无法通过诉讼获得赔偿，造成生活困难的；

（五）举报人、证人、鉴定人因举报、作证、鉴定受到打击报复，致使人身受到伤害或财产受到重大损失，无法通过诉讼获得赔偿，造成生活困难的；

（六）追索赡养费、抚养费、抚育费等，因被执行人没有履行能力，造成申请执行人生活困难的；

（七）道路交通事故等民事侵权行为造成人身伤害，无法通过诉讼获得赔偿，造成生活困难的；

（八）办案机关根据实际情况，认为需要救助的其他人员。

涉法涉诉信访人，其诉求具有一定的合理性，但通过法律途径难以解决，且生活困难，愿意接受司法救助后息访息诉的，可以参照本实施细则执行。

第七条 申请司法救助的人员，有下列情形之一的，一般不予救助：

（一）对案件发生有重大过错的；

（二）无正当理由，拒绝配合查明犯罪事实的；

（三）故意作虚伪陈述或者伪造证据，妨碍刑事诉讼的；

（四）在诉讼中主动放弃民事赔偿请求或拒绝接受赔偿的；

（五）生活困难非案件原因造成的；

（六）通过其他救助措施，已经得到合理补偿、救助的；

（七）采取转移家庭财产、隐瞒经济收入或者提供虚假证明材料等手段骗取救助的；

（八）办案机关认为不宜提供救助的其他情形。

司法救助的对象仅限于自然人，不包括企事业单位等法人及其他组织。

第八条 本实施细则第六条第一款所列的刑事案件系由监狱进行侦查

的，在侦查阶段该监狱是司法救助的办案机关；本实施细则第六条第一款所列的刑事案件进入执行阶段，公安机关、人民检察院、人民法院未进行过司法救助的，对服刑人员、社区服刑人员进行管理的监狱、县级司法行政机关是司法救助的办案机关。

本实施细则第六条第一款所列的民事案件，被执行人或侵权人系服刑人员、社区服刑人员或者强制隔离戒毒人员，人民法院未进行过司法救助的，对其进行管理的监狱、县级司法行政机关、戒毒所是司法救助的办案机关。

根据本实施细则第六条第二款进行司法救助的，涉法涉诉信访案件的承办机关是司法救助的办案机关。

第三章　救助程序

第九条　全市各级司法行政机关、市属各监狱戒毒单位、法律援助中心在办理案件、处理涉法涉诉信访问题过程中，发现案件当事人或者其近亲属符合司法救助条件的，应当告知有权申请司法救助。

第十条　司法救助申请由案件当事人提出，如果案件当事人死亡或者由于其他原因无法办理申请事项的，其近亲属也可以提出申请。

第十一条　申请司法救助时，应当提交以下材料：

（一）救助申请书；

（二）有效身份证明（申请人为当事人近亲属的，还应提供与当事人的关系证明）；

（三）案件当事人的医疗救治材料、司法鉴定意见或者死亡证明；

（四）实际损害后果、赔偿情况、生活困难的相关证明；

（五）办案机关认为需要提供的救助承诺、保证人证明；

（六）其他相关材料。

第十二条　救助申请应采用书面形式。确有困难无法提供书面申请的，可以口头提出，办案机关记录在案，并由申请人签名或捺指印。

第十三条　办案机关收到救助申请后，应当在5个工作日内根据下列情况分别作出处理：

（一）对不符合救助条件的，及时告知申请人，并做好解释说明工作；

（二）申请救助事项不属于本单位管辖的，应当告知申请人到相应政法机关申请；

（三）申请材料不齐全或者不符合法定形式的，以书面形式一次性告知申请人应当补正的全部内容；

（四）申请材料事项属于本单位管辖，申请材料齐全、符合法定形式的，应当予以立案。

第十四条 办案机关自立案之日起10个工作日内完成审查并作出决定。案情复杂的，经本单位领导批准，可以适当延长。

第十五条 市属监狱戒毒单位的救助案件，由市属监狱戒毒单位负责办理，报市司法局审核决定。市属监狱戒毒单位应向市司法局报送以下材料：

（一）申请报告一式4份（包括案件基本情况，处置情况，申请人诉求，申报单位意见）；

（二）《杭州市司法救助资金申报审批表》一式4份；

（三）申请人提交的申请材料复印件1份；

（四）办案机关银行开户信息（户名、开户行详细名称、银行账户）；

（五）申请人基本情况（包括姓名、身份证号码、家庭地址、联系电话等）。

第十六条 办案机关经审查认为符合救助条件，决定予以救助的，应当制作司法救助决定书，5个工作日内送达救助申请人；决定不予救助的，应当制作不予司法救助决定书，5个工作日内送达救助申请人，并做好解释说明工作。

第十七条 办案机关作出司法救助决定书后，应当在5个工作日内向同级党委政法委报送。

第十八条 办案机关在收到财政部门下达的救助资金后2个工作日内，指定2名以上工作人员填写《杭州市司法救助资金发放登记表》，将救助资金一次性或按照救助约定分期发放给救助申请人。

案件特殊的，办案机关可以委托民政部门、乡镇街道、村居社区等组织一次性或者按照救助约定分期发放给救助申请人。

第十九条 救助对象急需救助资金的，办案机关在作出司法救助决定后，财政资金下达前，可以用备用金先予发放。

办案机关在财政资金下达前用备用金先予垫付的，在财政资金到账后应当在2个工作日内做好相关财务处理，并将原始发放记录作为《杭州市司法救助资金发放登记表》的附件进行归档。

第四章　救助标准

第二十条　确定救助金额要综合考虑救助对象实际遭受的损害后果、有无过错以及过错大小、个人及家庭经济状况、维持当地基本生活水平所必需的最低支出以及赔偿义务人实际赔偿等情况。

第二十一条　救助金额一般在给予救助时案件管辖地上一年度职工月平均工资十二个月的总额之内。有特殊困难情形的，可以适当增加救助金额，但应在给予救助时上一年度职工月平均工资三十六个月的总额之内。损失特别重大、生活特别困难，需要适当突破救助限制的，救助金额不得超过人民法院应当判决给付或者虽已判决但未执行到位的标的数额。

第五章　联动救助

第二十二条　司法救助以县级救助为主。案件影响重大且救助金额较大、县级救助确有困难的，可以申请两级或三级联动救助。实行两级联动救助时，市级承担的救助金额一般不得超过救助金额的二分之一；实行三级联动救助，县（市、区）级承担的救助金额一般不得少于救助总金额的三分之一，市级承担的救助金额一般不得超过救助总金额的三分之一。

第二十三条　下级办案机关认为需要联动救助的，应当逐级呈报实行联动救助的上级办案机关同意。

上级办案机关直接受理案件当事人或者其近亲属的救助申请，认为需要实行联动救助的，可以将救助申请交下级办案机关办理，也可以直接启动联动救助。

第六章　救助管理和监督

第二十四条　市级司法行政机关对县级司法行政机关、市属监狱戒毒单位的司法救助工作予以指导和监督。

第二十五条　办案机关和有关部门工作人员有下列行为之一的，由主管部门给予行政处分；构成犯罪的，依法追究刑事责任：

（一）滥用职权，为不符合条件的案件当事人或其近亲属审查、审批、发放救助资金；

（二）虚报、克扣救助资金的；

（三）贪污、挪用救助资金的；

（四）对符合救助条件的申请人不及时办理救助手续，造成严重后果的；

（五）违反本实施细则的其他行为。

第二十六条 救助申请人以隐瞒家庭财产、经济收入等有关情况或者提供虚假材料等欺骗手段获得救助金的，由办案机关予以追缴，上缴同级财政；构成犯罪的，依法追究刑事责任。

第二十七条 办案机关骗取上级财政司法救助补助资金、联动救助资金的，应予追回，并追究相关人员责任。

第七章 附则

第二十八条 对未纳入司法救助范围或者实施司法救助后仍然面临生活困难的当事人，符合社会救助条件的，办案机关协调有关部门，纳入社会救助范围。

第二十九条 本实施细则自2018年2月1日起施行。

（2018年1月15日）

后 记

过去的一年，是祖国实施改革开放的第四十年，是我的母校——中国人民公安大学建校七十周年的大庆之年，也是我的而立之年。难忘十一年前初入公大校门的那份喜悦和自豪，难忘在公大校园里那四年的美好读书时光，难忘那些年朝夕相处的良师和益友……正是从那里那时那刻起，开启了我研习法律知识之门，助我走上了探索法律真谛之路，使我成为一名法律人。

毕业之后，我有幸加入首都检察大家庭，成为一名检察官。我既在基层检察机关磨砺过，也在省级检察机关和最高人民检察院留下了难得的工作足迹，这些宝贵的工作经历促使我对法律的认知更加理性、更加思辨、更加成熟。随着国家监察体制改革试点的推行，我又成为一名纪检监察干部，继续奋斗在执法的第一线，促使我学习和研究的视角更加开阔！

在较为繁忙的工作之余，学习便占据了我生活的大部分时间。带着对法学理论探索的热情，在亲朋好友和领导同事的支持下，我开始了学习深造之路。在中国政法大学攻读法学硕士学位（刑事诉讼法学专业）期间，在老师们的悉心指导下，我始终坚持以问题为导向，努力将法学理论和实践相结合，形成了一批研究成果，更加夯实了自己的法学理论基础。“路漫漫其修远兮，吾将上下而求索。”我随后又到中国社会科学院攻读法学博士学位，在这里继续享受着学习法律给我带来的喜悦。一路走来，一路追寻，一路酸甜苦辣，既有于曲径通幽处的苦思冥想，又有在柳岸花明处的豁然开朗；既有众里寻他千百度的辛苦探问，又有那人却在灯火阑珊处的收获喜悦。这都将成为我人生的宝贵财富！

我始终认为，法律应当是一个“立体化的水晶”，既有理性的冷静，同时有感性的温度。这需要我们法律人将深奥的法律知识和丰富的社会实践结合起来，实现所谓的“良法善治”。客观而言，我国对于刑事被害人救助的立法和执法工作都还比较滞后，需要我们这些法律人抓紧时间去研究、去认知、去实践！刑事被害人救助是一项严肃的法律命题，需要用法治的思维和法治的方式予以规范，既要实现对刑事被害人救助工作的科学立法，又要实现对刑事被害人救助领域的公正执法，确保其能够沿着法治的轨道运行，最大限度地保障法治所追求的公平正义予以实现。与此同时，刑事被害人救助又是一项充满温情的社会实践，需要国家、社会和我们每位公民予以关注和关心，让刑事被害人真真切切感受到社会和人性所应有的温暖，促使他们重塑对生活的希望和信心，使得我们的社会更加和谐美好！

在写作和研究过程中，我的博士生导师——中国社会科学院法学所刘仁文教授给予我极大的鼓励和支持，在此对刘老师表示深深的敬意和衷心的感谢！中国政法大学终身教授陈光中先生、中国政法大学刑事司法学院卫跃宁教授、河南省人民检察院监察处处长王建波同志、河南省高级人民法院研究室主任马献钊同志、中国人民大学法学院程雷副教授、中国人民公安大学侦查与反恐怖学院井晓龙副教授、成都大学法学院副院长邓陕峡教授、河南科技大学法学院张宝博士以及北京市朝阳区人民检察院刘静检察官等给予我悉心的指导和宝贵的支持，在此表示由衷的感谢！中国人民公安大学侦查与反恐怖学院硕士研究生杨光以及宗帅斌同学等在文献资料收集方面给予我大力支持，在此一并感谢！在出版的过程中，中国人民公安大学出版社杨益平老师给予了大力支持和帮助，在此表示衷心感谢！

由于本人学术能力有限，实践经验相对较少，对于刑事被害人救助法律制度的理论研究还有很多不够透彻的地方，所提出的若干对策建议还有待实践的考证。恳请各位读者给予批评和指导，以期共同推动我国刑事被害人救助法律制度的建设和完善！

张云霄

2019 年 5 月